D1694267

100 Weltwunder

100 Weltwunder

Die größten Schätze der Menschheit in 5 Kontinenten

Naumann & Göbel

© Hamburger Verlagskontor GmbH

© für die deutsche Ausgabe:
Naumann & Göbel Verlagsgesellschaft mbH,
in der VEMAG Verlags- und Medien Aktiengesellschaft, Köln

Herausgeber und verantwortlich für die Konzeption: Dr. Manfred Leier

Redaktionelle Beratung: Anne Benthues

Texte: Winfried Maaß, Nicolaus Neumann, Hans Oberländer, Jörn Voss, Anne Benthues

Gestaltung: Wolf Dammann, Teresa Nunes/Redaktion 4 GmbH

Umschlaggestaltung: Wirtz Werbeagentur, Köln

Umschlagabbildungen: Cover 1. Reihe von oben von links nach rechts: Markus Kirchgessner/Bilderberg; Volker Hinz/STERN/Picture Press; Eberhard Grames/Bilderberg; 2. Reihe v.l.: Architekton/ Bilderberg; Peter Ginter/Bilderberg; 3. Reihe v.l.: Klaus Bossemeyer/Bilderberg; James Gritz/Picture Press; Volker Hinz/STERN/Picture Press; 4. Reihe v.l.: Wolfgang Kunz/Bilderberg; Till Leeser/Bilderberg; Eberhard Grames/Bilderberg; **Cover Rückseite** 1. Reihe oben v.l.: Karol Kallay/Bilderberg; Reinhart Wolf/Bilderberg; 2. Reihe v.l.: beide Klaus-D. Francke/Bilderberg; untere Reihe v.l.: Rudolf Bauer/Transglobe; Dinodia/Bilderberg

Bildredaktion: Hamburger Verlagskontor GmbH

Lektorat: Gisela Merz-Busch

Dokumentation: Peter Münch

Korrektur: Horst Schönnenbeck

Gesamtherstellung: Naumann & Göbel Verlagsgesellschaft mbH, Köln

ISBN 3625-10556-X

Vorwort

Sieben Weltwunder kannte die Antike, darunter den Leuchtturm von Alexandria, den Koloß von Rhodos und die Pyramiden am Nil. Erhalten sind lediglich die Pyramiden – sie haben solch gewaltige Ausmaße, daß sie allen Beschädigungen widerstanden haben. Weder die Unbilden der Natur noch die zerstörende Hand des Menschen konnten sie ruinieren.

Was veranlaßte die Griechen, von »Weltwundern« zu sprechen? Es war wohl die Erkenntnis, daß der Mensch zu einzigartigen Bauwerken befähigt ist, wenn künstlerische Vision und Ingenieurskunst zusammentreffen. Die Griechen bewunderten also die bedeutendsten Kulturdenkmäler ihrer Zeit und bestaunten die Ausmaße dieser Bauwerke.

Die »Weltwunder« waren von Menschenhand geschaffen – ein Kriterium, dem wir bei der Auswahl moderner »Weltwunder« gefolgt sind. Doch der Fortschritt der Technik brachte noch ein zweites Kriterium ins Spiel: Im selben Maße, wie der Mensch die Natur mit Hilfe der Technik beherrschte, begann er sie auszubeuten und zu zerstören. Um die Naturwunder der Erde zu schützen, wurden deshalb auf allen Kontinenten Naturparks und Naturreservate eingerichtet. Auch diese Schutzzonen der Natur zählen wir zu den Wundern der Welt, gleichrangig neben den bedeutendsten Kulturdenkmälern, die uns überliefert sind.

Beide, die Kultur- und die Naturdenkmäler, hat die UNESCO in ihre Liste der schutzwürdigen Monumente aufgenommen. Wir haben bei unserer Auswahl viele Denkmäler berücksichtigt, die mit dem UNESCO-Siegel versehen sind. Aber wir haben auch zahlreiche Bauwerke und Landschaften einbezogen, die nicht als Weltkulturerbe geführt werden – weil wir überzeugt sind, daß sie einen gleichwertigen Rang beanspruchen können. Ein paar Beispiele: der Eiffelturm in Paris, die Stadt der Städte Manhattan, die steinzeitlichen Höhlenzeichnungen von Lascaux, die Kreidefelsen von Rügen.

Aber gemessen an der Vielzahl einzigartiger Denkmäler in allen Teilen der Welt muß jede Auswahl subjektiv bleiben. Auf den folgenden Seiten stellen wir Ihnen unsere hundert Weltwunder vor – gehen Sie mit uns auf die Reise ...

Der Herausgeber

Inhalt

Vorwort 5

AMERIKA

Das vergessene Machu Picchu 8
Rätsel um die Riesenbilder von Nazca 10
Havanna – Reichtum im Armenhaus 12
Urwelt auf Galápagos 14
Am Brunnen der Itzá 16
Wo Menschen zu Göttern wurden – Teotihuacán 18
Wo die Wolken geboren werden – die Wasserfälle von Iguaçu 20
Viel Eis in Patagonien 22
Traumstraße für Abenteurer – die Panamericana 24
Hawaii, Land der Vulkane 26
Manhattan, die Stadt der Städte 28
Die »donnernden Wasser« des Niagara 30
Das Tote Meer Amerikas – der Große Salzsee 32
Die Felswohnungen von Mesa Verde 34
Nationalpark Grand Canyon 36
Die Golden Gate Bridge 38
Amerikas Mammutbäume 40
Hearst Castle – ein Schloß für den Zeitungszar 42

EUROPA

Steinerner Traum Chambord 44
Wahrzeichen Eiffelturm 46
Versailles – des Sonnenkönigs Schloß 48
Steinzeitbilder in den Höhlen von Lascaux 50
»Himmlische Kunst« in der Kathedrale von Chartres 52
Wunder-Felsen Saint-Michel 54
Heiligtum aus der Steinzeit 56
In Westminster Abbey wurden Englands Könige gekrönt 58
Der schottische Königsweg 60
Grönland – grüne Hoffnung, weiße Wahrheit 62
Wenn Islands Geysire kochen 64
Wo Schwedens Königinnen träumen lernten 66
Moskaus neuer Glanz 68
Das prächtige St. Petersburg 70
Nowgorod, die Wiege Rußlands 72
Krakau – die »Stadt der sprechenden Steine« 74
Die Wiener Hofburg 76
Benediktinerstift Melk 78
Prag und die Karlsbrücke 80
Dresdens heiterer Zwinger 82
Sanssouci, das Landschloß auf dem Weinberg 84
Kreidefelsen auf Rügen 86
Lübeck, die Königin der Hanse 88
Kathedralen des Handels – Speicherstadt Hamburg 90
Nationalpark Wattenmeer 92
Der Kölner Dom – Mutter aller Kirchen 94
Die Wieskirche – Rokoko-Juwel in Bayern 96
Neuschwanstein – Denkmal der Romantik 98
Handschrift der Geschichte – Stiftsbibliothek St. Gallen 100
Bergromantik im Glacier-Express 102
Kloster Batalha – ein portugiesischer Traum 104
Gaudí und die »Predigt aus Stein« 106

MACHU PICCHU

CHAMBORD

Escorial – Schloß, Kloster, Mausoleum **108**
Im maurischen Córdoba **110**
Die Alhambra, Spaniens maurisches Erbe **112**
Dorische Säulen in Segesta **114**
Die Wiederkehr von Pompeji **116**
Der Vatikan, die Residenz des Papstes **118**
Florenz, die Hauptstadt der Kunst **120**
Lagunenstadt Venedig **122**
Die Galleria – Mailands prunkvoller Salon **124**
Kloster Rila – das Heiligtum der Bulgaren **126**
Die schwebenden Klöster von Meteóra **128**
Akropolis – der heilige Berg Athens **130**
Die wunderbare Hagia Sophia **132**

ASIEN

Taj Mahal, ein Grabmal für die Lieblingsfrau **134**
Mount Everest – Wohnsitz für die Götter **136**
Die Tempel von Mahabalipuram **138**
Tausendundeine Nacht in Lahore **140**
Der Palast des Dalai Lama **142**
Wunderwerk Große Mauer **144**
Blick in die Verbotene Stadt **146**
Die tönerne Armee des Ersten Kaisers von China **148**
Hinauf auf den heiligen Fuji **150**
Kioto, die alte Kaiserstadt **152**
Vietnams Kaiser bauten in Hue ihre »Verbotene Stadt« **154**
Die Pracht von Angkor Wat **156**
Bangkok, wo der Smaragd-Buddha die Kleider wechselt **158**
Borobodur, Tempel der »Vielen Buddhas« **160**
Samarkand – das Paradies des Ostens **162**
Wolkenkratzer in Shibam **164**
Sana'a gilt immer noch als die »Perle Arabiens« **166**
Am heiligen Stein von Mekka **168**
Das zweite Wunder von Ephesus **170**
Weiße Pracht Pamukkale **172**
Die Säulen von Baalbek **174**
Das paradiesische Damaskus **176**
Aleppo – Ziel der Karawanen **178**
Heilige Stadt Jerusalem **180**
Das Tote Meer heißt auch Lots Meer **182**
Petra – die Felsenstadt der Nabatäer-Könige **184**

AUSTRALIEN

Ayers Rock, das Rote Herz Australiens **186**
Schöne Schalen für Sydney – das Opernhaus **188**
In der Korallenwelt des Great Barrier Reef **190**

AFRIKA

Pyramiden für Gottkönige **192**
Ramses II. erbaute Abu Simbel **194**
Im hunderttorigen Theben **196**
Sahara, Meer ohne Wasser **198**
Fès – das Mekka des Maghreb **200**
Die Krater des Kilimandscharo **202**
Vulkanparadies Ngorongoro **204**
Die rauchenden Victoriafälle **206**
Fotonachweis **208**

TAJ MAHAL

AYERS ROCK

KILIMANDSCHARO

AMERIKA

Das vergessene Machu Picchu
Die alte Inka-Festung in den peruanischen Anden wurde 1911 entdeckt

ANREISE
Flug von Lima nach Cuzco, Bahn bis Machu Picchu

BESTE REISEZEIT
Juni bis Oktober

AUSSERDEM SEHENSWERT
Ruinen der Inka-Festung Sacsayhuamán bei Cuzco

An der Ostseite der peruanischen Anden, wo der Bergfluß Urubamba dem nahen Amazonasbecken entgegenbraust, machte der Amerikaner Hiram Bingham am 24. Juli 1911 die bedeutendste Entdeckung seines Forscherlebens. Auf der Suche nach Überbleibseln der im 16. Jahrhundert von spanischen Eroberern vernichteten Inka-Kultur kletterte der junge Geschichtsprofessor von der Yale-Universität mit zwei einheimischen Begleitern an einer Flußbiegung Hunderte von Metern an den steilen Hängen eines Bergmassivs empor. Schließlich erreichte er in etwa 2300 Meter Höhe einen von einem mächtigen Felskegel überragten Bergsattel, der vom Tal aus nicht einsehbar gewesen und dessen Zugang über einen Bergpfad schon vor langer Zeit bei einem Erdrutsch verschüttet worden war. Unzählige grün überwucherte Mauern und treppenförmig in die Ränder der Hochebene eingearbeitete Terrassen wiesen darauf hin, daß sich hier einmal eine große Stadt befunden hatte.

Im Mittelpunkt der Tempelbezirk

Bingham gab ihr den Namen Machu Picchu, was in der Sprache der Quechua-Indianer dieser Gegend Alter Gipfel bedeutet. Spätere Untersuchungen ergaben, daß es sich bei der Anlage um eine Inka-Festung gehandelt haben muß, die den plündernden Konquistadoren wegen ihrer Unzugänglichkeit verborgen geblieben war, obwohl sie sich nur 120 Kilometer nordwestlich der von den Spaniern okkupierten Inka-Hauptstadt Cuzco befand. Archäologen legten in den folgenden Jahren Tempel und Paläste frei, deren Mauern aus mächtigen Granitquadern bestanden.

Den Mittelpunkt des festungsartig angelegten Ortes bildet der Tempelbezirk, an dessen höchster Stelle ein aus dem Granit gehauener Sporn ragt, zu dem spiralförmig in den Fels geschlagene Stufen hinaufführen. Die Altertumsforscher identifizierten den Monolithen als einen sogenannten Intihuatana, den heiligen Stein der Inka, »an den die Sonne angebunden ist«. Solche Felssporne, die als eine Art Sonnenuhr dienten, standen im Inka-Reich im Mittelpunkt des Sonnenkultes.

Unweit des Intihuatana fand man noch drei gut erhaltene Mauern eines Sonnentempels mit einem aus drei Felsblöcken zusammengesetzten Altar. Ein anderes bedeutsames Bauwerk im Palastbezirk ist der Torreón, ein halbrunder Turm mit Opfertischen, unter dem sich eine Höhle befindet, die Bingham das »Mausoleum der Könige« nannte. In der Nähe stieß man auf 142 Skelette, vornehmlich von Frauen, vielleicht Ajillas, wie die für den Sonnenkult als Opfer ausgewählten Mädchen genannt wurden. Andere, einfacher ausgeführte Häuserviertel wurden offenbar von Soldaten und Handwerkerfamilien bewohnt. Eine ebene Freifläche, jetzt Plaza Principal genannt, diente vermutlich als Versammlungsstätte bei Feierlichkeiten wie dem Fest der Wintersonnenwende.

Hunderte treppenförmig zum eigentlichen Stadtbereich ansteigende Terrassen dienten der Landwirtschaft. Auf schmalen, durch Felsmauern abgestützten Feldern wurden Kartoffeln, Mais und verschiedene Gemüse angebaut. Die Pflanzerde dafür hatte man vermutlich aus dem 500 Meter tiefer gelegenen Urubamba-Tal heraufgeschafft. Berechnungen ergaben, daß die Gebirgsäcker von Machu Picchu für die Ernährung von etwa 10 000 Menschen ausreichten.

Auf einem von spitzen Felsgipfeln überragten Bergsattel, so gut verborgen, daß die Konquistadoren sie nicht entdeckten, bauten sich die Inka ihre Bergfestung Machu Picchu. Treppen und Heiligtümer wurden wie im »Königlichen Mausoleum« auf dem Foto unten links direkt aus dem Felsen gehauen. Andere Gebäude entstanden aus mörtellos übereinandergeschichteten Steinquadern (Foto unten rechts).

Rätsel um die Riesenbilder von Nazca

Wozu wurden sie vor 1500 Jahren in die Wüste gescharrt?

ANREISE
Flug von Lima nach Nazca; mit dem Auto oder Bus von Lima 450 km auf der Panamericana nach Süden

BESTE REISEZEIT
Dezember bis April

UNTERKUNFT
Hotel La Borda, Panamericana Km 447

AUSSERDEM SEHENSWERT
Strände bei Puerto de Lomas

Nur vom Flugzeug aus sind die meisten Zeichnungen zu erkennen, die unbekannte Künstler vor anderthalb Jahrtausenden in die Einöde von Nazca (unten) kratzten. Das Scharrbild rechts stellt einen stilisierten Vogel dar.

Geheimnisvolle Rillen, von unbekannten Händen in steinigen Wüstenboden eingekratzt, gehören zu den größten archäologischen Rätseln Südamerikas. Sie entstanden vor etwa anderthalb Jahrtausenden in einer 500 Quadratkilometer großen Einöde zwischen den heutigen Städten Nazca und Ica im Süden Perus. Einige der reliefartig in die Pampa eingearbeiteten Linien ziehen sich schnurgerade durch die Landschaft, andere bilden auf Hochebenen und an flachen Hängen gigantische Muster, die vom Boden aus weder zu überblicken noch zu deuten sind. Erst wenn man von einem Flugzeug aus auf die Wüstenei hinabblickt, fügen sich die Rinnen zu riesigen Zeichnungen zusammen.

Tiere in gewaltigen Ausmaßen

Der amerikanische Kulturhistoriker Paul Kosok entdeckte 1939 bei einem Erkundungsflug zunächst geometrische Darstellungen mit Kantenlängen von mehreren Kilometern. Seine Beobachtungen brachten die deutsche Mathematikerin Maria Reiche dazu, ihr ganzes Leben der Erforschung der Wüstenbilder zu widmen. Sie fand heraus, daß sich die etwa 20 Zentimeter tiefen und gut einen Meter breiten Ausscharrungen deutlicher als bisher vom roten Schottergestein der Wüste abhoben, wenn man sie vom Staub befreite und der darunter liegende gelbliche Sand sichtbar wurde. So machte die Wissenschaftlerin als erste die stilisierte Zeichnung eines Kondors mit 120 Meter Durchmesser so gut sichtbar, daß sie eine Luftaufnahme davon machen konnte. Andere später vom Staub freigelegte Bodenbilder zeigen unter anderem eine Spinne mit 40 Meter langen Beinen sowie die riesigen Umrisse von Menschen, Affen, Fischen, Kakteen und Blumen.

Die meisten dieser Scharrbilder bestehen aus einer einzigen Linie, die sich je nach Darstellung mehrere hundert Meter oder auch weit über einen Kilometer durch die Ödnis furcht. Daß die Zeichnungen, darunter auch Kreise, Quadrate und Spiralen, über 15 oder mehr Jahrhunderte erhalten blieben, verdanken sie ihrer geographischen Lage. In der »Pampa de las Figuras« zwischen Nazca und Ica fällt kaum Regen. Und vor Sandverwehungen ist das Gelände durch Küstenberge im Westen und die Ausläufer der Anden im Osten geschützt.

Bei allen Scharrbildern fällt neben der Akkuratesse, mit der sie in den Boden eingearbeitet wurden, die kunstvolle Stilisierung der Figuren auf. Von gleich hohem ästhetischen Reiz sind ähnliche Motive, die sich auf Keramiken der sogenannten Nazca-Kultur befinden, die hier in Südperu zwischen dem 4. und 9. Jahrhundert ihre Blütezeit hatte. Es gilt daher als sicher, daß Nazca-Künstler auch die Scharrbilder schufen.

Zeugnisse der Astronomie?

Wie es den Peruanern der Vor-Inka-Zeit allerdings gelang, den Wüstenboden mit Zeichnungen zu überziehen, die sie selbst gar nicht überblicken konnten, ist noch immer ungeklärt. Immerhin dürften sie beim Scharren gerader Linien oder beim Ziehen exakter Kreise Schnüre zu Hilfe genommen haben. Auch über die Bedeutung der Riesenfiguren gibt es noch keine gültigen Aussagen. Die meisten Forscher sind sich allerdings einig, daß es sich um astronomische Darstellungen handelt. Maria Reiche glaubt an eine »Niederschrift früherer kosmischer Beobachtungen«. Dafür spricht, daß eine der von ihr entdeckten Rillen schnurgerade auf jene Stelle zuläuft, an der hier auf der südlichen Halbkugel bei der Sonnenwende im Juni die Sonne untergeht. Acht weitere, nicht ganz parallel zueinander verlaufende Linien visieren die etwas unterschiedlichen Untergangspunkte zur Zeit der Sommersonnenwende aus den Jahren 300 bis 650 unserer Zeitrechnung an. Doch das nimmt den Wüstenbildern nicht ihr Geheimnis. Vor allem Aufklärung über ihre kultische Bedeutung ist die Altertumswissenschaft der Menschheit bis heute schuldig geblieben. Das läßt viel Spielraum zu für Leute mit starker Phantasie – wie den Schweizer Schriftsteller Erich von Däniken, der die Scharrbilder in der Wüste von Nazca als Signale und Landebahnen für Raumfahrer aus fernen Welten deutete.

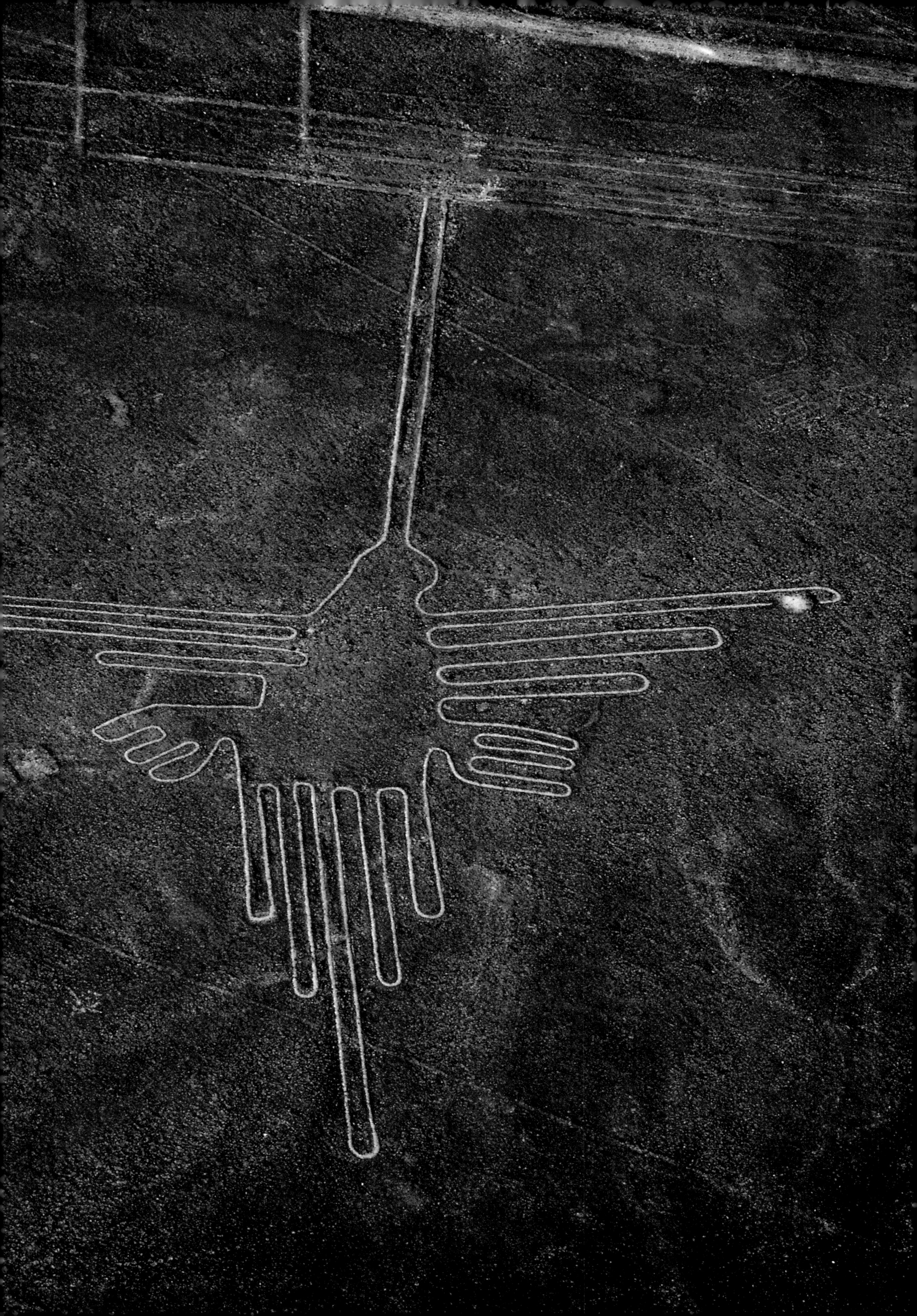

Reichtum im Armenhaus

Trotz Verfalls bleibt Havanna die Krone der Karibik

Anreise
Individualtouristen benötigen bei der Einreise drei bestätigte Übernachtungsbuchungen

Beste Reisezeit
November bis April

Unterkunft
Hotel Nacional de Cuba (legendäre Prominentenherberge)

Ausserdem sehenswert
Museo Casa Ernest Hemingway (ehemaliges Wohnhaus des Schriftstellers)

Wie Havanna oder spanisch La Habana zu seinem Namen kam, darüber gehen die Meinungen in der kubanischen Metropole auseinander. Nur über eines sind sich die Habaneros einig: Sie kennen keine schönere Stadt. Mag auch die alte Pracht der einst reichsten Kolonialstadt der Karibik bröckeln, so bleibt sie doch noch immer eindrucksvoll.

Altstadt unter Denkmalschutz

Die Schwärmerei begann bereits, als Christoph Kolumbus am 27. Oktober 1492 Kuba entdeckte. »Diese Insel ist wohl das Schönste, was menschliche Augen je gesehen haben«, vermerkte er in seinem Tagebuch. 1515 gründeten die Eroberer an der Südküste eine erste Niederlassung mit dem pompösen Namen »Villa de San Cristóbal de la Habana«, verlegten sie aber schon vier Jahre später wegen des mörderischen Klimas an eine Meeresbucht im Norden, dem natürlichen Hafen des heutigen Havanna. Historiker mutmaßen, mit »La Habana« könne der Indianer-Fürst Habaguanex gemeint sein, der damals im Westteil Kubas herrschte. In einer anderen Version ist von einer schönen Arawak-Frau die Rede, die angesichts eines vor Anker gehenden spanischen Schiffes die Arme ausgebreitet und »Habana!« gerufen haben soll.

Eine andere hübsche Indianerin wurde im 16. Jahrhundert die Frau des spanischen Gouverneurs, der jedoch von einer Seereise zum Mississippi nicht wieder zurückkehrte. Jahrelang, so eine Legende, habe die Kubanerin in Erwartung des Verschollenen aufs Meer geschaut und sei schließlich erblindet. In Bronze gegossen ziert die Schöne als »Giradilla« inzwischen den Uhrenturm des Castillo de La Real Fuerza.

Das alte Fort war militärisch nie von sonderlicher Bedeutung. So recht zu Ehren kam es erst im 20. Jahrhundert – als touristische Sehenswürdigkeit am Rande der historischen Altstadt, der größten Ansammlung spanischer Kolonialbauten in der Karibik. Dieses Herzstück Havannas, La Habana Vieja, mit seinen kunstvoll verzierten Fassaden, Bogengängen, alten Brunnen und versteckten Höfen wurde von der UNESCO 1982 zum Weltkulturerbe erklärt. Umfangreiche Renovierungsarbeiten retteten es vor dem drohenden Verfall, setzten bereits Zerstörtes wieder instand.

Adelspaläste, Kaufmannsresidenzen und Gotteshäuser der Altstadt zeugen von dem Reichtum Havannas im 17. und 18. Jahrhundert, als die mit Gold- und Silberschätzen Mittelamerikas beladenen Schiffe der spanischen Handelsflotte im Hafen Zwischenstation machen mußten. Geld in die Kassen brachte zunehmend auch der Handel Kubas mit eigenen Produkten – den Havanna-Zigarren, dem Rohrzucker und dem daraus gewonnenen Rum.

Der Reiz des Altstadtbezirks liegt in der Mischung altspanischer Stilelemente mit karibischem Formenreichtum und Spaß am Bunten. Da zeigt die Kathedrale San Cristóbal mit ihrer Säulenfassade Einflüsse des italienischen Spätbarock, erinnern Fenstergitter an die Schmiedekunst Andalusiens, ähnelt ein Handelshaus einer Moschee.

Gemessen am desolaten Zustand der übrigen alten Viertel bleibt die Restaurierung des historischen Stadtkerns aber nur Stückwerk. Havanna braucht eine neue wirtschaftliche Blüte, um sich in allen Bezirken von den schweren Schäden zu erholen, die rechte und linke Diktatoren der Schönen an der Carenas-Bucht zugefügt haben. Darauf, daß es wieder aufwärts gehe, wird in gemütlichen Bars wie der »Bodeguita del Medio« so mancher Daiquiri getrunken.

Die Altstadt von Havanna vereinigt die größte Ansammlung kolonialer Bauten in der Karibik, ein prachtvolles Nebeneinander prunkvoller Gotteshäuser, Adelspaläste und Kaufmannsresidenzen. Das historische Viertel Habana Vieja mit seinen schmalen Gassen und gemütlichen Bodegas wurde in den vergangenen Jahren durch umfangreiche Renovierungen vor dem Verfall bewahrt.

Die Urwelt auf Galápagos
Wie die Tiere der Vorzeit in einer isolierten Inselwelt überlebten

ANREISE
Flüge ab Quito und Guayaquil. Lange im voraus buchen – die Zahl der Besucher wird auf etwa 50 000 jährlich beschränkt

BESTE REISEZEIT
Ganzjährig (Regenzeit Januar bis Juni, Trockenzeit Juli bis Dezember)

UNTERKUNFT
Hotel Angermeyer, Puerto Ayora; Gran Hotel Cristóbal, Puerto Baquerizo Moreno; Hotelschiffe

Vor drei bis sechs Millionen Jahren durchbrachen unterseeische Vulkane am Äquator 700 Kilometer westlich von Ecuador mit gewaltigen Eruptionen die Oberfläche des Pazifischen Ozeans. Krater wuchsen empor, es regnete Asche, und glühende Lavamassen bildeten bei ihrem Erkalten im Meer einen Archipel von rund 60 Eilanden verschiedenster Größe. Es war die Geburt der Galápagos-Inseln, die großenteils aus Vulkangipfeln bestehen, deren Küsten von Wüsten gesäumt sind und in deren Innern Regenwald wuchert. Fernab vom südamerikanischen Kontinent entwickelte sich hier in gegensätzlichen Klimazonen eine urtümliche Tier- und Pflanzenwelt, die sich in vielem von der vergleichbarer Regionen unterscheidet.

Ein Paradies für Schildkröten

Erste Nachrichten von der Inselgruppe, zunächst Las Encantadas (Die Verwunschenen) genannt, erreichten das westliche Abendland im Jahr 1535 durch den Bischof von Panama, Tomás de Berlanga. Der Geistliche, den es auf einer Seereise an die unerforschten Gestade verschlagen hatte, beobachtete drachenköpfige Meerechsen, massige Riesenschildkröten und Unmengen eigentümlicher Vögel. Sie kannten keine Scheu vor Menschen, ein paradiesischer Zustand, der sich erst änderte, als Seefahrer regelmäßig auf den Inseln Station machten, um sich mit dem schmackhaften Fleisch der bis zu fünf Zentner schweren Riesen- oder Elefantenschildkröten zu verproviantieren. Nach den Schildkröten, spanisch Galápago, erhielten die Inseln später ihren gebräuchlichsten Namen.

Der britische Naturforscher Charles Darwin fand die Galápagos-Inseln 1835 zunächst wegen der unwirtlichen Lavafelder und aschebraunen Wüsten an den meisten Küsten nur wenig einladend. Aber bei näheren Erkundungen war er fasziniert davon, wie sich hier Tierarten über die Jahrtausende auf besondere Weise ihrer Umwelt angepaßt hatten. Ein Beispiel dafür sah er in einer speziellen Finkenart, die zur Nahrungssuche mit einem Kaktusstachel im Schnabel in morschem Holz nach Insektenlarven stochert. Darwin nahm an, daß es die Ureltern dieser Vögel vor langer Zeit vom Festland auf die Inseln verschlagen hatte, wo sie im Laufe der Evolution den Gebrauch von Stacheln als Werkzeug lernten, weil sie dort nur so überleben konnten. Andere Arten dieser Vogelspezies, heute mit dem Oberbegriff Darwin-Finken versehen, haben unterschiedliche Schnabelformen entwickelt, die sie zu Spezialisten für Körnersuche, Insektenfang oder den Verzehr von Kaktusblüten machten. Derartige Beobachtungen bildeten die Grundlage für Darwins berühmtes Hauptwerk »Über die Entstehung der Arten durch natürliche Auslese«.

Auch heute noch kann man auf den Galápagos viele Tierarten beobachten, die auf den Inseln eine besondere Entwicklung durchgemacht haben. Da gibt es die wie kleine Saurier anmutenden Meerechsen, eigentlich Landtiere, die es aber gelernt haben, sich als Nahrung Algen und Seetang aus dem Meer zu holen. Sie stammen vermutlich von Leguanen ab, die vor Jahrtausenden vom Festland aus, vielleicht mit Treibholz, hierher gelangten. Überlebt hat auch noch eine kleinere Population der anderthalb Meter langen Riesenschildkröten. Es gibt Kormorane, die sich mangels natürlicher Feinde das Fliegen abgewöhnt haben, zwergenhafte Galápagos-Pinguine, besondere Seelöwen- und Seebärenarten und über hundert verschiedene Vogelspezies, darunter 28, die wie die Darwin-Finken nur auf den Galápagos vorkommen. Von den Pflanzen gelten 47 Prozent als endemisch, nur hier heimisch. Dasselbe gilt für 37 Prozent der Fische in den Galápagos-Gewässern.

Zum Schutz der urtümlichen Fauna und Flora hat die Regierung von Ecuador die Galápagos-Inseln (offizieller Name: Archipiélago de Colón) 1959 zum Nationalpark erklärt.

Auf den vulkanischen Inseln des Galápagos-Archipels entdeckte der britische Naturforscher Charles Darwin eine urtümliche Tierwelt. Dazu zählen auch wie kleine Saurier anmutende Meerechsen.

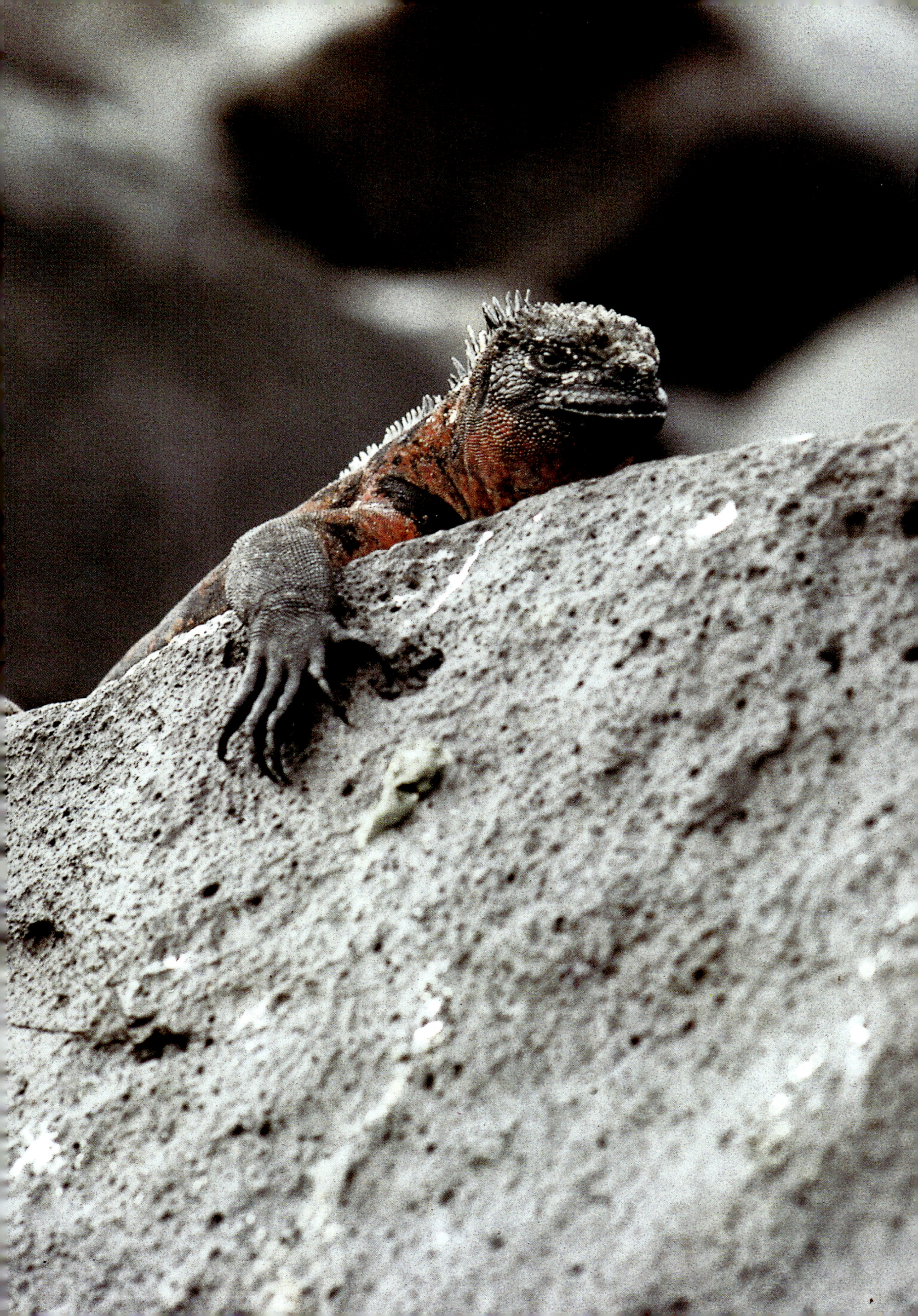

Am Brunnen der Itzá

Auf Yucatán hinterließen Mayas und Tolteken ihre Spuren

ANREISE
120 km östlich von Mérida; Linienbusse ab Mérida und Cancún

BESTE REISEZEIT
Oktober bis Januar

UNTERKUNFT
Hotel Mayaland, Villas Arqueológicas

AUSSERDEM SEHENSWERT
Maya-Städte auf Yucatán: Cobá, Tulum, Uymal

Es war Nacht, nur Mondschein erhellte den Urwald ringsumher, als der Amerikaner Edward Herbert Thompson Ende des 19. Jahrhunderts das erste Mal eine 30 Meter hohe Pyramide von Chichén Itzá erkletterte, der damals noch großenteils überwucherten Ruinenstadt im Norden der mexikanischen Halbinsel Yucatán. Schattenhaft zeichneten sich über den Baumwipfeln weitere große Steinbauten ab, die der Forscher am nächsten Morgen näher erkundete – Tempel, Paläste, Säulen, Mauern mit kunstvollen Reliefs. Die Frage, wer das alles erbaut hatte, sollte den Forscher sein Leben lang nicht mehr loslassen.

Der aus vorkolumbischer Zeit überlieferte Stadtname Chichén Itzá bedeutet in der Sprache der Maya »Am Brunnen der Itzá«. Und die Itzá waren vermutlich ein Adelsgeschlecht, das einige Jahrhunderte nach Beginn unserer Zeitrechnung mit dem Aufbau einer neuen religiösen Metropole begonnen hatte. Noch einmal blühte hier die Kultur der Maya auf, bis dann im 11. Jahrhundert Tolteken die Stadt eroberten und ein neuer Architekturstil sich mit dem der Maya vermischte. So waren es die Überreste zweier altamerikanischer Hochkulturen, auf die Thompson im Mondlicht von der großen Stufenpyramide hinabblickte.

Bei späteren Ausgrabungen entdeckte der Amerikaner eine sechs Meter breite und dreihundert Meter lange Prozessionsstraße, gepflastert mit roten Ziegelsteinen. Sie führte an den Rand der Ruinenstätte zu einer auf natürliche Weise entstandenen Aushöhlung im Boden, einem halb mit Wasser gefüllten Kalksteinkessel, rund 60 Meter im Durchmesser und 40 Meter tief. Thompson war sich sicher, vor einem Opferbrunnen zu stehen, von dem er in den Aufzeichnungen eines spanischen Missionars aus dem 16. Jahrhundert gelesen hatte. Nach dessen Bericht waren einst zu Zeiten großer Dürre in Chichén Itzá Jungfrauen in einen Brunnen gestoßen worden, um den Regengott zu besänftigen.

Thompson ging der Sache im wahrsten Sinne des Wortes auf den

Grund. Goldschmuck wurde emporgeholt, der offenbar vor der Opferung zerbrochen worden war. Auch Jade kam zum Vorschein, Töpferware und Copalharz, mit dem die Maya Weihrauch erzeugten.

Im Turm der Sternwarte
Gemeinsam mit zwei Berufstauchern barg der Unterwasserarchäologe auch Reste von Knochen, die von Menschenopfern herrühren könnten. Allerdings handelte es sich nicht nur um Mädchengebeine, auch Knochen von Jungen und von Männern wurden gefunden. Kaum aufklärbar sind die Umstände des Todes. Wurden Menschen hier von Priestern in den Brunnen gestoßen, oder sprangen sie freiwillig hinein, damit der Regengott Chac ihrem Volk wieder gnädig sei?

Aber vielleicht sind es gerade die unbeantworteten Fragen, die Geheimnisse, die heute Touristen in großer Zahl nach Chichén Itzá locken, dessen imposante Bauwerke in den vergangenen Jahrzehnten freigelegt und sorgfältig restauriert worden sind. Zu besichtigen gibt es hier unter der sengenden Sonne Yucatáns viel. Man kann wie einst Thompson die von den Maya erbaute Stufenpyramide erklimmen, die von einem toltekischen Tempel gekrönt wird. Es gibt schreckenerregende Monumente des Gottes Federschlange mit riesigen Mäulern und himmelwärts gerichteten Schwänzen, klotzige Heiligtümer, die Überreste eines Tausend-Säulen-Saales und nicht weniger als sieben Ballspielplätze, auf denen einst Mannschaften darin wetteiferten, einen Kautschukball durch einen steinernen Zielring zu schleudern.

Als eine der Hauptsehenswürdigkeiten gilt ein sich über zwei große Steinterrassen erhebender Rundbau, der den Maya als Observatorium diente. Eine Wendeltreppe führt in dem Sternwartenturm zu drei Mauerschlitzen, die exakt auf Sonnen- und Monduntergangspunkte ausgerichtet sind und Altertumsforschern dabei halfen, das System herauszufinden, nach dem Maya-Astronomen ihren Kalender aufstellten.

Unheimlichstes Bauwerk von Chichén Itzá ist der Tzompantli, die Schädelplattform. 60 Meter lang und 12 Meter breit, sieht das rechteckige Steingebilde aus wie ein Riesensarkophag. Seine rötlichen Steinmauern sind mit vier Reihen reliefartig herausgearbeiteter Totenschädel versehen. Sie stellen nach Ansicht von Archäologen die abgeschlagenen Köpfe feindlicher Gefangener dar, die im Innenraum des Tzompantli aufbewahrt wurden.

Das tablettartige Mittelstück der Chac Mool genannten Götterfigur oben links diente vermutlich zur Aufnahme geopferter Herzen. Rechts oben besteigen Touristen die von den Mayas erbaute Stufenpyramide, auf der ein toltekischer Tempel steht. Die Stele auf dem unteren Foto steht vor einem der durch Mauern begrenzten antiken Ballspielplätze von Chichén Itzá.

Wo Menschen zu Göttern wurden

In Mexiko gibt die alte Metropole Teotihuacán immer noch Rätsel auf

ANREISE
50 km nordöstlich von Mexico City, Busse ab Metro-Station Indios Verdes

BESTE REISEZEIT
Oktober bis Januar

GASTRONOMIE
Restaurant im Kulturzentrum

AUSSERDEM SEHENSWERT
Klosteranlage Acólman, Pyramidenstätte Tenayuca

Drei Quizfragen: Wer ließ vor mehr als zwei Jahrtausenden im Hochtal von Mexiko die damals bedeutendste Metropole Amerikas errichten? Wie hieß die Stadt? Wie nannte sich das Volk, das in ihr wohnte? Die richtige Antwort lautet in allen drei Fällen, daß das niemand weiß. Es geht um die Geschichte einer Pyramidenstadt, die schon verlassen und verfallen war, als Azteken sich Anfang des 14. Jahrhunderts knapp 50 Kilometer südwestlich der Ruinenstätte eine eigene Residenz schufen, über die dann später die Häusermeere von Mexico City hinwegwucherten.

Sonnenpyramide als Heiligtum

Die Azteken hielten die verödete Nachbarstadt für einen mythischen Begräbnisort und gaben ihr den bis heute gebräuchlichen Namen Teotihuacán, was soviel bedeutet wie »Wo Menschen zu Göttern werden«. Die Ursprünge von Teotihuacán gehen nach neuesten Forschungen bis weit vor unsere Zeitrechnung zurück. Um das Jahr 100 vor Christus begannen unbekannte Baumeister auf dem 2300 Meter hoch gelegenen Areal mit der Anlage einer schachbrettartig gegliederten Großstadt mit einem Tempelbezirk, einer von Palästen flankierten Prozessionsstraße, Versammlungsplätzen und weitläufigen Wohnvierteln. So riesig wurde die Metropole, daß sie schließlich eine Fläche von etwas mehr als 20 Quadratkilometern bedeckte.

Im ersten Jahrhundert vor Christus vollendeten die Teotihuacáner ihr bedeutendstes Bauwerk. Sie schichteten zwei Millionen Tonnen gestampfte Erde, Basalt und anderes Baumaterial zu einem vulkankegelhaften künstlichen Berg auf, der sogenannten Sonnenpyramide. Sie hat mit 222 Meter Breite und 225 Meter Tiefe eine ähnliche Grundfläche wie die ägyptische Cheopspyramide, ist allerdings mit 63 Metern nur knapp halb so hoch.

Gekrönt wurde die große Pyramide, deren ungeheure Baumasse bis heute Erosion und Erdbeben trotzte, von einem Tempel, der vermutlich dem in den mesoamerikanischen Kulturen üblichen Sonnenkult diente. Dafür spricht, daß das gesamte Bauwerk mit seiner Westseite auf jene Stelle am Horizont ausgerichtet ist, an dem zur Sommersonnenwende die Sonne untergeht. So hat die heutige Bezeichnung Sonnenpyramide auch ihre Logik. Einem zweiten Bauwerk ähnlicher Art, doch nur 42 Meter hoch, gab die Nachwelt den Namen Mondpyramide. Auch sie überstand mit Ausnahme ihres Tempels mehr als zwei Jahrtausende.

Im ersten Jahrhundert nach Christus errichteten die Teotihuacáner, ebenfalls in Pyramidenform, den sogenannten Quetzalcóatl-Tempel, aus dem steinerne Riesenköpfe der göttlichen Federschlange Quetzalcóatl und des Regengottes Tlaloc hervorragen. Die größten Flächen der Stadt beanspruchten um diese Zeit, wie Funde beweisen, neben Sakralbauten die Wohn- und Arbeitsviertel der Handwerker. In einem dieser »Barrios« wurden ausschließlich Waffen und Gerätschaften aus Obsidian hergestellt, einem glasigen vulkanischen Gestein von außerordentlicher Härte. Hoch entwickelt waren in der Stadt auch die Töpferkunst und das Goldschmiedehandwerk.

Ihre Blütezeit erreichte die Religions- und Handelsmetropole mit etwa 150 000 Einwohnern im zweiten und dritten Jahrhundert unserer Zeitrechnung. Kultgebäude und Adelspaläste wurden mit Fresken bemalt, Götterstatuen aus Stein geschlagen, Wände mit Reliefs versehen und Steinmasken von klassischer Schönheit geschaffen, verziert mit Plättchen aus Türkis, Obsidian, roten Muschelschalen und Perlmutt.

In den beiden folgenden Jahrhunderten büßten die Teotihuacáner nach und nach ihren Reichtum ein. Vielleicht kam es durch Kahlschlag der umliegenden Wälder zu einer Versteppung und zu Hungersnöten, verschärft noch durch lange Dürrezeiten. Man nimmt an, daß es unter der hungernden Bevölkerung zu Aufständen gegen die Priester- und Herrscherkasten kam. Auf der Suche nach besseren Lebensmöglichkeiten wanderten die meisten Bewohner dann wohl aus, bis die einst so glanzvolle Metropole um das Jahr 750 ganz aufgegeben wurde und ihre Bauten im Laufe der Zeit so stark von Staub und Sand eingehüllt wurden, daß die künstlichen Berge nun aussahen wie echte.

Erst im Laufe des 20. Jahrhunderts ist Teotihuacán erneut zu einer Metropole geworden – zu einem Mekka der Mexiko-Touristen.

Ein Blick von der Mondpyramide zeigt den von mehreren Stufenpyramiden umschlossenen zentralen Kultplatz von Teotihuacán. Von hier aus führt die sogenannte Straße der Toten vorbei an kleineren Heiligtümern zum Quetzalcóatl-Tempel. Links im Hintergrund des Fotos oben und auf dem Foto unten ist die 63 Meter hohe Sonnenpyramide zu sehen. Sie wurde im ersten Jahrhundert vor Christus errichtet.

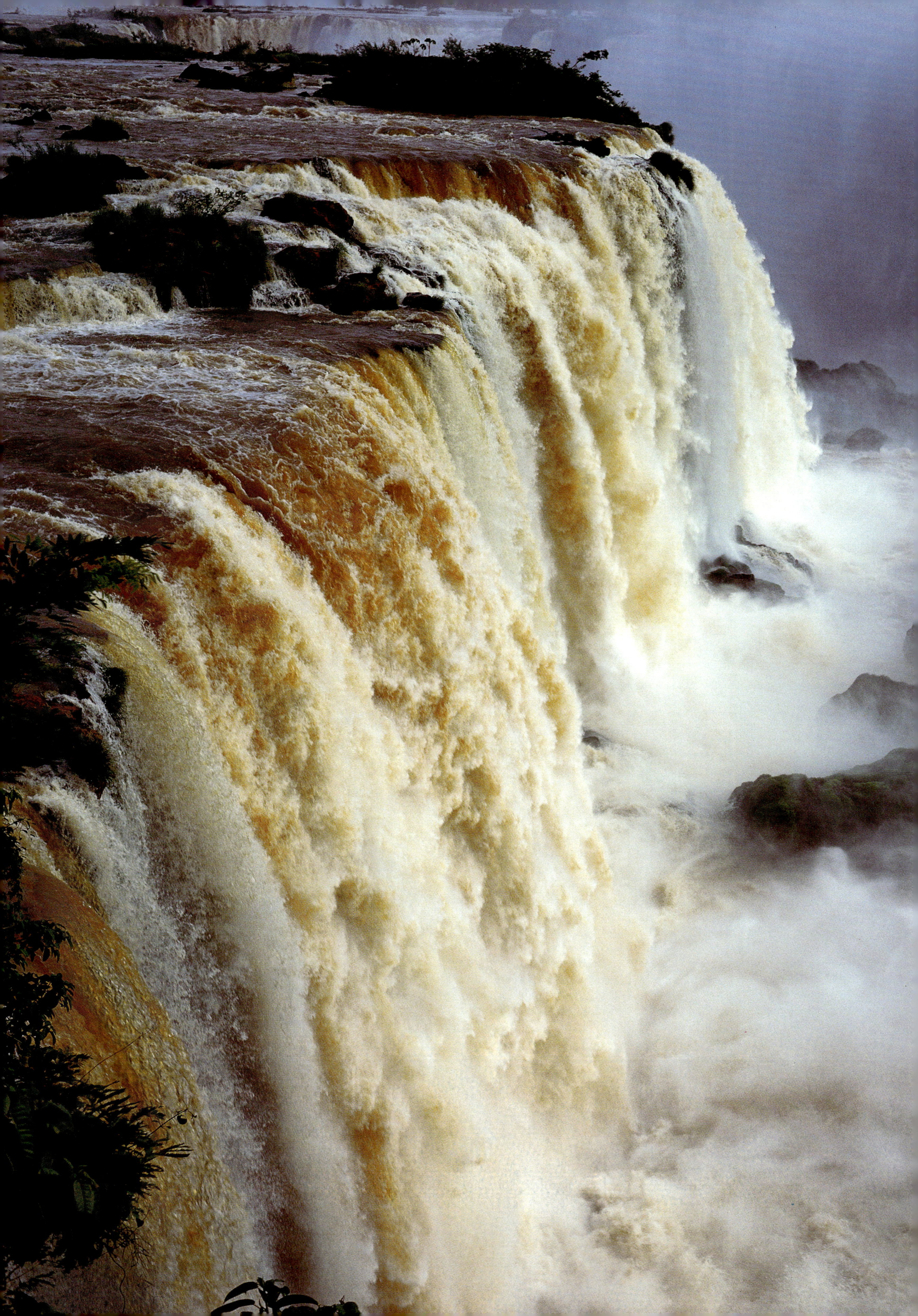

Wo die Wolken im Wasser geboren werden
Die Wasserfälle von Iguaçu sind die mächtigsten der Welt

Wer sich im Boot auf dem Oberlauf des brasilianischen Urwaldflusses Iguaçu treiben läßt, wird kaum mehr hören als das Affengeschrei und die keckernden, pfeifenden, glucksenden und fiependen Stimmen von Tropenvögeln. Bis schließlich, zunächst noch von fern, aber schnell an Lautstärke zunehmend, ein Donnern und Grollen wie von einem Gewitter die Luft erzittern läßt. Jetzt wird es höchste Zeit, umzukehren oder das Ufer anzusteuern.

Durch die Teufelsschlucht
Der Höllenlärm entsteht, wenn der Iguaçu an der Grenze Südbrasiliens zu Paraguay und Argentinien in einem fast 4000 Meter breit ausschwingenden Bogen über die steilen Basaltfelsen 70 bis 80 Meter in die Tiefe stürzt, eine mit Regenwald bewachsene Insel umschäumt und durch die sogenannte Teufelsschlucht tost, sein letztes Bett bis zur Mündung in den noch mächtigeren Paraná. Es ist nicht nur ein Wasserfall, der sich hier in das Tiefland ergießt, es ist eine Legion von Wasserfällen – 21 großen und etwa 250 kleineren. Riesige Schleier dichten Dunstes steigen dabei auf, oft durchteilt vom Farbenschweif eines Regenbogens. Für die in der Umgebung lebenden Guarani-Indianer ist dies der »Ort, an dem die Wolken geboren werden«. Hier bestatten sie ihre Toten.

Die Brasilianer feiern die Saltos do Iguaçu, wie sie bei ihnen heißen, als eines der größten Naturwunder der Erde, hinter dem selbst die berühmten Niagarafälle Platz genug hätten, sich zu verstecken. Tatsächlich sind die Iguaçu-Fälle fast dreimal so breit wie die des Niagara und lassen mit bis zu 420 Millionen Liter pro Minute zweieinhalbmal soviel Wasser in die Tiefe rauschen. Seinen Ursprung hat der Iguaçu in der Serra do Mar, einem Küstengebirge an der brasilianischen Atlantikküste. Auf seinem 1320 Kilometer langen Weg zur Mündung in den 3700 Kilometer langen Paraná ist er auf weiten Strecken schiffbar.

Dank seiner abgelegenen Lage ist der artenreiche Regenwald ober- und unterhalb der Iguaçu-Fälle noch in seiner Urform erhalten. Rund 1000 Quadratkilometer davon stehen heute auf brasilianischer und argentinischer Seite als Nationalpark unter Naturschutz.

Von Touristenhotels an dem Dreiländereck aus kann man das ungewöhnliche Treiben tropischer Schwalbenarten beobachten. Die Tiere bauen ihre Nester unmittelbar hinter den Wasservorhängen der Iguaçu-Fälle in die Felswände. Unerreichbar bleiben so Gelege und Jungvögel für Raubtiere. Tagsüber sieht man ganze Schwalbenschwärme hoch über den rauschenden Fluten nach Insekten jagen, bis sie dann bei Einbruch der Dunkelheit plötzlich in einem Wasserschwall verschwinden, hinter dem sie zu Hause sind.

Begehrte Schmetterlinge
Für ein besonderes Farbenspiel in diesem Tropenparadies sorgt der große Artenreichtum an Schmetterlingen. Überall sieht man sie flattern – in leuchtendem Blau, sattem Gelb, mit roten Punkten auf weißem Grund und anderen bunten Mustern. Vielleicht haben sie hier eine etwas größere Chance, einheimischen Schmetterlingsjägern zu entgehen, die davon leben, ganze Sammlungen der bunten und zum Teil vom Aussterben bedrohten Insekten an Touristen zu verhökern. Riesenschmetterlinge, die am Iguaçu auf gut und gerne 20 Zentimeter Schwingenbreite kommen, gelten als äußerst begehrt und besonders gefährdet.

ANREISE
Flüge aus Buenos Aires, São Paulo und Rio de Janeiro

BESTE REISEZEIT
November bis März

UNTERKUNFT
Hotel das Cataratas (direkt an den Fällen), Rodovia das Cataratas Km 28

AUSSERDEM SEHENSWERT
Itaipú, größtes Wasserkraftwerk der Welt (Besuchsgenehmigungen über Hotels und Touristenagenturen)

An der Grenze zwischen Brasilien, Argentinien und Paraguay ergießen sich auf einer Breite von 4000 Metern 21 große und 250 kleinere Wasserfälle bis zu 80 Meter tief in die Teufelsschlucht.

Viel Eis in Patagonien

Wilde Naturschönheiten am südlichsten Zipfel der bewohnten Welt

ANREISE
Nach San Carlos de Bariloche Flüge von Buenos Aires, nach El Calafate, Tor zu den Nationalparks Los Glaciares und Torres del Paine, von Buenos Aires über Rio Gallegos

BESTE REISEZEIT
Oktober bis März

UNTERKUNFT
Hotel Llao-Llao (eines der schönsten Hotels Argentiniens, am Lago Nahuel Huapi bei San Carlos de Bariloche, wo es auch preiswertere Alternativen gibt)

Prankenhaft schiebt sich ein zerklüftetes Stück Felsgebirge in die hochbrandende See. Wer den Klippen mit dem Schiff auf Sichtweite nahe kommt, der ist so gut wie verloren. Denn vor ihm liegt das gefürchtete Kap Hoorn, die schlimmste Sturmecke an der Nahtstelle von Pazifik und Atlantik, die südlichste Spitze Amerikas. Am Himmel darüber tauchte in den zwanziger Jahren der Deutsche Gunther Plüschow mit seinem »Silberkondor« auf, um als erster Flieger Patagonien aus der Luft zu erkunden.

Seinen Namen verdankt der heutige Süden von Chile und Argentinien dem portugiesischen Seefahrer Ferdinand Magellan. Er benannte Patagonien nach den Patagones, den Großfüßern, von denen man allerorten Spuren fand. Sie stammten von dem unförmigen Schuhwerk, das sich die einheimischen Tehuelche-Indianer aus den Häuten von Guanakos geschustert hatten, einer Lama-Art.

Die Kordilleren als Grenze

Magellan empfand die Südamerikaspitze als wenig einladend. Ähnlich urteilte 1834 der britische Naturforscher Charles Darwin: »Über diesem Land liegt der Fluch der Unfruchtbarkeit.« Den deutschen Flieger Plüschow begeisterte dagegen an Patagonien die landschaftliche Vielfalt. Seine Beschreibungen legten auch den Grundstein für einen stetig wachsenden Individualtourismus in diese Welt der Fjorde und Gletscher, Bergurwälder und Halbwüsten, Robbeninseln und größten Schafweiden der Welt.

Patagonien erstreckt sich über 2000 Kilometer von den Quellen des Colorado bis zur Kap-Hoorn-Insel. Der Westteil ist chilenisch, der flächenmäßig größere Osten argentinisch. Die sich von Nord nach Süd hinziehende eisweiße Kammlinie der Kordilleren bildet die Grenze zwischen beiden Staaten. In Argentinien bestehen die patagonischen Ebenen tatsächlich aus einer wenig einladenden Trockensteppe, über die ständig kalte Winde hinwegbrausen. Aber trotz seiner Öde gibt das Land genug her, um darauf rund 20 Millionen Schafe weiden zu lassen. Zwar braucht man zur Ernährung eines Tieres bis zu fünf Hektar Land, aber davon ist ja genug vorhanden. Friedlich teilt sich das Wollvieh die karge Weide mit einheimischen Guanakos und den Nandus, patagonischen Straußen.

An der gebirgigen Westküste, im chilenischen Patagonien, regnet es dagegen mehr als genug. Inseln und Felsbuchten sind grün überwachsen. Und im Nordwesten erinnert die Kordillerenlandschaft so sehr an die europäischen Alpen, daß man sie die »südamerikanische Schweiz« nennt. Auf saftigen Almen grasen Herden von Milchkühen, es gibt »Alpenseen« und Bauerngehöfte, die Schwarzwaldhäusern oder Schweizer Chalets ähneln, und wie in den Alpen bietet sich dem Blick ein malerisches Panorama schneebedeckter Gipfel.

Weiter südlich ist das Grenzgebirge von der größten Eisfläche der Erde außerhalb der Polarzonen bedeckt. Ständige starke Schneefälle haben hier fast doppelt soviel Inlandeis entstehen lassen wie in Island. Dadurch haben sich riesige Gletscher gebildet, die sich einen Weg in das Unterland bahnen. An der chilenischen Seite kippen ganze Eisberge ins nahe Meer, auf der argentinischen laden die Großgletscher ihr blauweißes Material krachend und polternd in einer Reihe von Seen ab und verursachen mitunter gewaltige Überschwemmungen. Als größter Gletscher Patagoniens drückt der Perito Moreno unaufhaltsam mit Urgewalt eine vier Kilometer breite und bis zu 70 Meter hohe Eiswand über eine Halbinsel hinweg in zwei langgestreckte Buchten des Lago Argentino.

Ein Gedenkstein am Südufer des Lago Argentino blieb noch unbehelligt vom Moreno. Er erinnert an den letzten Flug Gunther Plüschows über die Eisgrate, Hochmoore, Bergseen und Gletscher Patagoniens. Ganz in der Nähe fand er den Tod, als sein Heinkel-Wasserflugzeug am 28. Januar 1931 in den Lago Argentino stürzte.

Dreimal Patagonien: Die 3375 Meter hohe Spitze des Cerro Fitz Roy (oben) gilt unter Bergsteigern als einer der fünf schwierigsten Gipfel der Welt. Der Moreno-Gletscher (links) schiebt eine vier Kilometer breite und bis zu 70 Meter hohe Eisbarriere in den Lago Argentino. Typisch für das Flachland (rechts) im Südosten sind weite Steppengebiete.

»Traumstraße« für Abenteurer

Die Panamericana reicht von Alaska bis zur Südspitze Argentiniens

ANREISE

Mit dem eigenen (entsprechend umgerüsteten) Fahrzeug: Verschiffung an die Ostküste der USA oder Kanadas (nach Südamerika um ein Vielfaches teurer!), Durchquerung des Kontinents auf dem Trans-Canada und Alaska Highway zur Panamericana. Alternative: Autokauf in Nordamerika (Nachteil: meist teure Nachrüstung)

BESTE REISEZEIT

Reisedauer mindestens ein Jahr. Bei Nord-Süd-Fahrten Start im Frühjahr, bei Süd-Nord-Touren im Dezember

Sie ist als »Traumstraße« in die Reiseliteratur eingegangen, die berühmte Panamericana zwischen dem Norden Alaskas und dem südlichsten Zipfel Argentiniens. Dabei handelt es sich allerdings nicht etwa um eine Art durchgehende Autobahn, sondern mehr um eine Verknüpfung unterschiedlichster Straßensysteme Nord-, Mittel- und Südamerikas. Und je nach der Route, zu der sich der Fahrer entschließt oder durch unerwartete Umwege gezwungen wird, kann er auf 25 000 oder bis zu 45 000 Streckenkilometer kommen.

Ursprünglich war Ende des 19. Jahrhunderts in den Ländern der beiden Amerika der Bau einer panamerikanischen Eisenbahnlinie erwogen worden. Auf einer gemeinsamen Konferenz in Santiago de Chile gab man jedoch 1923 einer panamerikanischen Autostraße den Vorzug, spanisch Carretera Interamericana genannt. Die USA brachten ihre westlichen Küsten-Highways in das Projekt ein, aber in Mittel- und Südamerika war an den Bau eines durchgehenden Highways nicht zu denken. Zumeist erklärten die Verkehrsministerien alte Fernstraßen und Pisten, mitunter auch mehrere parallel verlaufende Verbindungen, zu Teilstücken der Panamericana. In Kolumbien und Panama sind Strecken, die durch Sumpfgebiete oder tropischen Regenwald führen, erst in jüngster Zeit leidlich befahrbar.

Auch im Winter befahrbar

Erheblich verlängert wurde die Panamericana durch den 1942 von den USA innerhalb weniger Monate gebauten Alaska Highway, der im Falle japanischer Angriffe auf den nördlichsten US-Staat den militärischen Nachschub erleichtern sollte. Seit der Freigabe für den zivilen Verkehr kann man über diese auch im Winter befahrbare Autostraße quer durch Alaska und Kanada den nordamerikanischen Küsten-Highway 101 erreichen, der zur Route der Panamericana gehört. Roland E. Jung berichtet in seinem Buch »Panamericana«, wie er die Strecke vom ewigen Eis Alaskas über den Äquator bis hinunter nach Feuerland mit dem Auto in 424 Tagen zurücklegte.

Der Schweizer Motor-Journalist Peter Ruch schaffte eine rund 25 000 Kilometer lange Reise auf ähnlicher Route in fünf Monaten mit dem Motorrad. Zu den Höhepunkten seiner Fahrt zählt er in Alaska den Ausblick auf den gewaltigen Matanuska-Gletscher, in Kanada die wilde Flußlandschaft des Fraser Valley, in Mexiko schöne Städte wie Guadalajara und Putzcuaro, in Honduras die Maya-Ruinen von Copan, in Kolumbien die alte Kolonialstadt Cartagena und in Chile die östlich der Straße auftauchenden schneebedeckten Gipfel von Vulkanen.

Pannen und Schikanen

Allerdings – die meisten Panamericana-Fahrer empfinden die Schönheiten am Wegesrand als teuer erkauft. Hitze, Kälte und Regen machen ihnen zu schaffen, Motorpannen, unpassierbar gewordene Streckenabschnitte, schikanöse Zollkontrollen, brutale Polizisten, gelegentlich auch Fremdenhaß.

Aber natürlich lockt das große Abenteuer immer wieder Neugierige auf die Piste. Clemens Carle, 1959 in Stuttgart geboren, versuchte es in umgekehrter Richtung – mit dem Fahrrad. In Ushaia, der südlichsten Stadt Südamerikas, startete er mit seinem Trekkingbike zu einer Tour nach Norden, dem Polarkreis und dem Eismeer entgegen. Der Radler folgte

Der nördlichste Teil der Panamericana ist der Alaska Highway. Er wurde von den Amerikanern im Zweiten Weltkrieg als militärische Nachschubstraße angelegt, um rechtzeitig auf Angriffe der Japaner reagieren zu können.

dabei im wesentlichen der Panamericana-Route, erlaubte sich allerdings einen kilometerfressenden Abstecher nach Osten zu den berühmten Iguaçu-Wasserfällen im Grenzdreieck von Argentinien, Paraguay und Brasilien.

Die Radtour führte ihn durch 18 Länder und wurde durch zahlreiche Pannen, politische Unruhen, Raubüberfälle, Stürze und bürokratische Ärgernisse behindert. Bis an den Rand völliger Erschöpfung geriet der Deutsche auf der extrem schlechten Wegstrecke von Kolumbien nach Panama durch den Darién-Dschungel. Es dauerte rund drei Jahre, bis Clemens Carle, der seine Abenteuer ebenfalls in einem Buch veröffentlichte, endlich das Ziel seiner Reise erreicht hatte: Deadhorse an der Eismeerküste von Alaska.

Tachostand am Ende der Radtour: 44 620 Kilometer.

Im Norden von Chile verläuft die Panamericana entlang der Gebirgsroute des Highways CH 11, der den Andenstaat mit Bolivien verbindet. Schöne Ausblicke auf die Pazifikküste bieten sich Panamericana-Fahrern auf dem Highway A 1 zwischen Big Sur und Morro Bay in Kalifornien. Die Gesamtlänge der Panamericana beträgt je nach Route zwischen 25 000 und 40 000 Kilometern.

Hawaii, Land der Vulkane

Genaugenommen hat der Archipel die höchsten Berge der Welt

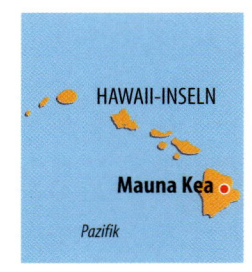

ANREISE

Flüge über Honolulu auf Oahu oder direkt von der amerikanischen Westküste (San Francisco, Los Angeles, Vancouver) nach Hilo auf Hawaii

BESTE REISEZEIT

Ganzjährig (Hauptsaison um Weihnachten)

UNTERKUNFT

Chalet Kilauea, Carson´s Volcano Cottage, Volcano House (alle beim Hawaii Volcanoes National Park)

AUSSERDEM SEHENSWERT

Jaggar Museum (geologisch), Chain of Craters Road (Panoramastraße)

Vom Flugzeug aus betrachtet erscheint die sich 2400 Kilometer durch den Pazifischen Ozean hinziehende Kette der Hawaii-Inseln und ihrer Atolle wie eine lange Wunde im endlosen Blau, verzackt und verkrustet an den Rändern, im Innern mitunter rot. Erst beim Landeanflug erkennt man als vorherrschende Inselfarbe ein tropisches Grün, unterbrochen von schwärzlichem Gestein, feurigen Vulkankratern und – auf der Hauptinsel im Osten – von schneebedeckten Gipfeln.

Standort für Sternwarten

Die acht größeren und 26 kleineren Inseln des Archipels mit seinen Gebirgen, gischtübersprühten Klippen und malerischen Sandbuchten begannen vor etwa 30 Millionen Jahren aus dem Meeresgrund emporzuwachsen. Flüssiges Gestein aus dem Erdinnern bahnte sich einen Weg nach oben, Lavamassen schichteten sich übereinander, und rauchende Krater durchbrachen die Oberfläche des Ozeans. So besteht eine Hawaii-Insel hauptsächlich aus der überseeischen Spitze eines unterseeischen Vulkans oder einer Gruppe von Vulkanen.

Die Bewohner der Hauptinsel Hawaii, die dem Archipel den Namen gab, rühmen sich nicht ganz zu Unrecht, mit dem Vulkanriesen Mauna Kea über den wohl höchsten Berg der Welt zu verfügen. Er bringt es auf 10 205 Meter – von denen allerdings 6000 Meter unter dem Meeresspiegel liegen. Ungeheure Gewalten müssen tätig gewesen sein, dieses Basaltmonster aufzutürmen, das seinen letzten Großausbruch vor etwa 15 000 Jahren hatte und nun von Vulkanologen als inaktiv eingestuft wird. An seinem jedes Jahr über mehrere Monate von Schnee eingehüllten Gipfel betreiben die USA und eine Reihe anderer Länder ihre modernsten Sternwarten, denn nirgendwo sonst auf der Welt läßt sich das Universum durch Großfernrohre so gut beobachten wie hier am Mauna Kea (offizielle Höhe 4205 m), über dem die Erdatmosphäre zu 97 Prozent frei von Wasserpartikeln ist.

Von den rund 40 kleineren Vulkanen der Inselgruppe sind mehrere auch heute noch von Zeit zu Zeit tätig. Allein der ebenfalls auf der Hauptinsel gelegene Kilauea hat in den vergangenen Jahrzehnten mehr als fünfzigmal flüssige Lava ausgespuckt. Sein Krater in 1248 Meter Höhe hat einen Durchmesser von fast fünf Kilometern. Fast senkrecht fallen an den Rändern geschwärzte Felswände 150 Meter tief ab bis zur erstarrten Lava, einer nur dünnen Steinhaut über höllischer Glut. Wanderungen durch den Krater gehören zu den größten Attraktionen der Insel. Obwohl an machen Stellen dichter Dampf die Sicht behindert oder gelegentlich Bruchstellen im Boden sogar den Blick auf weißglühendes Magma freigeben, gelten solche Ausflüge als verhältnismäßig gefahrlos. Denn droht ein neuer Ausbruch, kündigt sich das in der Regel Tage vorher an.

Polynesier besiedelten die Inseln

Tatsächlich werden die Vulkanaktivitäten von einem speziellen Observatorium am Rande des Kilauea-Kraters überwacht. Es handelt sich um eine Art Erdbebenwarte, in der alle unterirdischen Bewegungen aus weitem Umkreis registriert und ausgewertet werden. Sogar ein unsichtbarer Vulkan im Südosten der Insel, der Loihi, steht unter ständiger Beobachtung. Sein Kraterrand liegt noch rund 950 Meter unter der Oberfläche des Meeres – was ihn aber nicht hindern muß, eines Tages für die Hawaiianer äußerst ungemütlich zu werden.

Als erste Siedler kamen um das Jahr 700 Polynesier auf diese Inseln mit ihren fruchtbaren vulkanischen Böden und von Regenwald bedeckten Berghängen. Heute zieht der feurige Archipel, dessen Viertausender zumeist weiße Kappen tragen, neben Vulkanologen und Astronomen vor allem in großen Massen Erholungsuchende an.

Dreimal Hawaii: glühende Lava, fruchtbare Vulkanerde und rechts ein Hubschrauber über dem rauchenden Krater Pu'-Oó.

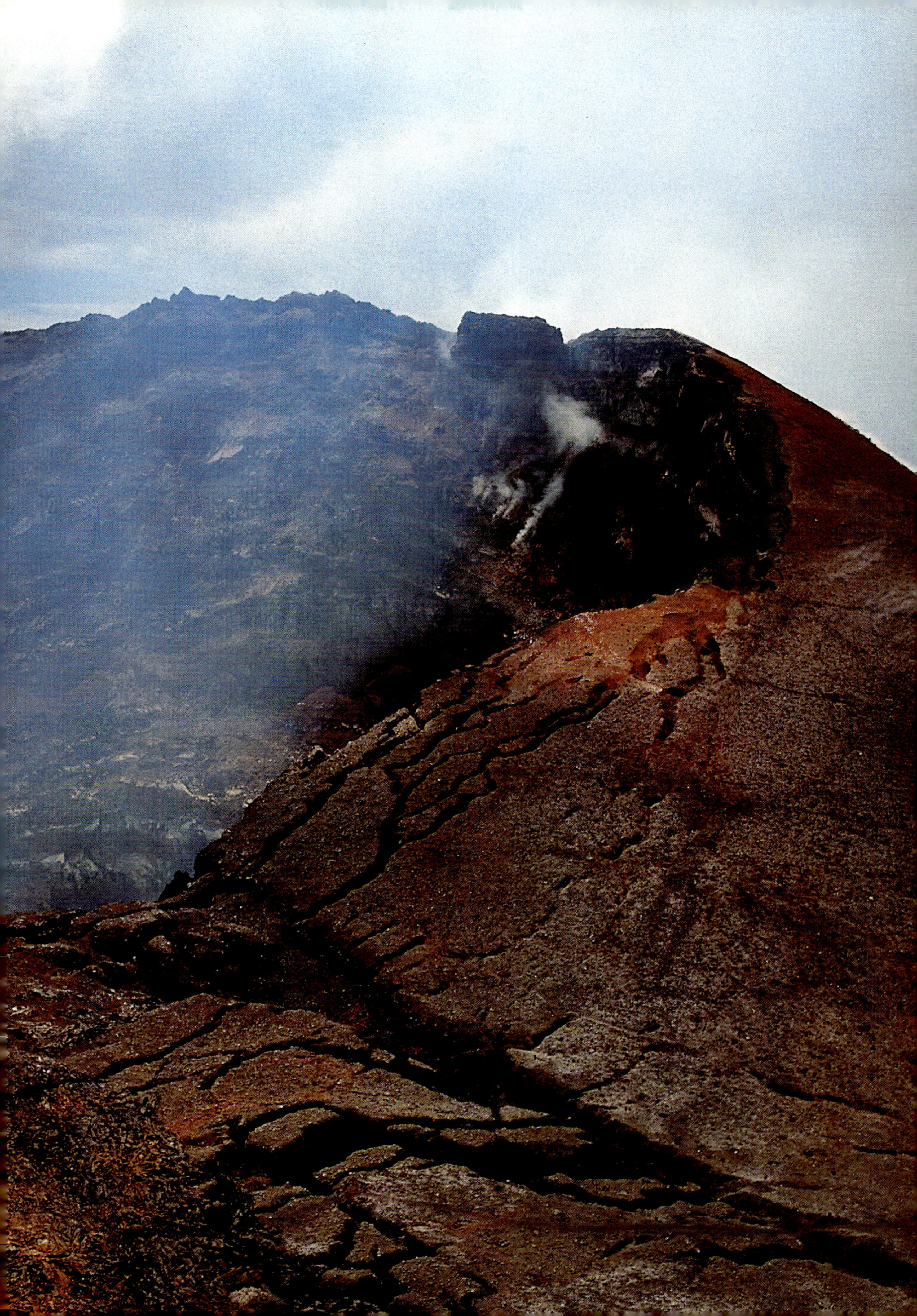

Manhattan, die Stadt der Städte

Das Lebensgefühl der New Yorker ist geprägt von der Wolkenkratzer-Architektur

ANREISE
Shuttle-Busse vom Flughafen JFK zum Grand Central Terminal

BESTE REISEZEIT
April bis Juni, September/Oktober

ÖFFNUNGSZEITEN
(Aussichtsplattformen)
Empire State Building: tgl. 9.30–23.30 Uhr, World Trade Center: tgl. 9.30–21.30 Uhr

AUSSERDEM SEHENSWERT
Freiheitsstatue, Long Island, Hudson River Valley

Wie alles Große hat auch Manhattan klein angefangen. Ein Schmelztiegel der verschiedensten Völker und Rassen war die Stadt auf einer Halbinsel zwischen Hudson und East River aber von Anfang an. 1524 landete Giovanni da Verrazano, ein Florentiner im Dienste des französischen Königs Franz I., in der Upper New York Bay. Der Engländer Henry Hudson ging dort 1609 für die Ostindische Kompanie an Land. 1624 ließen sich acht Siedler in Manhattan nieder und begründeten Nieuw Amsterdam. 1643 lebten bereits 500 Menschen in der Siedlung, in der 18 verschiedene Sprachen gesprochen wurden. 1664 übernahmen die Engländer die Herrschaft in der Stadt, die sie nach dem Herzog von York benannten, einem Bruder des englischen Königs. 1788 wurde New York Hauptstadt des gleichnamigen Staates, der als elfter der 13 Gründerstaaten die Verfassung der USA unterschrieb, und schon zwei Jahre später war New York mit 31 131 Einwohnern die größte Stadt der USA. Sie wucherte von der Halbinsel Manhattan ins Umland, der Bau von Brücken wurde unumgänglich. 1883 entstand die damals längste Hängebrücke der Welt, die Brooklyn Bridge. Sie verband Manhattan und Brooklyn zum »Greater Manhattan«.

Heute ist Manhattan eine Stadt mit zwei Leben. Das eine ist das hektische, glitzernde Treiben in den tiefen Straßenschluchten und ihren Bars, Kinos, Theatern, Museen, Galerien, Billigshops und Nobelboutiquen, das andere ist das alltägliche Business, der Kampf um ein paar Dollar mehr, möglichst in luftiger Höhe. Seit der Jahrhundertwende boomt hier die Bürohaus-Architektur. Sie hat Manhattan zur Hauptstadt der Wolkenkratzer gemacht.

Die Türme werden geschmückt
Immer höhere Häuser wurden möglich durch die fortschreitende Entwicklung tragfähiger Stahlskelette, in die immer mehr Geschosse eingehängt werden konnten. Daß die neue Höhe auch stilistische Konsequenzen hatte, macht Manhattan so aufregend. Besonders schön zeigt sich das an einem Gebäude aus dem Jahr 1902, das seiner einem Bügeleisen ähnlichen Form wegen Flatiron Building genannt wurde. Ein Haus wie eine Skulptur.

Die goldschimmernde Spitze des 1929 errichteten Fuller Buildings

In den dreißiger Jahren hüllten die Architekten ihre Wolkenkratzer in Dekorationen, die sie in Europa kennengelernt hatten. Ein typisches Beispiel dafür ist das General Electric Building von Cross & Cross. Sie zierten die Spitze des Büroturms mit feinstem gotischen Maßwerk aus Ziegelstein, der mit glasierter Keramik veredelt war. Das berühmteste, wenn auch nicht mehr das höchste Hochhaus Manhattans ist das Empire State Building. Seine Art-deco-Fassade steht für moderne Architekturästhetik.

Als auch in anderen Städten Wolkenkratzer hochwuchsen, entdeckte Manhattan den »International Style«, wie die europäisch beeinflußte Architektur in Amerika genannt wurde. Damals baute ein Mann sein erstes Hochhaus, der heute als der Nestor der Skyscraper-Architektur gilt: Philip Johnson. Seinen ersten internationalen Erfolg hatte er 1958 gemeinsam mit seinem deutschen Kollegen Ludwig Mies van der Rohe: das schnörkellos moderne Seagrams Building. Zwanzig Jahre später, 1978, setzte das Architektenteam Hugh Stubbins & Assoc. neue Maßstäbe: das 46 Stockwerke hohe Citycorp Center, das auf vier gewaltigen Pfeilern hoch über der Lexington Avenue steht und mit seinem markanten 45-Grad-Giebel zu einem Wahrzeichen der Manhattan-Skyline geworden ist. Ein Jahr später meldete sich Philip Johnson zurück. Er begann, für die Telekom-Kompanie AT&T den ersten postmodernen Wolkenkratzer zu bauen. 1983 wurde der Büroturm, den ein Dach in Form einer Chippendale-Kommode abschließt, fertig. Johnsons Mut zu Formspielen wurde stilbildend und machte den Weg frei für eine Architektur, die keine statischen, sondern nur noch ästhetische Bedingungen zu akzeptieren scheint.

Blick auf Manhattan, das Herz New Yorks, mit seinen Bürohochhäusern. Deutlich überragen die beiden Zwillingstürme des World Trade Centers die Skyline. Reinste Art deco schmückt den Gipfel des Chrysler Buildings (oben rechts).

Die »donnernden Wasser«
Die Klippen des Niagara sind eine spektakuläre Bühne für Abenteurer

ANREISE
Inneramerikanische Flüge nach Buffalo/New York. Mehrmals täglich Linien- und Ausflugsbusse ab Toronto. Bahnverbindung von Toronto und New York nach Niagara Falls

BESTE REISEZEIT
Juni bis August

UNTERKUNFT
Hotels und Motels aller Preisklassen. Aufgrund der hohen Auslastung rechtzeitig buchen

AUSSERDEM SEHENSWERT
Schiffstouren der »Maid of the Mist«-Flotte, Jet-Boot-Fahrten auf dem Niagara River, Helikopterflüge

Pro Minute stürzen 169 Millionen Liter Wasser über die 50 Meter hohen, hufeisenförmigen Niagara-Klippen in die Tiefe – vom Niveau des Erie-Sees auf das des Ontario-Sees, die der Niagara River verbindet. Stets hängt eine dichte Gischtwolke über dem Abgrund und hüllt auch das kleine Ausflugsschiff »Maid of the Mist« ein, von dem aus jährlich Tausende von Touristen, in bunte Plastikcapes eingehüllt, das grandiose Naturschauspiel beobachten.

»Donnernde Wasser« haben die Indianer die weltberühmten Wasserfälle an der Grenze zwischen den USA und Kanada genannt – ein Mekka für Touristen und Flitterwöchner, ein unseliger Anziehungspunkt für Selbstmörder. Der englische Dichter Charles Dickens notierte, beeindruckt von der gewaltigen Kraft der Natur, die hier spürbar wird: »Es schien mir, als hätte ich die Erde verlassen und schaute in den Himmel.« Sein Landsmann und Kollege Oscar Wilde dagegen spottete angesichts des blühenden Hochzeitstourismus: »Die Niagarafälle sind die zweite große Enttäuschung des amerikanischen Ehelebens.«

Eisfracht vom Erie-See
Entziehen kann sich kaum einer dem Schauspiel. Schon von weitem hört man das donnernde Getöse der stürzenden Wassermassen. Kommt man näher, vibriert der Boden. Besonders eindrucksvoll zeigen sich die Niagarafälle im beginnenden Frühjahr, wenn der Niagara River seine Eisfracht vom Lake Erie hier ablädt. Zu Zehntausenden stürzen dann Eisbrocken krachend in die Tiefe und türmen sich unten zu einer gewaltigen Eisbarriere auf.

Die eigentliche Saison beginnt im Mai. Alljährlich besuchen etwa 13 Millionen Menschen die Fälle, fünfunddreißigtausend pro Tag. Nicht alle kommen, um zu sehen – einige wollen gesehen werden. Denn die Fälle sind auch eine spektakuläre Bühne für tollkühne Selbstdarsteller. Viele haben die Niagarafälle hoch auf dem Seil überquert. Andere haben versucht, den Wassersturz in Booten oder Tonnen zu bewältigen. Beispielsweise Charles Stephens: Der Engländer, Vater von elf Kindern, ließ sich in einem Eichenfaß festbinden und dann hinunterstürzen. Das einzige, was der Niagara River von ihm übrigließ, war sein am Faßdeckel festgebundener Arm.

Grenzstreit um die Ufer
Massenauftritte gab es an den Klippen schon früher – als noch Soldaten die Hauptdarsteller waren. 1812 hatten die Vereinigten Staaten England und damit auch der kanadischen Provinz »British North America« den Krieg erklärt, und in einer Blitzaktion besetzten sie die Städte auf der Niagara-Halbinsel und die Uferregionen um die »Falls«. Erst zwei Jahre später konnte Isaac Brock, Gouverneur von »Upper Canada«, die Amerikaner zurückdrängen. Noch heute erinnern zahlreiche historische Denkmäler am westlichen Ufer des Niagara River an diesen Krieg, der erstmals ein kanadisches Nationalgefühl in der britischen Kolonie erweckte.

Für die Grenzgänger, die heute die Niagarafälle besuchen, ist es nicht mehr wichtig, ob sie an den Donnernden Wassern kanadischen oder amerikanischen Boden unter den Füßen haben. Sie suchen lieber Spuren aus der britischen Kolonialzeit. Nach dem Besuch der Fälle ist ein Bummel über die von Weinbergen und einer parkartigen Landschaft bedeckte Niagara-Halbinsel zur hübschen Kleinstadt »Niagara-on-the-Lake« am Niagara River Pflicht. Die ehemalige Hauptstadt von Upper Canada ist sehr traditionsbewußt und pflegt ihr altes britisches Ambiente.

Unmittelbar an die Wasserkante führt die Straße, von der aus Touristen das Spektakel der Niagarafälle beobachten können (rechts). Die Panorama-Aufnahme (unten) zeigt die Weitläufigkeit des Geländes.

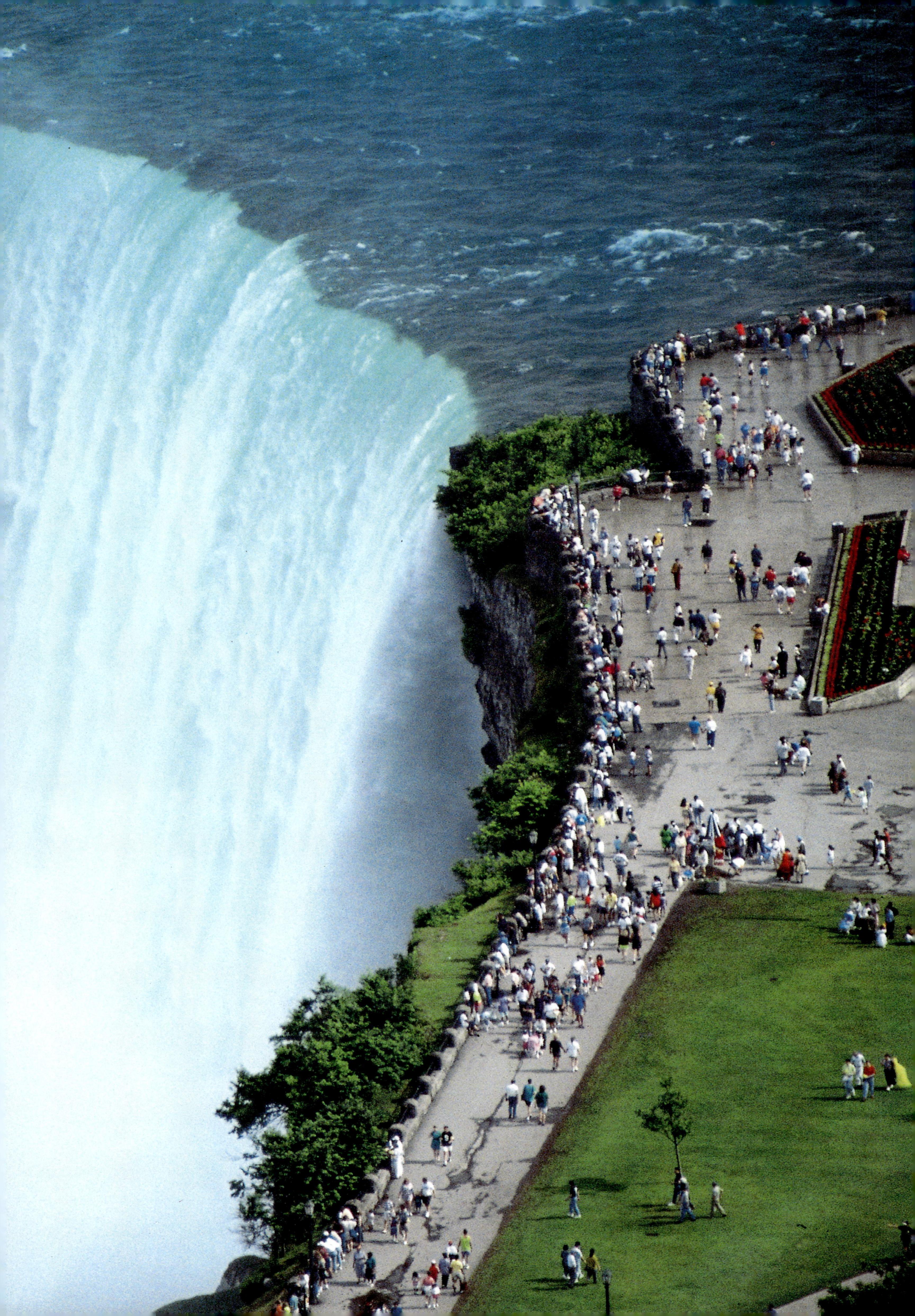

Das Tote Meer Amerikas

Regenfälle regulieren die Ausdehnung des großen Salzsees

ANREISE
Flüge nach Salt Lake City von allen größeren Städten der USA aus. Entfernung San Francisco–Salt Lake City etwa 1200 Straßenkilometer

BESTE REISEZEIT
April bis Juni, September bis November

ÖFFNUNGSZEITEN
Great Salt Lake City State Park auf Antelope Island, Besucherzentrum: tgl. 9–17 Uhr

AUSSERDEM SEHENSWERT
Salt Lake City: Temple Square (Zutritt zum Tempel nur für Mormonen), Pioneer Trail State Park

Der See – 100 Kilometer lang und fast 50 Kilometer breit – nimmt zwar einen großen Teil vom Norden des Staates Utah ein, ist aber doch nur der klägliche Rest eines ehemals riesigen Binnengewässers, das einmal 50 000 Quadratkilometer bedeckte und sich bis weit in die Staaten Nevada und Idaho erstreckte. Und die Gefahr, daß Amerikas Totes Meer, »The Great Salt Lake«, weiter an Volumen verliert, ist groß. Denn die Zuflüsse aus dem Bear River, Weber River und Jordan River – alle aus dem Wasatch-Gebirge, einem Teil der Rocky Mountains – reichen nicht mehr aus, um die Verdunstung des salzhaltigen Wassers auszugleichen.

Früher einmal war der See 300 Meter tief, heute sind es noch knapp fünf Meter. Wobei der Wechsel von Niederschlägen und Verdunstung dafür sorgt, daß die Seespiegelhöhe schwankt – jährlich um etwa 60 Zentimeter. Das wiederum hat Auswirkungen auf die Größe des Salt Lakes. Der See gilt wegen seiner flachen Ufer als ein empfindlicher Klimaseismograph, und schon die geringsten Schwankungen des Wasserspiegels verändern seine Fläche beachtlich. 60 Zentimeter Tiefenwechsel bedeuten beispielsweise auf die Fläche umgerechnet den Verlust von 250 Quadratkilometern. So kam es, daß der See dank kräftiger Niederschläge in den achtziger Jahren eine Fläche von 6000 Quadratkilometern bedeckte, während er in den trockenen sechziger Jahren auf 2500 Quadratkilometer geschrumpft war.

Die Mormonen, die sich hier ansiedelten und Salt Lake City zur Hauptstadt ihres Landes und des Staates Utah machten, hat diese Wechselhaftigkeit ihres heiligen Gewässers nie gestört. Hier, so verkündete es ihnen ihr Prophet Brigham Young am 24. Juli 1847, habe Gott ihm die Errichtung ihres Gottesstaates »Descret« befohlen. Noch heute leben die Mormonen nach den strengen Regeln ihrer Religionsgründer, und wie zur Gründungszeit bildet der »Tempelbezirk« das Zentrum der Stadt von 160 000 Einwohnern.

Auf dem Bahndamm durch den See

Gestört hat der See zu Beginn des Jahrhunderts Amerikas Eisenbahnbauer. Lange Zeit blockierte er wie ein Sperrwerk die große Ost-West-Route New York–Chicago–Omaha–Cheyenne–Ogden–San Francisco, deren Teilstück in Utah zwischen Ogden und Lucin die Southern-

Pacific-Eisenbahn betreibt. Erst in den Jahren 1902 bis 1904 wurde der »Lucin Cutoff« gebaut, ein Bahndamm von über 20 Kilometer Länge quer durch den See.

Trotz des hohen Salzgehaltes – er kann je nach Wasserstand auf bis zu 27 Prozent ansteigen – gibt es Leben im See, wenn auch nicht im Wasser, so doch auf seinen Inseln. Bisons und Pelikane haben dort ein von Menschen ungestörtes Refugium gefunden. Der industriellen Nutzung stehen sie nicht im Wege. Seit den fünfziger Jahren wird aus dem See Kochsalz in großen Mengen gewonnen – etwa 150 000 Tonnen jährlich. Und in Grantsville, am Südufer, produziert eine florierende Industrie inzwischen auch chemische Salze aus der See-Sole.

Schon früh bot der Salt Lake aber noch ganz andere Möglichkeiten. Die unberührten, extrem flachen Strände dienten dem Militär als Testgebiet für die Entwicklung neuer Fahrzeugtypen. Das wiederum lockte auch private Autohersteller, und so entstand unmittelbar an der Grenze zu Nevada der »Bonneville Speedway«, eine tischebene, endlos gerade Rennstrecke, auf der bis heute zahlreiche Hochgeschwindigkeitsrekorde aufgestellt wurden. Die glattgewalzte Piste ist mit einer schwarzen Markierungslinie gekennzeichnet und kann – wenn nicht gerade eine neue Rekordjagd auf dem Programm steht oder starke Regenfälle den Strand überschwemmt haben – von jedermann getestet werden, was in einem Land, in dem langsames Fahren oberstes Gebot ist, jährlich Tausende verhinderter Rennfahrer ausnutzen.

Einst war der salzhaltige See ein riesiges Meer, das sich von Utah bis weit nach Idaho und Nevada erstreckte. Heute reichen die wenigen Zuflüsse des Sees nicht mehr aus, um die Verdunstung seines Wassers auszugleichen. Davon profitieren eine erfolgreiche Salzindustrie (unten) und die Autoindustrie, die hier Motoren testet und auf den flachen, tischebenen Ufern regelmäßig neue Geschwindigkeitsrekorde aufstellt.

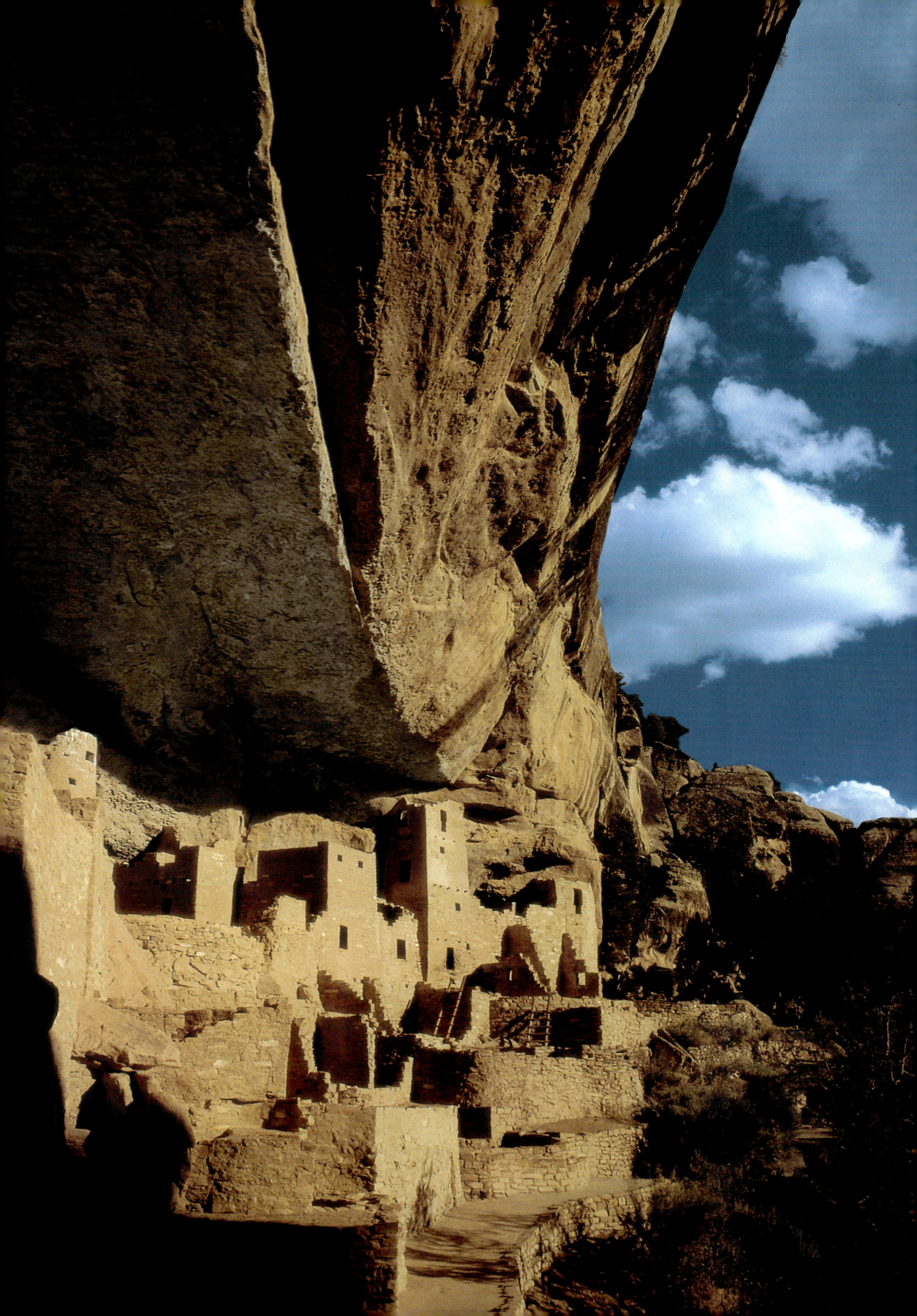

Die Felswohnungen von Mesa Verde
In Colorado wurden Höhlendörfer entdeckt, die seit Jahrhunderten verlassen sind

An einem klaren Dezembermorgen im Jahre 1888 ritten Richard Wetherill und sein Vetter Charlie Mason durch die wilde Landschaft der »Mesa Verde« im Südwesten von Colorado. Die beiden Farmer suchten verirrte Rinder. Der »grüne Tisch«, wie die Spanier das wuchtige Bergmassiv genannt hatten, erhebt sich abrupt 600 Meter aus dem Flachland und bildet 2300 Meter über dem Meeresspiegel ein 32 mal 24 Kilometer großes zerklüftetes Plateau. In den Sandstein haben sich im Laufe von Jahrmillionen tiefe Schluchten eingegraben, in den Wänden bildeten sich Felsnischen, Klippenvorsprünge und Höhlen. Die beiden Farmer rasteten gegenüber einem steilen Canyon und erblickten in einem riesigen ovalen Hohlraum – beschienen von der morgendlichen Sonne – eine Ruinenstadt, die zu schweben schien. Sie hatten Cliff Palace (Felspalast) entdeckt.

Daß in diesem unzugänglichen Gebiet einst ein Volk mit großen kulturellen Kenntnissen gelebt hatte, spiegelte sich schon in den Mythen der Navajos. Sie waren im 16. Jahrhundert in dieses Gebiet eingewandert und hatten intakte Dörfer vorgefunden, aber keine Spur von den Bewohnern. Sie nannten sie »Anasazi«, »die vor uns hier waren«. Die Archäologen übernahmen den Namen für diesen Stamm der Puebloindianer.

Zugang nur über Leitern

600 Jahre hatten die Felsenwohnungen (Cliff dwellings) unbewohnt überdauert, kein Spanier, kein Amerikaner hatte sie je zu Gesicht bekommen. Doch noch im gleichen Jahr fand Wetherill in Felswänden zwei weitere große Siedlungen. Beutegierige Abenteurer durchstöberten daraufhin die Mesa. Immer mehr dieser seltsamen Dörfer wurden entdeckt, ausgeplündert und zerstört. Schätze fand man nicht, nur in Matten gehüllte Skelette und Gegenstände des täglichen Lebens. 1906 erklärte die Regierung das Gebiet zum Nationalpark und stoppte den Vandalismus.

In den hundert Jahren seit dem Zufallsfund haben Archäologen die Spur der Anasazi aufgenommen und bis zu den prähistorischen Stämmen zurückverfolgt. Im sechsten Jahrhundert nach Christus schlossen sie sich zu Dorfgemeinschaften zusammen und siedelten in mehrstöckigen Terrassenbauten. Bis zu tausend Menschen lebten dicht neben- und in mehreren Stockwerken übereinander. Die Häuser aus behauenem Sandstein klammerten sich an die Steilwände der Canyons, fügten sich in Felshöhlungen ein oder lagen in unzugänglichen Flußtälern. Der Zugang war nur über Leitern durch einen Dacheinstieg möglich. Bei Gefahr wurden sie eingezogen – einbruchssichere Penthäuser der Antike. Zu den Wohnungen gehörten immer mehrere große Rundbauten, halb in den Boden versenkt, die für religiöse Zeremonien genutzt wurden.

Die menschenarme Region muß früher dicht besiedelt und von Straßen durchkreuzt gewesen sein. Über 50 000 Anasazi-Puebloindianer gab es nach wissenschaftlicher Schätzung früher im Gebiet New Mexicos und Arizonas. Noch immer konnten nicht alle Ruinen registriert, geschweige denn untersucht werden. Über die Bewohner allerdings weiß man inzwischen einiges: Sie bauten Mais, Bohnen und Kürbis an. Sie hatten den Truthahn domestiziert und nutzten Hunde als Lasttiere und als Nahrung. Sie webten aus Baumwolle kunstvolle Textilien, formten Keramik, die sie mit schwarzweißen Motiven dekorierten, und flochten Doppelkörbe mit ornamentalen Verzierungen. Ausgeklügelte Kanäle und künstliche Seen versorgten bis zu 16 Dörfer im Umkreis mit Trinkwasser. Sie führten offensichtlich ein friedfertiges Dasein. Nirgends fanden Archäologen Hinweise auf Krieg, Unterdrückung, Gewalt oder Sklaverei.

Ende des 13. Jahrhunderts verließen die Anasazi-Indianer plötzlich ihre Dörfer und verschwanden. Über die Ursache wurde lange gerätselt. Heute glaubt man den Grund zu kennen: Aus den Jahresringen der Baumstämme jener Zeit läßt sich herauslesen, daß in dieser Gegend in den Jahren von 1274 bis 1299 eine verheerende Dürreperiode herrschte. Vermutlich zogen sie südwärts und wurden dort Vorfahren der in dieser Gegend noch immer siedelnden Hopi-Indianer.

Anreise
Nächster Regionalflughafen: Cortez-Montezuma. Anfahrt über die US 160 Durango–Cortez

Beste Reisezeit
Mai bis Oktober (Visitor Center im Winter geschlossen)

Unterkunft
Far View Motor Lodge (nur im Sommer)

Außerdem sehenswert
Monument Valley, Arches National Park (Utah)

Verborgen in einer ovalen Felsennische liegt Cliff Palace (Foto links und unten). Diese Urstadt der Anasazi-Indianer gilt heute als wichtigstes Zeugnis der präkolumbischen Kultur. Die kreisförmigen Kivas dienten religiösen Kulten – sie sind so etwas wie die Kirchen der ersten Amerikaner. Noch heute gibt es unzählige Felsendörfer zwischen New Mexico und Arizona, die noch nicht wissenschaftlich untersucht wurden. In einigen nahegelegenen Höhlen fand man Zeichnungen. Sie entstanden allerdings wesentlich später: Das Pferd, auf dem der Bogenschütze sitzt, kam erst mit den Spaniern in die Neue Welt (Foto oben).

Nationalpark Grand Canyon

Der Colorado River gibt Einblick in die Erdgeschichte

ANREISE
Flüge von Los Angeles und Las Vegas zum Grand Canyon Airport. Anfahrt von Flagstaff/Arizona 130 km über die Arizona 64 nach Norden

BESTE REISEZEIT
Südrand (»South Rim«) ganzjährig geöffnet, Nordrand (»North Rim«) von Oktober bis Mai geschlossen. Im Hochsommer extreme Hitze auf der Talsohle

UNTERKUNFT
Grand Canyon National Park Lodges

AUSSERDEM SEHENSWERT
Canyonlands National Park bei Moab/Utah, Monument Valley an der Grenze Utah-Arizona

In glühenden Farben leuchten die Steilwände des Grand Canyons, wenn sie von der Sonne bestrahlt werden. Im Gestein, durch das sich der Colorado seinen Weg gesucht hat, sind die Spuren der Erdgeschichte erkennbar.

Der Grand Canyon – das sind 350 Kilometer aus einer anderen Welt. Der Schotte John Muir schrieb, als er den Canyon 1898 bereiste: »In seiner Architektur so unirdisch, als hätte man ihn in einem erstorbenen anderen Gestirn gefunden. Ein Schauspiel der Schöpfung, gewaltig, bizarr, titanisch. Farben, die das Auge zunächst nicht glauben will, dramatische Kontraste, der intensive Geruch von Natur, Totenstille.«

Seit etwa 10 Millionen Jahren sägt sich der Colorado River seinen Weg durch das Gestein und legt Erdgeschichte bloß. Dem Fluß und dem glücklichen Umstand, daß es in Arizona kaum Niederschläge gibt, verdanken wir dieses gewaltige Naturschauspiel. Würde es häufiger regnen, so wären die farbenprächtigen zerklüfteten Steinwände schon längst heruntergewaschen worden.

Die Schlucht ist 1800 Meter tief

Das Wunder Grand Canyon erregt von weitem nicht viel Aufsehen, eine Hügelkette wie viele andere zwischen Utah und Arizona, bis man – am besten beim Aussichtspunkt »Desert View« – an den Rand des Canyon tritt und in die Tiefe blickt, in eine gewaltige, in allen Rottönen glühende, steinerne Treppenlandschaft, die in einem überraschenden Kontrast zu den dunklen Ponderosa-Kiefernwäldern ringsum steht: ein auf den Kopf gestelltes Gebirge, das sich nach unten verjüngt und im schmalen Band des silberschimmernden Colorado »gipfelt«.

Wie mit dem Seziermesser hat der Fluß hier die Erdkruste freigelegt und uns zu einem Einblick in Millionen

Panoramablick auf den Grand Canyon: Mit einer Geschwindigkeit von 19 Stundenkilometer

Jahre Erdgeschichte verholfen. Doch nicht nur das Relikt irdischer Vergangenheit zieht den Besucher an – auch die Gegenwart ist eindrucksvoll: Der Canyon – geographisch liegt er auf der Höhe von Sizilien – ist ein bis zu 1800 Meter tiefer Einschnitt. Der Colorado, der ihn geschaffen hat, rauscht mit einer Geschwindigkeit von 19 Stundenkilometern über 160 Stromschnellen zu Tal. Auf dieser rasanten Fahrt nimmt er pro Tag 40 000 Tonnen Lehm mit, vor der Errichtung des Glen-Canyon-Damms waren es sogar 700 000 Tonnen. Am Canyonboden herrschen im Sommer mit 45 Grad Celsius Temperaturen wie in der mexikanischen Wüste, während es oben mit 24 Grad angenehm warm ist.

rauscht der Colorado River durch das Flußtal, über 160 Stromschnellen führt sein Weg.

Die Spanier unter Francisco de Coronado waren die ersten Weißen, die 1540 den Canyon, das Stammesland der Hopi-Indianer, erblickten. Damals eine unüberwindliche Sperre. Seit 1919 ist der Grand Canyon ein Nationalpark, mit 5000 Quadratkilometern doppelt so groß wie das Saarland. Täglich verteilen sich rund 30 000 Besucher auf die verschiedenen Aussichtspunkte, auf Ringstraßen um den Canyon und auf zahlreiche Abstiege. Zu den beliebtesten Motiven für die Urlaubsfotos gehört der Hopi Point, eine vorspringende Felskanzel, von der aus man einen eindrucksvollen weiten Blick von West nach Ost über den Canyon hat.

Tief unten auf dem Canyongrund leben noch heute 500 Havasupai-Indianer, »Die Leute vom grünen Wasser«. Bereits im 12. Jahrhundert hatte sich dieser Stamm hier unten in Sicherheit gebracht. Die Attraktion dieses schwer zugänglichen Reservats sind die drei Wasserfälle, nach deren smaragdgrünem Wasser die Indianer ihren Namen haben. Im Laufe ihrer Geschichte haben sie bisher alle »Angriffe« auf ihren Canyon überstanden. 1889 sollte auf seinem Grund eine Eisenbahnlinie verlegt werden; 1950 plante man, an einer Wand eine christlich-jüdische Kapelle wie einen Lift zu installieren; 1961 wollte eine Minengesellschaft ein 18stöckiges Hotel in die Südwand hängen. Die Leute vom grünen Wasser nehmen es gelassen – kein Wunder nach 800 Jahren auf dem Canyongrund.

Aussichtspunkt über dem Canyon: Mehr als 30 000 Besucher werden täglich gezählt.

Die Golden Gate Bridge

Ein technisches Wunderwerk an der Bucht von San Francisco

ANREISE
Busse der Golden Gate Transit ab Market Street Ecke 7th Street zur Golden Gate Bridge

BESTE REISEZEIT
September/Oktober

UNTERKUNFT
Sherman House, 2160 Green Street (Viktorianische Villa mit Blick auf Alcatraz und die Brücke)

AUSSERDEM SEHENSWERT
Golden Gate Park, Alcatraz, Fisherman´s Wharf, Aussicht vom Telegraph Hill

Der Brückenbauer Joseph Baermann Strauss nahm den Kampf gegen Naturgewalten auf. Gegen Ebbe und Flut des Pazifischen Ozeans. Gegen die über die amerikanische Westküste hinwegfegenden Orkane und gegen mögliche Erdbeben. Und er siegte. Am 27. Mai 1937 vollendete der letzte Hammerschlag eines Arbeiters ein Projekt, das die Amerikaner zu den »sieben von Menschen geschaffenen Wunderwerken der USA« zählen: die Golden Gate Bridge von San Francisco.

Das Golden Gate (Goldene Tor) ist die von den Enden zweier Halbinseln begrenzte Schiffspassage vom Pazifik in die Bucht von San Francisco. Strauss und seine Geldgeber entschlossen sich, an beiden Seiten der Meerenge je einen 227 Meter hohen Stahlpylon zu errichten und daran mit dicken Stahltrossen die Hängebrücke zu befestigen, 2,8 Kilometer lang und mit einer Spannweite von 1280 Metern. Um selbst Ozeanriesen die Durchfahrt zu ermöglichen, einigte man sich auf eine lichte Höhe von 67 Metern.

Höllensturz beim Brückenbau

Die Bauarbeiten begannen 1933 und bescherten gleich reihenweise die größten Probleme. So ließ die starke Strömung die ersten Versuche scheitern, auf dem Schelf, 92 Meter unter der Wasseroberfläche, das Fundament für den südlichen Pylon zu verankern. Eine Arbeitsplattform wurde bei dichtem Nebel von einem Schiff gerammt und ging unter. Kurz darauf kippten drei mächtige, für die Fundamentierung vorgesehene riesige Betonblöcke und mehrere Baumaschinen in die aufgewühlte See. Herbststürme fegten Stege fort, und immer mehr Arbeiter wurden auf ihren schwankenden Gerüsten seekrank.

Besonders gefährlich für die Arbeiter war das Anbringen der 91 Zentimeter dicken Hängekabel, zusammengefügt aus 27 000 Einzeldrähten. Wegen der ständigen Absturzgefahr durch Windböen oder einfach Unachtsamkeit ließ Strauss unterhalb der Brückenbaustelle ein Sicherheitsnetz aufspannen. Damit rettete er 19 abgerutschten Arbeitern das Leben, die später zur Erinnerung an ihren Beinahe-Höllensturz den Club »Halfway to Hell« gründeten.

Für den letzten Hammerschlag am 27. Mai 1937 nahmen die Brückenbauer Ed Murphy und Ed Stanley eine goldene Niete mit auf den rund eine Million Tonnen schweren Stahlneubau. Doch das pure Gold war zu weich, die Niete zerbrach und verschwand in der See. So folgte dem letzten Hammerschlag noch ein allerletzter – auf eine Stahlniete. Tagelang wurde der Fertigstellung gefeiert, zogen zu Zehntausenden Fußgänger über die neue Brücke.

Schnell brachte die Golden Gate Bridge an Maut herein, was der Bau gekostet hatte. Benutzten in der Anfangszeit jährlich rund vier Millionen Autofahrer die neue Verbindung, so waren es 1987, im fünfzigsten Jahr ihres Bestehens, schon zehnmal so viele. Ungezählt sind die Fußgänger (und Jogger), die sich jeden Tag in großen Massen über die Brücke bewegen und (ohne Maut) einen der schönsten Blicke auf die Bucht von San Francisco genießen.

Dem Druck und Sog der Gezeiten hielt die Golden Gate Bridge entgegen einigen pessimistischen Voraussagen ebenso gut stand wie den heftigen Stürmen. Bei einem besonders starken Orkan kann es allerdings vorkommen, daß sich die Fahrbahn elastisch den Windstößen anpaßt und ihre Seitenränder mal rechts und mal links bis zu drei Meter hochschaukeln.

Eng wurde es nur einmal im Zweiten Weltkrieg, als die »Queen Elizabeth« mit Truppen an Bord durchs Golden Gate fuhr und zwischen der Spitze ihrer Aufbauten und der Brücke gerade mal ein Meter Spielraum blieb.

Anziehend wirkt die berühmteste Hängebrücke der Welt leider auch auf Lebensmüde. Über tausend stürzten sich mittlerweile von ihr in die Tiefe, aus der ein waberndes Heulen und Stöhnen heraufdringt – hervorgerufen von einer Wellenorgel beim Golden Gate Yacht Club, deren 20 Pfeifen von Ebbe und Flut zum Tönen gebracht werden.

Die in den Jahren 1933 bis 1937 erbaute Golden Gate Bridge erspart Autofahrern lange Umwege, wenn sie von San Francisco in das Nachbarstädtchen Sausalito und weiter entlang der Küstenstraße oder auf dem US-Highway Nr. 101 nach Norden wollen. Ihre Länge beträgt 2,8 Kilometer, die Spannbreite 1280 Meter und die lichte Höhe über dem Pazifik je nach den Gezeiten zwischen 66 und 72 Meter.

Amerikas Mammutbäume
Sie werden bis zu 135 Meter hoch und mehrere tausend Jahre alt

ANREISE
Von Los Angeles über die Interstate 5 nach Bakersfield, Highways 99 und 63 bis Visalia, Highway 198 zum Sequoia National Park. Gesamtstrecke 350 km.

BESTE REISEZEIT
Juni bis September (der Park ist im Winter geschlossen)

UNTERKUNFT
Giant Forest Lodge, Grant Grove Lodge, Motels in Three Rivers

AUSSERDEM SEHENSWERT
Kings Canyon National Park (nördlicher Nachbar des Sequoia NP), Yosemite National Park (200 km nördlich)

Es waren Pelztierjäger, die Mitte des 19. Jahrhunderts in Kalifornien von kirchturmhohen Nadelbäumen mit Stämmen von der Dicke eines Elefanten berichteten. Sie hätten sie mit eigenen Augen gesehen, schworen die Trapper, und zwar hoch oben an den Westhängen der Sierra Nevada. Sie hätten besser geschwiegen! Denn bald lockte die Kunde Holzfäller in das Gebirge, denen reihenweise Mammutbäume zum Opfer fielen, die größten und ältesten Pflanzen der Erde.

Die kalifornischen Mammutbäume oder Sequoias, von Botanikern Sequoiadendron giganteum genannt, gehören zur Gattung der Sumpfzypressen und können eine Höhe von 135 Metern erreichen. In der Sierra Nevada hatten Mammutbäume zum Teil schon ein Alter von 3000 bis 4000 Jahren, als man sie fällte und ihr Holz etwa zu Tanzbodenparkett oder Kegelbahnen verarbeitete. Zwei besonders große Exemplare wurden abgeholzt, um ihre Stämme als Weltwunder auf Ausstellungen zu zeigen.

Daß es heute trotz des Raubbaus im südlichen Kalifornien noch Mammutbäume zu besichtigen gibt, ist einigen beherzten Männern zu verdanken, die 1890 gegen die Interessen der Holzwirtschaft die Gründung des Sequoia-Nationalparks durchsetzten. Kernstück des Schutzgebietes nördlich von Los Angeles wurde die Giant Forest Area mit einem Mammutbaumwald, zu dem Monachi-Indianer 1858 den Rinderzüchter Hale Tharp geführt hatten. Er richtete sich in einem durch Feuer ausgehöhlten Sequoia-Stamm häuslich ein, erwarb Bodenrechte, lehnte aber einen Weiterverkauf trotz hoher Angebote von Holzverwertern ab, bis der Staat den Giant Forest für das Nationalparkprojekt übernahm.

Ein aufregender Wanderweg, der Congress Trail, führt heute mitten durch dieses wohl größte Mammutbaumvorkommen der Erde. Zwei Stunden lang ist man darauf bei gemächlichem Tempo unter Bäumen unterwegs, wie sie einst von den Trappern als kirchturmhoch und dick wie Elefanten beschrieben wurden. Ein Baum heißt nach einem Häuptling der Cherokee-Indianer »Chief Sequoyah« – in Erinnerung an ein von dem Häuptling entwickeltes indianisches Alphabet, aus dem Botaniker die Bezeichnung Sequoia zur Benennung der Mammutbäume entlehnten. Andere Riesenstämme tragen die Namen prominenter Politiker und Generäle aus der amerikanischen Geschichte.

Mit der Kutsche durch den Baum

Ein Mammutbaum von besonders mächtigem Umfang heißt General Sherman Tree nach einem Heerführer, der im amerikanischen Bürgerkrieg 1861 bis 1865 mit seinen Unionstruppen entscheidend zum Sieg der Nordstaaten über die Konföderierten des Südens beitrug. Der als »Largest Living Thing« (Größtes Lebewesen) gefeierte Sequoia ist 2500 bis 3000 Jahre alt und 83,8 Meter hoch. Der Stammumfang beträgt am Boden 31,3 Meter, der Durchmesser 11,1 Meter. Das Volumen des Stammes wurde auf 1486 Kubikmeter berechnet, sein Gewicht auf 1256 Tonnen geschätzt.

Bäume von vergleichbarer Größe gibt es auch in zwei benachbarten Nationalparks. So bringt es im Kings Canyon der nach einem Südstaatengeneral benannte General Grant Tree auf eine Höhe von 81,5 Meter bei einem Stammumfang am Boden von 32,8 Meter. Im Yosemite Nationalpark ist der schätzungsweise 2700 Jahre alte und 64 Meter hohe Grizzly Giant zu bewundern. Nicht weit entfernt davon liegt der 1968 umgestürzte gewaltige »Tunnel-Baum«. Um Touristen anzulocken, hatte man Ende des 19. Jahrhunderts durch seinen Stamm einen Tunnel geschnitten, der groß genug war, um mit einer Postkutsche durch den Baum hindurchzufahren.

Die größten Bäume im Sequoia-Nationalpark sind zwischen 2500 und 3000 Jahre alt und über 80 Meter hoch. Wenn sie ungestört weiterwachsen können, überstehen sie noch weitere tausend oder mehr Jahre. Normalerweise sterben Mammutbäume nicht an Altersschwäche, sondern ihr Ende droht erst, wenn die Wurzeln die mehr als 1000 Tonnen schweren Stämme nicht mehr halten können oder sie Waldbränden oder Erdrutschen zum Opfer fallen.

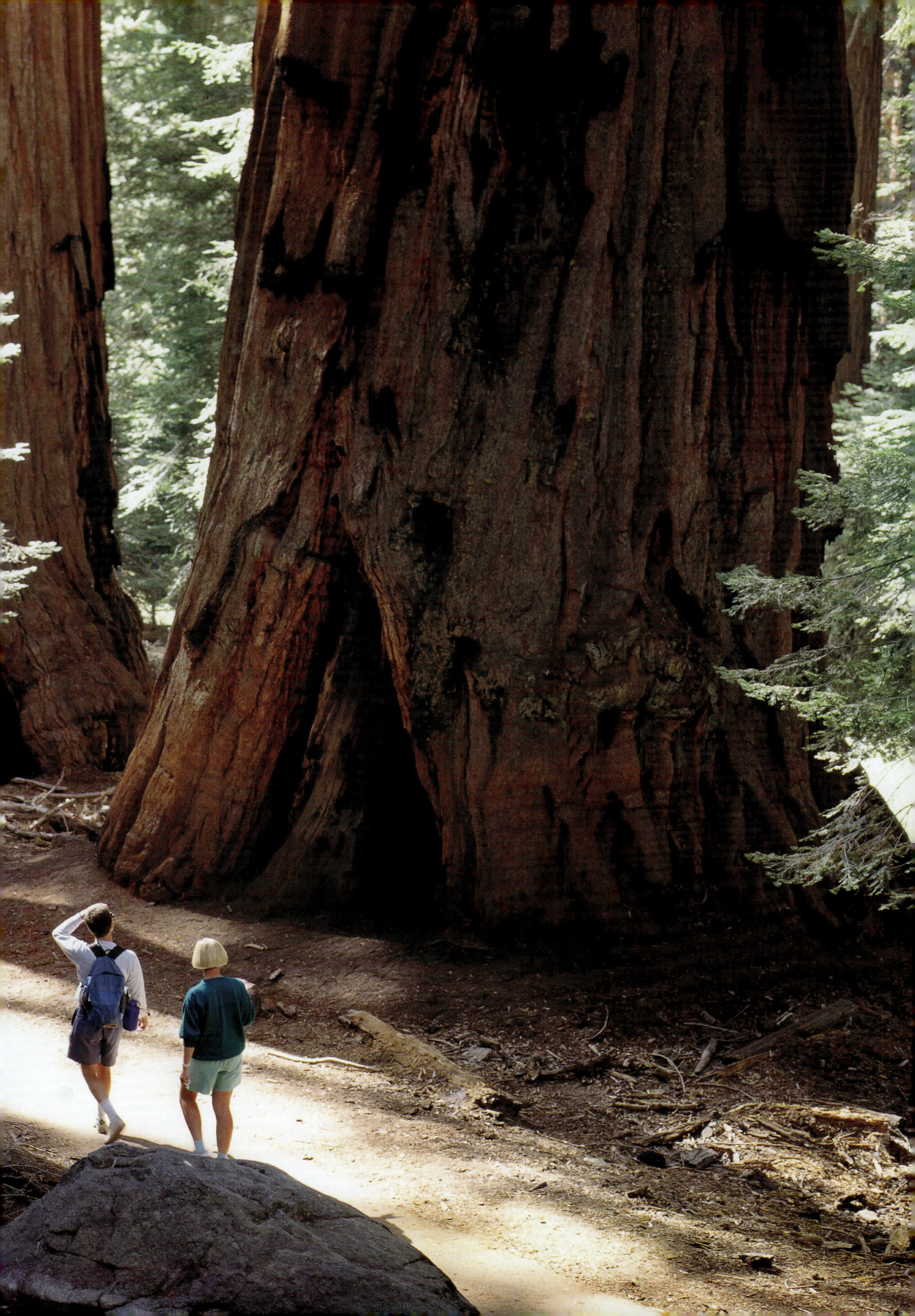

Ein Schloß für den Zeitungszar

Hearst Castle ist ausgestattet mit einzigartigem Interieur aus Europa

ANREISE
Über den Highway Nr. 1 nach San Simeon, ca. 380 km nördlich von Los Angeles. Zubringerbusse vom Großparkplatz zum Schloß

BESTE REISEZEIT
September/Oktober

ÖFFNUNGSZEITEN
Tgl. 8–15.30 Uhr

AUSSERDEM SEHENSWERT
Big Sur, Monterey Bay Aquarium in Monterey

Hearst Castle ist für die Amerikaner, was Schloß Neuschwanstein für die Deutschen ist – ein Märchenschloß für einen Märchenprinzen. Zwar war William Randolph Hearst kein blaublütiger Fürst, aber reicher als der »Kini«, der Bayerische König Ludwig II., war der amerikanische Zeitungszar allemal. Und auch was die Prominenz seiner Schloßgäste betrifft, kann sich Hearst Castle durchaus mit Schloß Neuschwanstein messen. Winston Churchill, Charles Lindbergh, Charlie Chaplin und George Bernard Shaw zählen zu den illustren Besuchern, die der »Westküsten-König« an seinem Hof um sich scharte. Heute ist Hearst Castle – offiziell »Hearst San Simeon State Historical Monument« – eine Touristenattraktion, die an Beliebtheit nur noch von Disneyland übertroffen wird.

»Blaue Stunde« mit Gershwin

Das Schloß, das Hearst bescheiden »The Ranch« nannte, liegt 45 Meilen nördlich von San Luis Obispo – auf halbem Weg zwischen San Francisco und Los Angeles – auf einem Hügel direkt am Pazifik. Umgeben ist der Sommersitz von einem 100 000 Hektar großen Gelände, das der Zeitungszar einst von seiner Mutter erbte. Eigentlich handelt es sich eher um einen gewaltigen Gebäudekomplex als um ein Castle. Vier Gästehäuser gruppieren sich um eine »Casa Grande«, die alleine mehr als 100 Zimmer hat. Der besondere Reiz dieses amerikanischen Traums: Das Schloß ist die größte europäische Bau-Zitatensammlung in den Vereinigten Staaten. Ganze Wände, Decken und Fußböden hat Hearst in europäischen Kirchen und Schlössern demontieren lassen, um sie in seinen kalifornischen Traum von Good Old Europe einzubauen. Gotische Kamine und maurische Fliesen, mittelalterliche Kunst und antike Vasen schmücken die 115 Räume und Hallen des maurisch gestalteten Baus. Auch das Allerheiligste, das »Spielzimmer« – ausgestattet mit eichengeschnitztem Chorgestühl –, in dem sich Hearst zur »blauen Stunde« von George Gershwin am Klavier vorspielen ließ, ist zu bestaunen. Das Ganze ist umgeben von einem riesigen privaten Safaripark, in dem heute allerdings nur handzahme »Vegetarier« gehalten werden. Die Löwen und Geparden, die den Park zu Hearsts Zeiten bevölkerten, sind nach dessen Tod in umliegende zoologische Gärten umgesiedelt worden.

1919 begann Hearst mit dem Bau seines Palastes. Er war damals auf dem Höhepunkt seiner Macht – Orson Welles diente er als Vorlage für den skrupellosen Zeitungsmagnaten im Kultfilm »Citizen Kane« –, kontrollierte in den USA 23 Prozent und in Kalifornien sogar 60 Prozent der Tages- und Wochenpresse.

Die Bauarbeiten, für die Architektin Julia Morgan eine Lebensaufgabe, wurden zu seinen Lebzeiten (Hearst starb 1951 im Alter von 88 Jahren) nicht beendet. So riß man längst fertige Räume immer wieder ein, wenn Hearst von einer seiner Europareisen neue Trophäen mitbrachte. Bis heute gibt es in Hearst Castle Zimmerfluchten, die nur als Rohbau existieren. Das Ganze ist ein Puzzle aus kulturellen Resten geworden, eine glitzernde Ungeheuerlichkeit, die vom Dachboden bis zum Keller mit Kunst und Kostbarkeiten aus Europa vollgestopft ist.

Kostbarkeiten in jedem Saal

Die Fassade der Casa Grande, im Stil einer zweitürmigen spanischen Mudéjar-Kathedrale errichtet, ragt vor einem großen, mit Quellwasser gefüllten Swimmingpool auf, der von griechischen Säulen und Statuen umgeben ist. Im fürstlich ausgestalteten Speisesaal sind die Tische mit Kristall aus Frankreich und chinesischem Porzellan gedeckt. Die Wände zieren bunte Ehrenfahnen aus dem Palio, den klassischen Reiterspielen von Siena, und flämische Gobelins. Zwei Stunden braucht es allein, um den kostbaren »Nippes« des Hausherren zu bewundern: spanische Refektoriumsstühle, das Bett des französischen Kardinals und Staatsmannes Richelieu, die 22karätigen Goldmosaiken in Schwimmsälen, altpersische Kacheln im Billardzimmer, schwere Barockleuchter, Portale aus florentinischen Palästen, die Venusfigurinen in den Gästetoiletten. Um ja kein Urteil seiner Gäste – vor allem wenn es hinter seinem Rücken geäußert wurde – zu verpassen, hatte der kritikempfindliche Meinungsmacher in allen Gästezimmern Mikrophone versteckt. »W. R.«, wie sich der mächtige Mann gerne selber nannte, war überzeugt, daß seine Sammlung einen »hohen kulturellen Wert« habe und daß »ohne europäische Kultur Fortschritt undenkbar« sei.

Die Idee zu den Kolonnaden rings um den Swimmingpool hatte Hearst vom römischen Petersplatz, die Fassade seiner »Casa Grande« ziert die Kopie eines Kirchenportals, und die Inneneinrichtung der zahllosen Salons und Zimmer – hier das sogenannte Klosterzimmer – hatte er aus Schloß- und Kirchennachlässen zusammengekauft.

EUROPA

Steinerner Traum Chambord

Das Schloß an der Loire wurde Vorbild für Prachtbauten des Absolutismus

ANREISE
Von Paris über die A 10 (E 5) via Orléans nach Mer, dort über die Loire und auf der D112 bis Chambord (Gesamtstrecke 150 km). Nächste Bahnstationen: Mer, Blois

ÖFFNUNGSZEITEN
Tgl. ab 9.30 Uhr. Letzter Einlaß je nach Jahreszeit zwischen 16.45 und 18.45 Uhr

AUSSERDEM SEHENSWERT
Blois, Orléans, Schlösser an der Loire

Wenn sich ein machtbewußter Herrscher, Frauenheld und unverbesserlicher Visionär ein Jagdschloß baut, dann darf es schon etwas Besonderes sein. Mit Chambord schuf sich Franz I. (1494–1547) einen steingewordenen Traum, ein schimmerndes Zauberwerk, ein Märchen aus 1001 Nacht. Mit 440 Zimmern und 83 Treppen ausgestattet und in den Maßen 156 mal 117 Meter angelegt, riß dieses pompöseste aller Jagdschlösser den deutschen Kaiser Karl V. bei seiner Visite im Jahre 1539 zu der Äußerung hin, daß »Chambord der Inbegriff dessen ist, was menschliche Kunst hervorzubringen vermag«.

Von seinen Feldzügen in Italien hatte Franz I., König von Valois und zeitlebens mit den Habsburgern um die Macht in Europa ringend, den Wunsch nach einem prunkvollen Renaissancepalast mitgebracht. Das neue Schloß sollte den Freuden der Artemis ebenso zugewandt sein wie den Genüssen des höfischen Lebens. Als Standort bot sich südwestlich von Orléans die Sologne an, zumindest was des Königs Passion, die Jagd, betraf. Denn im heute noch größten Jagdrevier Frankreichs wimmelte es von Wildschweinen und Hirschen. Als Bauland war das sumpfige Gelände dagegen mehr Alptraum als Traum, und wenn der Plan, die Loire umzuleiten, auch aufgegeben werden mußte, so grub man doch der kleineren Cosson ein neues Flußbett. Schließlich sollte sich des Königs Schloß majestätisch im Wasser spiegeln.

Italienische Architekten zeichneten die Pläne, wobei man den mittelalterlichen Schloßbau in Frankreich durchaus zur Grundlage nahm. In ein großes Viereck wurde ein monumentaler rechteckiger Turm eingefügt, der den »Donjon« (»Bergfried«) früherer Verteidigungsanlagen imitierte. Bis heute ist dieser zentrale Bau die Seele des Schlosses, und langsam steigt man durch ein Treppenhaus zur lichten Dachterrasse empor.

Und was für ein Treppenhaus! Das Wunder von Chambord liegt in diesem wahrhaft königlichen Aufgang, der »Escalier méridional«, und vermutlich hat Leonardo da Vinci den Plan für diesen Treppentempel gezeichnet. Schließlich hatte Franz I. den Allroundkünstler an die Loire geholt, und architektonische Verwirrspiele waren durchaus nach Leonardos Geschmack. Gegenläufig gewendet, schwingt sich eine zu den Seiten hin offene Treppe mit zwei Läufen empor, auf denen sich die auf- und absteigenden Besucher zwar sehen, nicht aber beggnen können. Dieser Gebäudeteil ist auch als Symbol der Weltachse gedacht, und die auf den einzelnen Stockwerken angeordneten Säle fügen sich zum griechischen Kreuz zusammen.

Die Revolutionstruppen plünderten
Die für die Lustbarkeiten vorgesehene Ebene war die Dachterrasse. Als diene ihr das Schloß nur als Sockel, ragt sie wie ein gigantischer Tafelaufsatz auf und lädt mit 365 Kaminen, Hunderten von Giebeln, Kapitellen, Laternen und Glockentürmen zum Spaziergang ein. Hier oben hatte die sinnenfrohe Gesellschaft jener Zeit ihren eigentlichen Auftritt, man vergnügte sich bei Spielen, erging sich plaudernd unter Sonnenschirmen und sah der Jagdgesellschaft zu, wenn sie auf dem weiten Vorhof auftritt.

Die Vollendung seines Schlosses hat Franz I. nicht mehr erlebt. Mit wenig Begeisterung führten seine Nachfolger den Bau fort, und erst Ludwig XIV. gab dem sinnenfrohen Traum noch einmal Gestalt, als er Chambord während der Bauzeit von Versailles für sich entdeckte. Die Revolutionsführer von 1789 kapitulierten vor Chambords Größe: Da der Abriß des provokant wirkenden Schlosses zu teuer geworden wäre, plünderten es die Revolutionstruppen restlos aus. Beraubt seines Mobiliars, seiner Tapisserien und Gemälde, verkam Chambord für längere Zeit. Seit der Staat es besitzt, wird es wieder gepflegt, einen Teil der nötigen Gelder versucht man durch touristische Nutzung hereinzubekommen – keine Loire-Reise ohne den Besuch von Chambord.

Die rechteckige Schloßanlage von Chambord, in wesentlichen Teilen erbaut von 1519 bis 1537, zelebriert den großen Auftritt: Sogar ein Nebenfluß der Loire wurde umgeleitet, damit sich der Prachtbau im Wasser spiegeln kann. König Franz I. hat sich bei der Ausführung an italienischen Renaissancepalästen orientiert. Seine monumentale Anlage wurde mit ihren 440 Zimmern und 83 Treppen das größte Schloß an der Loire. Die vielen kunstvollen Türme und Türmchen vermitteln einen Eindruck von der Weitläufigkeit der Gebäude und umrahmen eine riesige Dachterrasse, auf der der Hof seine Feste feierte.

Wahrzeichen Eiffelturm
Die bedeutendste Eisenkonstruktion des 19. Jahrhunderts überragt Paris

ANREISE
Métro-Stationen Bir Hakeim oder Trocadéro (Linie 6); RER: Champ de Mars/Tour Eiffel

ÖFFNUNGSZEITEN
Tgl. 9.30–23 Uhr
(Juli/August 9–24 Uhr)

GASTRONOMIE
Restaurant Jules Verne
(2. Turm-Etage)

AUSSERDEM SEHENSWERT
Arc de Triomphe, Notre-Dame, Sacré-Cœur, Louvre, Centre Georges Pompidou, Panthéon

Am Anfang gab es Streit. Kaum war an der Seine bekanntgeworden, daß Frankreich zur Pariser Weltausstellung 1889 mitten in der Stadt einen 300 Meter hohen Turm aus Eisenelementen errichten wollte, warnten Architekten, Künstler und Politiker in einer »Protestschrift der 300« vor einer drohenden Verschandelung der Metropole. Was da geplant sei, gleiche einem »schwarzen Schornstein« und sei von »schwindelerregender Häßlichkeit«. Der Eiffelturm wurde trotzdem gebaut – Frankreich zum Ruhme und für Paris von bleibendem Wert.

Erste Pläne für den Turmbau hatte 1884 der Techniker Maurice Köchlin ausgearbeitet, ein Mitarbeiter des Ingenieurs und Bauunternehmers Alexandre Gustave Eiffel (1832–1923), einem Nachfahren deutscher Einwanderer aus dem Eifelgebiet. Bereits erfahren im Bau großzügig geschwungener Eisenbrücken, schuf Eiffel die endgültige Konstruktion, gewann damit einen vom Handelsministerium ausgeschriebenen Architekturwettbewerb und sicherte sich den lukrativen Bauauftrag für den Ausstellungsturm.

Bauplatz Marsfeld

Als Baugrund bestimmte die Stadt Paris ein ehemaliges Manövergelände am Südufer der Seine, das Marsfeld. 1887 wurde hier mit den für die spätere Standfestigkeit des Bauwerks entscheidenden Fundamentierungsarbeiten begonnen. Um eine feste Basis für die vier »Elefantenbeine« seines 9700 Tonnen schweren Turms zu schaffen, ließ Eiffel im Kiesboden des Ufergeländes vier mal vier gewaltige Betonquader von jeweils 15 mal 8 Meter Seitenlänge verankern. Mit der eigentlichen Montage wurde dann am 1. Juli 1887 begonnen – nach einem wohldurchdachten Baukastenprinzip. Die Arbeiter mußten 12 000 Fertigteile zusammennieten, paßgenau angeliefert aus einer Eisengießerei in Clichy.

Es war ein geniales Puzzlespiel, was sich dabei vor den Augen der Pariser abspielte. So gut hatte Eiffel alles geplant, daß er die Teile nicht mehr benötigter Baukräne für die Herstellung der Fahrstühle verwenden konnte, die zu den in 57, 115 und 274 Meter Höhe entstehenden Aussichtsplattformen führten.

Je höher die Eisenkonstruktion emporwuchs und wie der Zeiger einer riesigen Sonnenuhr ihren Schatten über Paris wandern ließ, desto kleiner wurde die Schar der Gegner. Nun bewunderte die große Mehrheit der Pariser die von Tag zu Tag deutlicher werdende Eleganz des Baues, das Filigrane seiner Verstrebungen, den Eindruck von Leichtigkeit, den der Koloß trotz seines Schwergewichts erweckte.

Als der Turm am 31. März 1889 termingerecht vollendet war und sein Schöpfer Eiffel in 300,50 Meter Höhe die Trikolore hißte, feierten die Zeitungen die Eisenkonstruktion als einen »Triumph der Industriekultur« und als grandioses weltliches Gegenstück zur hochgelegenen Kirche Sacré-Cœur auf dem Pariser Montmartre. Von der Spitze konnte man nun nicht nur ganz Paris überblicken, sondern bei klarem Wetter auch noch in einem weiten Umkreis das grüne Land.

Denkmal der Revolution
Zur Eröffnung der Weltausstellung 1889 illuminierten die Veranstalter den Stahlbau, der bald nur noch Eiffelturm genannt wurde, abends mit 10 000 Gaslampen, die dann mit einem gewaltigen Feuerwerk um die Wette leuchteten.

Für ihn, so drückte es Alexandre Gustave Eiffel aus, bedeute der Turm ein Denkmal für die Französische Revolution von 1789, die erst die Voraussetzungen geschaffen habe für das »Jahrhundert der Industrie und der Technik«, das nun auf der Weltausstellung so eindrucksvoll gefeiert werde.

Neben hohen Ehren brachte der Turm seinem Erbauer auch großen finanziellen Erfolg. Dank der Massen zahlender Turmbesichtiger nahm die Betreibergesellschaft, an der Eiffel beteiligt war, schon im ersten Jahr mehr Geld ein, als der Bau gekostet hatte. Schnell wurde der Turm zum bekanntesten Wahrzeichen von Paris, auf dessen Abriß, ursprünglich für 1910 vorgesehen, die Stadtverwaltung lieber verzichtete.

Seit 1921 werden vom Eiffelturm aus Rundfunksendungen übertragen, und schon 1935 wurde er mit einer Fernsehantenne bestückt. Inzwischen beträgt seine Höhe mit Antenne 320,75 Meter. Auf der obersten Plattform, wo Eiffel sich einst Laboratorien und eine kleine Wohnung eingerichtet hatte, befinden sich heute eine meteorologische Station und zahlreiche elektronische Anlagen zur Flugsicherung.

Der Eiffelturm erhöhte sich von ursprünglich 300,50 Meter auf nunmehr 320,75 Meter durch eine Fernsehantenne. Sein Gewicht von 9700 Tonnen wurde bei Renovierungsarbeiten um 1340 Tonnen verringert. Mit rund fünf Millionen Besuchern jährlich ist das Wahrzeichen von Paris auch die größte Touristenattraktion der Stadt.

Des Sonnenkönigs Schloß

Versailles sollte mit Pracht und Größe die Macht Ludwigs XIV. dokumentieren

Anreise
20 km südwestlich von Paris. Schnellbahn RER Linie C 5 bis Versailles-Rive Gauche

Öffnungszeiten
Mai bis September 9–18.30 Uhr, Oktober bis April 9–17.30 Uhr. Montags geschlossen

Unterkunft
Trianon Palace, Boulevard de la Reine (Luxusklasse); Hôtel de Clagny, Impasse de Clagny (untere Preisklasse)

Ludwig XIII. hatte in der landschaftlichen Ödnis von Versailles ein Jagdschloß errichten lassen, eine schlichte, von Wasser umgebene Dreiflügelanlage aus Ziegelstein. Sein Sohn, Ludwig XIV., verband damit glückliche Jugenderinnerungen. Deshalb wählte er das Schloß zunächst als Refugium – vor allem für seine Affäre mit Mademoiselle de La Vallière. Er ließ die Außenseiten mit allerlei Verzierungen schmücken, modernisierte das Innere und ergänzte die Anlage durch freistehende Nebenflügel.

Zu dem, was wir heute so bewundern, wurde das Schloß erst, nachdem Ludwig XIV. 1668 beschlossen hatte, den Hof von Paris nach Versailles zu verlegen. Nun benötigte er Raum für Repräsentation und eine größere Hofhaltung. Den Auftrag für den Bau bekam Louis Le Vau, der die Schloßanlagen auf das erwünschte königliche Maß erweiterte. Erst zehn Jahre später, aus Ludwig XIV. war »Roi Soleil«, der »Sonnenkönig«, geworden, machte sich der Architekt Jules Mansart daran, der Verherrlichung des Königs den entsprechenden äußeren Rahmen zu geben.

Die Bauwut triumphierte

Ein Schloß sollte es werden, dessen »Ausmaße, Anlage und Prachtentfaltung bis in alle Ewigkeit von der Selbstauffassung des mächtigsten Königs in Europa Zeugnis geben sollte«. Genau das wurde es dann auch: eine gigantische Geste der Macht. Um 1682 waren 20 000 Leute um den Hof Versailles versammelt, wovon der engere Kreis, immerhin 5000 Menschen, im Schloß selbst wohnte. 1300 Zimmer standen zur Verfügung, 1252 Kamine sorgten für wohlige Wärme. Die Ställe konnten 200 Kutschen und 2500 Pferde beherbergen.

Mehr als dieses Architektenprogramm spiegeln die Widerstände, die Ludwig brach, um den verschwenderischen Bau durchzusetzen, den absoluten Machtanspruch des Königs wider. Da waren alte Traditionen, kritische Haltungen wichtiger Hofleute wie die des Finanzministers Colbert, die gegen den geplanten Ausbau sprachen. Doch selbst die Widerstände, die die Natur der Bauwut des Königs entgegensetzte, konnte Ludwig nicht von seinen Plänen abbringen.

Der Herzog Louis von Saint-Simon beschrieb Versailles als eine »trostlose, kärgliche Stätte, ohne

Aussicht, ohne Wald, ohne Wasser, ohne festes Erdreich sogar, denn hier besteht der Boden nur aus Flugsand oder Sumpfgelände, und mithin mangelt es auch an frischer Luft«. Der König lachte und ließ seine Soldaten die Sümpfe trockenlegen, ließ sie ausgewachsene Bäume pflanzen und kilometerlange Wasserleitungen für die Brunnen und Wasserspiele graben.

Gesamtkunstwerk mit Park
Aus allem wurde schließlich das Gesamtkunstwerk Versailles, »das«, so der Gartenhistoriker Wilfried Hansmann, »gewaltigste Ordnungsgefüge der abendländischen Architektur- und Gartengeschichte«. Wie wichtig Ludwig das Grün ums Haus war, zeigt sein Auftrag an den Gartenarchitekten Le Nôtre: Der sollte einen Königsgarten entwerfen, »wie die Welt bisher noch keinen gesehen hatte«. Von diesem Augenblick an hatten Erweiterungen der Parkanlagen stets Vorrang vor baulichen Aufgaben.

Und während Mansart das Innere der gewaltigen Anlage mit Marmor, Gold und Silber schmückte – auf einem silbernen Thron empfing der Sonnenkönig die Botschafter und Gesandten aus aller Welt –, einen Spiegelsaal baute, der die Herrlichkeiten ringsum vervielfachte, schmückte Le Nôtre die Parks mit Alleen, Sichtachsen, Wasserspielen, Gartenskulpturen, Orangerie. Ergänzt wurde das Park- und Schloß-Ensemble Versailles durch die beiden »Trianon«, Lustschlösser, in denen man sich vom »Theaterdonner« des Sonnenkönigs erholte. Das »Petit Trianon«, so Königin Marie-Antoinette, für die es gebaut wurde, »ist die Frohe Botschaft von Versailles«.

Versailles – Blick vom Park aus. Ein Schloß zu bauen, dessen »Ausmaße, Anlage und Prachtentfaltung bis in alle Ewigkeit von der Selbstauffassung des mächtigsten Königs in Europa Zeugnis geben«, lautete der Auftrag für Jules Mansart, der das Innere der gewaltigen Anlage mit Marmor, Gold (s. unten Blick in den Marssaal mit der goldenen Decke) und Silber schmückte, während der berühmte Gartenarchitekt Le Nôtre die Parks mit Alleen, Sichtachsen, Wasserspielen, Gartenskulpturen, Orangerie in einen blühenden Rahmen für den »Roi Soleil« verwandelte.

Steinzeitbilder in den Höhlen von Lascaux

Galoppierende Pferde, Hirsche, Stiere, Steinböcke und Wisente bevölkern die Felswände und zeigen die Tierwelt von damals

ANREISE
Clermont-Ferrand–Périgueux bis le Lardin-St. Lazare E 70/ N 89, dann auf der D 704 10 km nach Montignac

ÖFFNUNGSZEITEN
Lascaux II: Juli/August tgl. 9.30–19.30 Uhr, sonst 10–12 und 14–17.30 Uhr. Im Sommer begrenzte Besucherzahl; frühzeitiger Kartenkauf empfehlenswert

AUSSERDEM SEHENSWERT
Grottes de Lacave (45 km südöstlich), Grotte du Pech Merle (120 km südöstlich)

Der 17jährige Marcel Ravidat und drei Freunde waren einem Geheimnis auf der Spur. Eine Bäuerin aus Lascaux im französischen Departement Dordogne hatte den Schülern von einem merkwürdigen Loch erzählt. Es war ihr aufgefallen, als sie ihren toten Esel unter einer umgestürzten Tanne begraben wollte. Es schien tief in die Erde zu reichen. Die Jungs steckten Streichhölzer und eine Öllampe ein, pfiffen dem Terrier Robot und machten sich auf Schatzsuche. In der Nähe des Flusses Vézère fanden sie unter Gestrüpp das Loch. Der Hund sprang hinein, Marcel hinterher. Da gab das Erdreich nach und verschluckte beide. Tief unten sahen die erschrockenen Freunde ein Streichholz aufflammen und hörten Marcel rufen, sie sollten zu ihm herunterkommen. Das ging wie auf einer Rutsche. Gemeinsam tasteten sie sich durch einen finsteren Gang und erreichten eine fünf Meter hohe Halle. Im Schein der flackernden Lampe entdeckten sie etwas Merkwürdiges: Zwischen den Hörnern zweier Stiere war ein rotes Pferd an die Felswand gemalt. Später wurde dieser 15 mal 10 Meter große Raum »Saal der Stiere« genannt.

Menschen als Strichmännchen

Abbé Henri Breuil, Frankreichs Experte für Höhlenmalerei, den der Lehrer der Jungs informiert hatte, begriff sofort die Sensation: In dem kleinen Ort war die bislang umfangreichste Steinzeitmalerei entdeckt worden. Von dem Saal führten zwei Gänge in tiefere Höhlenteile, die sich zu großen Räumen mit kuppelartigen Decken erweiterten. Insgesamt maß die Höhle in der Länge 140 Meter. Die bunten Tierbilder überzogen einige Wände so dicht, daß sie ineinander übergingen. Voller Staunen notierte der gelehrte Geistliche galoppierende Pferde, Hirsche mit weitverzweigtem Geweih, Stiere, bis zu fünfeinhalb Meter hoch, Steinböcke und Wisente – die meisten in Ocker, Rot oder Schwarz gehalten. Unter all diesen Bildern sah er nur einen Menschen abgebildet. Er war

Rund 20 000 Jahre alte Höhlenmalerei – Steinböcke mit Darstellungen von Trittsiegeln

nicht naturalistisch gemalt wie die Tiere, eher wie von Kinderhand gekritzelt. Als Strichmännchen liegt er am Boden, die Arme von sich gestreckt, darunter in gleicher Strichmanier auf einer Stange ein Vogel, über dem Mann ein Wisent und weiter unten ein Nashorn, das sich entfernt. Wurde hier ein Jagdunfall geschildert?

Abbé Henri Breuil schätzte das Alter der Bilder auf etwa 18 000 Jahre. Damit lag er nicht schlecht. Moderne Untersuchungen kommen auf 15 000. In dieser Zeit war die Region des heutigen Deutschland eine Eiswüste. Im Süden Frankreichs erstreckte sich dagegen Prärie mit niedrigem Baumbestand. Pferde, Wisente, Rentiere, Fellnashörner und die letzten Mammute bevölkerten die Ebenen. Die Steinzeitjäger erlegten sie mit flintsteinbewehrten Speerschleudern. Warum sie die Felswände bemalten, ist bis heute Rätsel und Streitpunkt unter Experten. Wollten die Eiszeit-Michelangelos so ihr Jagdglück beschwören, wie lange angenommen wurde? Doch in vielen Höhlen fehlen Rentiere, die Hauptbeute. Oder sind es eher mythische Darstellungen, deren Sinn wir nicht erkennen, heilige Stätten, in denen Riten vollzogen wurden?

Nach dem Fund in den Kalkfelsen von Lascaux wurden weitere Höhlen mit Wandmalereien entdeckt. Vor allem in den Tälern der Vézère und der Dordogne, im Gebiet um Périgord, im unteren Rhonetal, am Fuße der Pyrenäen und des Kantabrischen Gebirges. Der jüngste Fundort liegt an der Küste bei Marseille, der Höhleneingang 36 Meter unter dem Wasserspiegel. Altamira in Spanien war bereits 1879 entdeckt worden, wurde aber lange nicht als authentisch anerkannt. Urmenschen traute man solche künstlerische Ausdruckskraft nicht zu.

Die Farben drohen zu verblassen
Auch die Entdeckung von Lascaux war erst Jahre später an die Öffentlichkeit gedrungen. Als die Jungen auf die Höhle stießen, war die Welt mit Krieg beschäftigt. Deutschland hatte gerade Frankreich besetzt. Es war der Sommer 1940. Erst acht Jahre später wurde der Fund bekannt. Besucher strömten in die Höhle. Eine Straße wurde gebaut, um sie leichter zu erreichen. Hermetisch schließende Türen und eine Klimaanlage mußten installiert werden, um die Bilder vor den Ausdünstungen der Besucherscharen zu schützen. Dennoch begannen die satten Farben der prähistorischen Kunstwerke zu verblassen, die Bilder, die Jahrtausende überstanden hatten, alterten wie im Zeitraffer.

Heute müssen sich die Besucher – es sind immer noch mehr als 350 000 pro Jahr – mit detailgetreuen und millimetergenauen Reproduktionen auf einer nachgebauten Felsenszenerie begnügen. Die Originale sind nicht mehr öffentlich zugänglich.

Nie zuvor hatten moderne Menschen so eine Vielfalt eiszeitlicher Bilder gesehen wie nach der zufälligen Entdeckung der Höhle von Lascaux. Neben Bisons schmücken riesige Stiere, Pferde und Raubkatzen die Wände der weitverzweigten Grotte in der Dordogne.

»Himmlische Kunst« in der Kathedrale von Chartres

Notre-Dame gilt als das perfekte Bauwerk der Gotik

Anreise
83 km südwestlich von Paris, Anfahrt über die A10 und A11

Unterkunft
Hotel Le Grand Monarque, Place Épars

Gastronomie
Restaurant La Truie qui File, Place Poissonnerie

Ausserdem sehenswert
Église Saint-Pierre, Musée des Beaux-Arts

Die Kunst des Mittelalters fand ihren höchsten Ausdruck in der gotischen Architektur. Als Krönung dieses gottgefälligen Baustils gilt die Kathedrale Notre-Dame von Chartres. An der Wende zum 13. Jahrhundert entstanden, wurden für diesen Dom alle im Laufe des 12. Jahrhunderts entwickelten Bautechniken, die für die angestrebte optische Wirkung nötig waren, das erste Mal in ihrer Gesamtheit angewendet und in fast vollkommener Weise ausgestaltet.

Erstmals übernehmen hohe Strebepfeiler alle tragenden Funktionen des Baus. So konnten die Wände entlastet und mit farbigen Glasfenstern in bislang ungekannter Größe ausgestattet werden. Als erste Kathedrale bekommt Chartres drei riesige Rosenfenster, jedes mit einem Durchmesser von 13 Metern – Konzentrationspunkte der neuen »himmlischen Kunst«. Und erstmals leiten drei mächtige Portale – geschmückt mit einer Vielzahl lebensgroßer Herrscher- und Heiligenfiguren aus jeweils unterschiedlichen geschichtlichen Zusammenhängen – in den gewaltigen, lichtdurchfluteten Innenraum, der den Gläubigen ein ganz neues Kirchengefühl vermittelt: kaum schmückende Elemente, dafür das farbige Licht, das die leuchtenden Glasfenster auf den Boden malten und in dem die Gläubigen das »Licht Christi« sahen.

Wallfahrten zur »Heiligen Tunika«

Eine weitere Premiere war die ungewöhnliche Größe der Kathedrale, denn erstmals wurde eine Jochhöhe von über 30 Metern erreicht. Sie entsprach der Bedeutung der Kirche als Wallfahrtsort, denn Chartres besaß die bedeutendste Marienreliquie der westlichen Welt, die »heilige Tunika«, das Gewand, das Maria bei der Geburt Christi getragen haben soll.

Nicht zuletzt dieser Reliquie ist es zu danken, daß es die Kathedrale überhaupt gibt. Im Jahre 1194 hatte ein Brand die romanische Vorgängerkirche nahezu völlig zerstört. Die Einwohner des kleinen Ortes waren verzweifelt, nicht des ungeheuren finanziellen Schadens wegen, sondern weil sie glaubten, auch die Reliquie sei ein Opfer der Flammen geworden. Kardinal Melior von Pisa, ein päpstlicher Legat, der sich zur Zeit des Brandes zufällig in Chartres aufhielt, überzeugte mit einem leidenschaftlichen Appell die Bischöfe, das Domkapitel und die Einwohner von Chartres, sofort mit dem Neubau einer Kathedrale zu beginnen. Als der Kardinal wenige Tage später den Aufruf wiederholte, tauchten plötzlich der Bischof und das Domkapitel mit der heiligen Tunika auf. Das Wunder von Chartres war geschehen. Die Reliquie hatte in der Krypta der Kirche den Brand unversehrt überstanden. Die Geistlichen und viele wohlhabende Bewohner der Stadt verzichteten spontan auf Einkünfte der nächsten drei Jahre, um den Neubau zu finanzieren.

Das Engagement wurde beispielhaft. So schrieb der Abt Haimo von Calvados an Glaubensbrüder in England: »Wer vernahm je in allen vergangenen Geschlechtern, daß Fürsten, Mächtige der Welt, von Ehren und Reichtum Aufgeblasene, daß adlige Männer und Frauen ihre stolzen hochmütigen Nacken unter den Strängen von Lastwagen beugten, um Wein, Korn, Öl, Kalk, Steine, Holz und alle zum Bau der Kirche nötigen Dinge gleich Zugtieren zum Zufluchtsorte Christi zu fahren?«

Nach nur 25jähriger Bauzeit wurde die Kathedrale von Louis IX. als neuer Hort der Marienverehrung geweiht. Allein Maria sind in der Kirche 173 Darstellungen auf den Glasfenstern und in Portalskulpturen gewidmet.

Aber nicht nur den vollständig erhaltenen mittelalterlichen Glasfenstern verdankt Notre-Dame von Chartres ihre besondere Bedeutung. Chartres ist darüber hinaus der einzige Ort, an dem man sich heute noch ein stimmiges Bild von einem gotischen Gesamtkunstwerk verschaffen kann. Während die einstige Bemalung bis auf wenige Reste verschwunden ist, sind die Skulpturenzyklen fast unbeschädigt vorhanden. Und auch der Bau als Ganzes ist in seiner ursprünglichen Form nahezu rein erhalten geblieben.

Lauter Architekturpremieren: Als erste Kathedrale bekommt Chartres drei riesige Rosenfenster (links das über dem Westportal), jedes mit einem Durchmesser von 13 Metern, sowie drei mächtige Portale, die mit einer Vielzahl lebensgroßer Herrscher- und Heiligenfiguren geschmückt sind (oben). Neue Bautechniken erlaubten es, die Wände durch elegante Stützpfeiler rund um das Hauptschiff so zu entlasten, daß sie mit farbigen Glasfenstern (Detail rechts) in damals ungekannter Größe ausgestattet werden konnten.

Wunder-Felsen Saint-Michel

Eine Festung des Glaubens ragt vor der Küste der Normandie aus dem Atlantik

ANREISE
Von Paris Autobahnen A 11, A 81 (E 50) 340 km bis Rennes, dann D 175 (E 3) 69 km nach Norden

BESTE REISEZEIT
Mai/Juni, Oktober

ÖFFNUNGSZEITEN
Abtei: Mai bis September tgl. 9.30–18 Uhr, sonst 9.30–11.45 und 13.45–16.15 Uhr

AUSSERDEM SEHENSWERT
Badeorte Saint-Malo, Granville

La Merveille, »die Wunderbare«, nannte man die 1228 vollendete Abtei, von deren Turm man einen herrlichen Rundblick über die ehemalige Festungsanlage hat.

Schon von weitem ist sie zu sehen. 160 Meter ragt sie in die Höhe auf einem Granitfelsen von einem Kilometer Umfang. Steinern, stark, unnahbar, uneinnehmbar. Und doch scheint es, als schwebe sie förmlich über dem Dunst, der vom Atlantik herüberweht. Eine Million Besucher kommen jedes Jahr an die Grenze zwischen Normandie und Bretagne, um ein »Wunderwerk des Abendlandes« zu sehen: Le Mont-Saint-Michel, eine Burg und eine Abtei, wie es sie von ihrer Lage und ihrer Anlage her kein zweites Mal gibt.

Ein Wunder der europäischen Architektur, das seinen Anfang nahm mit einer Erscheinung. In einer Nacht des Jahres 708, so berichtet ein Manuskript aus dem zehnten Jahrhundert, erschien der Erzengel Michael dem Bischof Aubert von Avranches im Traum und erteilte ihm einen Auftrag: Er solle auf dem Gipfel des nahegelegenen Mont-Tombé eine Kapelle errichten.

Eine »Stadt der Bücher«

So geschah es, und wegen der Kunde von der Erscheinung des Erzengels Michael wurde der Mont-Saint-Michel rasch zu einer der bedeutendsten christlichen Pilgerstätten des Mittelalters. Im Jahr 966 wurden auf Veranlassung des Normannenherzogs Richard I. dreißig Benediktinermönche zum Mont-Saint-Michel geschickt, um den Bau einer neuen, großen Kirche in Angriff zu nehmen. Die Mönche und ihre Bauarbeiter taten einen schweren Gang. Die größte Schwierigkeit stellte die Gestalt des Granitberges dar: Er bildete eine Felsenpyramide; um der Kirche die vorgesehene Länge von 100 Metern zu geben, mußten an manchen Stellen vom Fuß der Felsen Mauern hochgezogen werden, welche die Plattform trugen, auf der die Kirche stehen sollte. Die dabei entstehenden Gewölbe dienten den Pilgern als Unterkunft.

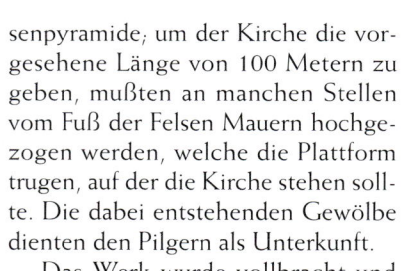

Das Werk wurde vollbracht und eine Benediktinerabtei gegründet, die dank großzügiger Spenden sowie Einkünften aus Ländereien sehr reich wurde. Das Kloster besaß aber auch eine große intellektuelle Ausstrahlung. Während der Blütezeit von 1154 bis 1186 füllte Abt Robert de Torigni die Bibliothek mit so vielen gelehrten Manuskripten, daß das Kloster »Stadt der Bücher« genannt wurde.

Wie schon im Mittelalter steigt man zur Anlage auf der Grande Rue empor, der einzigen Straße des Berges. Damals wie heute säumen Läden und Geschäfte den Weg – früher auf die Bedürfnisse der Pilger ausgerichtet, nun auf die von Touristen. Der Weg führt zu der im 11. Jahrhundert vollendeten romanischen Abteikirche, eines der ältesten Bauwerke der Normandie. Das Kirchenschiff ist ungewöhnlich gestaltet: Der normannischen Tradition folgend, sind nur die Seitenschiffe gewölbt. Unterhalb der Kirche liegen die Reste der zur gleichen Zeit gebauten Klostergebäude. Angesichts der Ruinen lassen sich interessante Rückschlüsse auf das Leben der Mönche und der Pilger zu jener Zeit schließen, deren Wandelhalle und Schlafsaal noch deutlich zu erkennen sind.

Im Jahr 1204 wurde ein Teil des romanischen Klosters während kriegerischer Auseinandersetzungen niedergebrannt. Eine großzügige Schenkung des französischen Königs Philippe Auguste machte den Schaden mehr als wett: Die 1228 im gotischen Stil vollendete Abtei wurde als so groß und schön empfunden, daß man sie La Merveille, »die Wunderbare«, nannte. Schon die gewaltigen äußeren Strebepfeiler unterstreichen den Drang nach Höherem, hin zu Ihm, dem Höchsten. Vom Almosensaal und dem Gästesaal, in dem der Abt erlauchte Besucher empfing, über das Refektorium der Mönche, den Rittersaal und den kunstvoll gestalteten, zur Meditation einladenden Kreuzgang entfaltet sich zwischen Himmel und Meer eines der schönsten Beispiele der Klosterbaukunst des 13. Jahrhunderts.

Während des Hundertjährigen Krieges (1337–1453) zwischen Engländern und Franzosen wurde Le Mont-Saint-Michel zur uneinnehmbaren Festung ausgebaut – und mußte doch einen steten Niedergang erleben. Nach der Französischen Revolution diente es zeitweise gar als Gefängnis, ehe man 1873 den ganzen Berg unter Denkmalschutz stellte. Früher wurde der Klosterfelsen bei jeder Flut vom Meer umspült, der Tidenhub betrug bis zu 14 Meter. Heute geschieht dies nur noch selten. Schuld daran ist vor allem ein Damm, der 1880 zum Mont-Saint-Michel gebaut wurde. Seitdem verschlammt die Bucht rings um den Berg. Geplant ist, diesen durch eine Brücke oder einen Tunnel zu ersetzen, um die Bucht wieder für Ebbe und Flut zu öffnen.

160 Meter ragen der Felsen und die Burg von Le Mont-Saint-Michel in die Höhe. Die gotische Abtei ist eines der schönsten Beispiele für die Klosterbaukunst des 13. Jahrhunderts. Früher wurde der Felsen vom Atlantik umspült, heute ist die Bucht weitgehend verlandet.

Heiligtum aus der Steinzeit

In Stonehenge steht Europas bedeutendstes prähistorisches Bauwerk

Anreise
12 km nördlich Salisbury (Bahnhof). Von London über M 3/A 303 ca. 100 km

Öffnungszeiten
Eingezäunt, kann nicht aus der Nähe betrachtet werden

Beste Reisezeit
Sommersonnenwende (21. Juni: »Druidentreffen«)

Ausserdem sehenswert
Steinkreis von Avebury, 25 km nördlich, Europas größte prähistorische Anlage

Es sieht aus, als habe ein Geschlecht von Titanen versucht, sich aus tonnenschweren Felsen einen ungeheuren Tempel zu bauen, sei aber damit nicht ganz fertig geworden. Nun stehen die Riesensteine in der flachen Heidelandschaft der südenglischen Grafschaft Wiltshire, zwölf Kilometer nördlich der Stadt Salisbury, in geheimnisvoller Runde und lassen den Betrachter raten, was genau sie eigentlich zu bedeuten haben. Gewiß ist nur eines, Stonehenge, wie diese Stätte genannt wird, stellt das bedeutendste prähistorische Bauwerk Europas dar.

Einiges glauben die Archäologen immerhin herausbekommen zu haben. Danach waren es Menschen der Jungsteinzeit, die an dieser Stelle vor ungefähr 5000 Jahren ein kreisrundes Geländestück mit einem Durchmesser von 113 Metern durch einen Ringwall und einen parallel dazu verlaufenden Graben begrenzten. Den Eingang markierten sie mit zwei Findlingen. Man vermutet, daß sich die Wallbauer so einen heiligen Bezirk oder kultischen Versammlungsort schufen. Vielleicht huldigten sie in dem Kreis – wie viele Menschen der Frühkulturen – der Sonne, die ihnen als Gott des Lebens erscheinen mußte.

Sandstein für den Tempelbau

Etwa tausend Jahre später, vermutlich in der frühen Bronzezeit, wurden innerhalb des Kreises die ersten Monolithe aufgerichtet, bis zu 26 Tonnen schwere längliche Sandsteinblöcke. Sie bildeten einen etwa viereinhalb Meter hohen Kranz von Felspfeilern, deren Oberkanten durch querliegende Steine miteinander verbunden waren. Im Laufe der Jahrhunderte kamen immer neue Monolithe hinzu, bis im 16. oder 17. Jahrhundert vor Christus eine Tempelanlage entstanden sein könnte, wie sie Archäologen auf der Basis der Überreste von Stonehenge inzwischen mit Computerbildern simulieren.

Danach bestand Stonehenge bei seiner Fertigstellung – wenn es denn jemals fertiggestellt war – aus zwei Steinringen, dem schon erwähnten äußeren und einem kleineren im Innern. Außerdem waren im Zentrum hufeisenförmig fünf alles überragende sogenannte Trilithe aufgestellt, mächtige, torähnliche Gebilde aus behauenem Fels, Dreiersteine, wie man sie noch heute in Stonehenge bewundern kann. Das Zentrum der Anlage markierte ein einzelner hochstehender »Altarstein«, der wiederum von einem Halbkreis kleinerer Steine umgeben war. Ausgerichtet war das Heiligtum möglicherweise nicht nur nach der Sonne, sondern auch noch nach anderen Gestirnen.

Gewaltige Transportprobleme

Die meisten der verwendeten Felsen müssen von weit her nach Stonehenge geschafft worden sein. Geologischen Untersuchungen zufolge stammen sie aus den 300 Kilometer entfernten Preseli Hills bei Pembroke im Westen von Wales. Auf Baumstämmen rollend könnten die an die zehn Meter langen Brocken über Land und auf Flößen über Wasser transportiert worden sein – vielleicht auf dem Avon, der in der Nähe von Stonehenge fließt. Das Problem, tonnenschwere Abschlußsteine auf jeweils zwei hochkant stehende Felsen zu hieven, lösten die unbekannten Erbauer offenbar mit Hilfe von Holzgerüsten und einer speziellen Hebeltechnik.

Erst im 17. Jahrhundert wurde damit begonnen, die Vergangenheit von Stonehenge – was soviel wie »hängende Steine« bedeutet – zu erforschen. Damals entdeckte ein Altertumsforscher namens Aubrey am Innenrand der Wallanlage 56 rund ausgehobene Gruben, in denen sich Reste menschlicher Knochen und Holzkohle befanden. Wer hier bestattet wurde, läßt sich bis heute ebensowenig beantworten wie vieles andere im Zusammenhang mit dem Felsentempel. Von den rund tausend sogenannten Megalithbauten, die in Europa in Form von Steinkreisen, Menhiren und Dolmengräbern Jahrtausende überstanden, wird Stonehenge wohl das geheimnisvollste bleiben.

Bis zu 26 Tonnen schwere Sandsteinblöcke wurden für den Bau von Stonehenge von weit her herangeschafft, aufrecht gestellt und durch Querblöcke zu torähnlichen Gebilden verbunden.

57

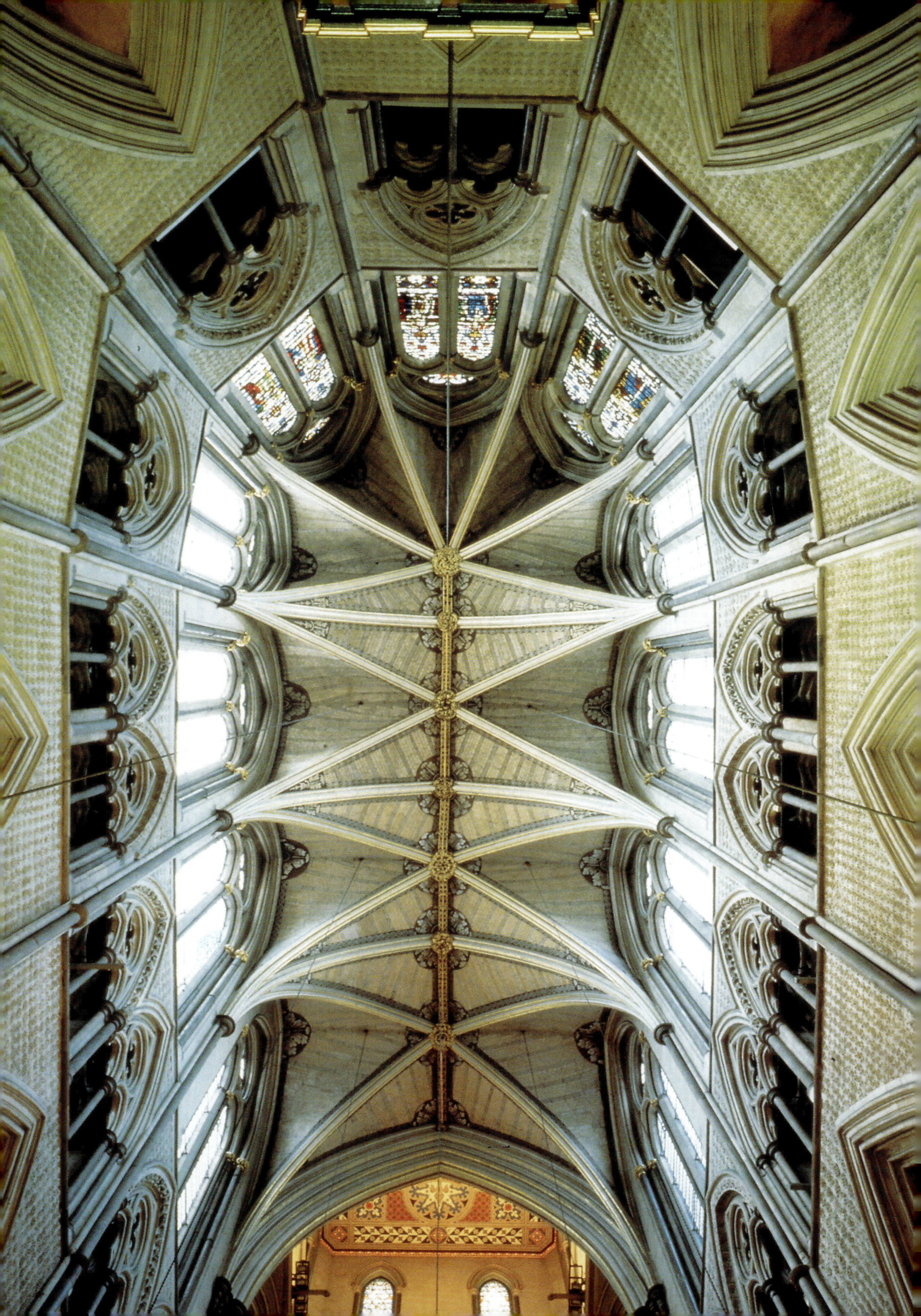

In Westminster Abbey wurden Englands Könige gekrönt

Mehrere hundert Gedenksteine dokumentieren die Geschichte der Insel

»Bei Gott, ich möchte nicht in Westminster Abbey begraben werden. Sie begraben Narren dort.« Der Mann, der das um 1700 gesagt haben soll, Sir Godfrey Kneller, muß ein Republikaner gewesen sein, denn neben den bedeutendsten englischen Dichtern, Philosophen und Wissenschaftlern sind hier bis 1760 die englischen Monarchen beigesetzt worden. »The Collegiate Church of St. Peter at Westminster«, so der offizielle Name der Abbey, ist nicht zuletzt deswegen Englands bedeutendstes historisches Bauwerk. Die Geschichte der englischen Krone ist mit keinem anderen Bau des Königreichs so eng verwoben. Seit sich Wilhelm der Eroberer am Weihnachtstag des Jahres 1066 in der Abtei krönen ließ, wird der Herrschaftsanspruch englischer Monarchen durch die Krönung in Westminster legitimiert.

Bauzeit 500 Jahre

Dem königlichen Schutz verdankt diese »Krönungskirche«, daß sie den Bildersturm der protestantischen Reformation heil überstand und als eines der herausragenden Bauwerke des Mittelalters erhalten geblieben ist.

Der Ursprung der Abbey ist Legende. Danach soll der angelsächsische König Sebert im 7. Jahrhundert hier ein Kloster gegründet haben. Sicher ist, gegen Ende des 10. Jahrhunderts befand sich in Westminster ein Benediktinerkloster, für das Eduard der Bekenner (1042-1066) später eine Kirche stiftete. Westminster bedeutet »westliches Münster«, der Standort der Kirche von London aus gesehen. Ende Dezember 1065 wurde die Klosterkirche geweiht. Acht Tage danach starb Eduard. Der letzte angelsächsische König wurde in der neuen Kirche beigesetzt.

Westminster Abbey, so wie wir sie heute kennen, ist in zwei großen Bauphasen entstanden. Im 13. Jahrhundert wollte Heinrich III. mit seiner Königskirche der seit 1211 im Bau befindlichen gotischen Kathedrale von Reims den Rang streitig machen. Der zweite große Bauabschnitt begann hundert Jahre später unter Richard II. Der Erbauer der Kathedrale von Canterbury, Henry Yevele, wurde als Baumeister verpflichtet. Ihm ist die architektonisch einfühlsame Anpassung an die »Early English Gothic« des ersten Bauabschnitts zu danken. Gut 300 Jahre später wird das äußere Steinwerk der Abbey erneuert und einer von Englands prägendsten Architekten wurde zum Dombaumeister berufen: Sir Christopher Wren, der London nach dem großen Brand von 1666 wieder aufbaute – St. Paul's Cathedral ist sein wichtigstes Bauwerk. Noch mal hundert Jahre später, nach insgesamt fünfhundertjähriger Bauzeit, werden die neugotischen Westtürme – die Wahrzeichen von Westminster Abbey – fertiggestellt.

Die Abtei, auf dem Grundriß eines lateinischen Kreuzes errichtet, ist ein Kolossalbau: 156 Meter lang und 61 Meter breit. Ihre Innenhöhe von 34 Metern ist britischer Rekord. Trotz einiger Veränderungen und einer gründlichen Erneuerung im 19. Jahrhundert ist der ursprüngliche Bau bis heute in seiner klaren Schlichtheit erhalten geblieben.

Aber nicht nur seinetwegen besuchen jährlich vier Millionen Menschen das Gotteshaus. Die meisten, vor allem die Einheimischen, kommen wegen seines »Inventars«, das es in einem Dickicht von Grabdenkmälern, Monumenten, Statuen, Büsten und Ehrentafeln zu bewundern gibt – steinerne Erinnerungen an den englischen Adel, an große Staatsmänner, Wissenschaftler und Künstler. Mit 400 Grabdenkmälern und 3000 Gedenksteinen verkörpert dieses große Warenlager der Sterblichkeit einen Teil der englischen Geschichte.

»Ein prachtvolles Schiff«

Ein französischer Reisender, der Historiker Hyppolite Taine, notierte – beeinflußt vom schrecklichen Londoner Wetter – 1872 in seinem Tagebuch: »Westminster Abbey. Ein prachtvolles Schiff. Wunderbare gotische Baukunst. Sie ist die einzige, die zu dem Klima paßt. Es bedarf dieses Formengewimmels und der Überfülle zarter Bildsäulen, um die trübe Luft zu erfüllen.«

ANREISE
U-Bahn: Station Westminster (Circle, District Line)

ÖFFNUNGSZEITEN
Hauptschiff und Kreuzgang: tgl. 8–18 Uhr (eingeschränkte Öffnungszeiten für Chor und Königsgräber)

GASTRONOMIE
Ye Olde Cheshire Cheese, 145 Fleet Street (Prominenten-Pub, gegründet 1665)

AUSSERDEM SEHENSWERT
St. Paul´s Cathedral, Tower, British Museum, Victoria and Albert Museum

Eine Konkurrenz zu Reims sollte die Kathedrale werden, deren heutiges Aussehen im Stil der »Early English Gothic« dem Erbauer der Kathedrale von Canterbury, Henry Yevele, zu verdanken ist. Unten: Blick auf das Hauptportal, links: Deckengewölbe im Inneren.

Der schottische Königsweg

Die mittelalterliche Royal Mile verbindet Holyrood Palace mit dem Edinburgh Castle

Anreise
Internationale Flüge direkt oder via London

Beste Reisezeit
Mai/Juni, September/Oktober

Öffnungszeiten
Castle: montags bis samstags 9.30–17 Uhr, sonntags 11-17 Uhr. Holyroodhouse: montags bis samstags 9.30–17 Uhr, sonntags 10.30–16.30 Uhr

Ausserdem sehenswert
Calton Hill (Aussicht), The Royal Botanic Garden

Die große Straße, vielleicht die größte, längste und schönste Straße, was Gebäude und Einwohnerzahl angeht, nicht nur in Großbritannien, sondern in der Welt.« Daniel Defoe schrieb das, als er 1706 Edinburgh besuchte.

Die Royal Mile. Der Name »königliche Meile« klingt heute wie die Ehrung einer frühen städtebaulichen Glanztat. Eng neben- und hintereinander gestaffelt drängen sich hier seit dem 16. Jahrhundert Menschen und Häuser. 8000 Einwohner hatte Edinburgh 1558. Hundert Jahre später waren es bereits 60 000 – und sie alle lebten in, an oder um die Royal Mile.

In Edinburgh wurden früher als in allen anderen europäischen Metropolen »Hochhäuser« für die Bewohner gebaut. Sieben bis acht Stockwerke waren hier bereits im 17. Jahrhundert üblich, zehn oder zwölf keine Ausnahme; das höchste Haus brachte es auf fünfzehn Etagen.

Doch der Name Royal Mile ist wörtlich zu verstehen. Dies ist die Straße der schottischen Könige: Von Edinburgh Castle führt sie hinab zum Holyrood Palace – in dem jetzt noch, Sommer für Sommer, Elizabeth II. ein paar Tage residiert. Vier Namen trägt die Meile auf ihrem Weg: Castle Hill, Lawnmarket, High Street und Canongate.

Pfad durch die Geschichte

Es ist ein »Lehrpfad« durch die tragischen Episoden der schottischen Geschichte. Die katholische Maria Stuart, die in Holyrood Castle französische Bankette feierte, wurde von dem finsteren Reformator John Knox, dem Gründer der von Rom unabhängigen Church of Scotland, mit unversöhnlichem Haß verfolgt. »Kill joy« war sein treffender Spitzname. Er wohnte ein paar Häuser weiter, zwischen Palast und der Edinburgher Hauptkirche St. Giles, zu deren Füßen sich in der Silvesternacht trinkfeste Schotten aus dem ganzen Land um den Hals fallen. Ein Stück weiter die Straße hinab liegt der Tolbooth, das Gericht und Gefängnis, in dem Stuart-Anhänger wie der Marquis von Montrose oder der Duke of Atholl geköpft wurden.

Nicht nur berühmte Tote, auch zahlreiche blutige Morde gehören zur Royal Mile. Im Holyrood Palace wurde lange der Blutfleck gepflegt, der von Maria Stuarts Sekretär Rizzio geblieben war, nachdem ihr eifersüchtiger Ehemann Darnley ihn beim Dinner hatte ermorden lassen. Und in Edinburgh Castle wird an ein anderes Mahl, das »Black Dinner« aus dem Jahre 1440, erinnert. Es gab Ochsenfilet, und nach dem Essen ließ der Gastgeber Sir William Crichton die Gäste noch an der Tafel erstechen – es waren der 6. Earl of Douglas und dessen Bruder, Konkurrenten um die Macht in Schottland.

Heute ist dieses lebendige Stück Mittelalter von Touristen bevölkert, die sich aneinander vorbeischieben. Im Holyrood Palace – das einst Gästehaus von Holyrood Abbey war und in seiner jetzigen Form erst im 17. Jahrhundert für Charles II. als Residenz gebaut wurde – drängen sie sich um die wenigen Erinnerungsstücke, die von »ihrer« Königin, Mary Queen of Scots, geblieben sind. Und oben im Castle, dessen älteste Teile auf die Normannen zurückgehen, zwängen sie sich zu Dutzenden in den winzigen Raum, in dem Maria Stuarts Sohn, James VI., geboren wurde.

Ob oben auf der Burg oder unten im Palast, noch immer ist das tragische Schicksal Maria Stuarts gegenwärtig, noch immer ist die Stuart-Königin Symbol für die an England verlorene Unabhängigkeit. »Unten der Palast, oben die Burg. Was für eine Möglichkeit, in einer einzigen geradlinigen Achse absolutistische Machtentfaltung zu demonstrieren. Doch das war nie schottische Art«, schrieb der Reiseschriftsteller Peter Sager. Königlich, aber nach menschlichem Maß – das ist die Royal Mile.

Die von William Bruce im 17. Jahrhundert für Charles II. errichtete Residenz der schottischen Könige, Holyrood Palace, wird vor allem als Gedenkstätte für die unglückliche Maria Stuart angesehen. Heute kommt ihre entfernte Verwandte, Elizabeth II., noch einmal im Jahr für ein paar Tage zu Besuch. Das Einhorn im Torweg zu Holyrood Palace ist das Wappentier der Stuart-Könige (links unten). Blick auf die gestaffelten Altstadthäuser an der Royal Mile (rechts unten).

Grüne Hoffnung, weiße Wahrheit
Grönland, die größte Insel der Welt, hat seine eisige Urnatur bewahrt

ANREISE
Flug von Kopenhagen nach Kangerlussuaq (Søndre Strømfjord). Von dort innergrönländische Verbindungen mit Grønlandsfly.

BESTE REISEZEIT
Juni bis September (Winterkleidung dennoch notwendig)

UNTERKUNFT
Übernachtungsmöglichkeiten auf Grönland sind rar, rechtzeitige Buchung erforderlich

Kalaallit Nunaat« – Menschenland nennen die Einheimischen Grönland, obwohl Menschen auf der größten Insel der Welt so ziemlich das Seltenste sind, was es gibt. Gerade mal 57 000 Einwohner zählt dieses autonome Gebiet des dänischen Königreichs, der südlichste Teil der Arktis. Den Namen Grönland verdankt die Insel einem rauflustigen Wikinger. Erik der Rote taufte sie vor mehr als 1000 Jahren so. Es war ein PR-Gag, mit dem der Entdecker der Insel Siedler anlocken wollte. In der Tat verführte das versprochene grüne Weideland 400 Isländer. Mit Kind und Kegel, Vieh und Ackergeräten folgten sie dem in seiner Heimat für vogelfrei erklärten Raufbold Erik. Im Sommer 986 erreichten sie auf 14 Wikingerschiffen den Eriksfjord. Nicht weit von Narssarssuaq, wo heute die Linienmaschinen aus Kopenhagen landen, gründeten sie die erste Siedlung in dem unwirtlichen Land.

Vom Polareis bis auf die Höhe von Oslo erstreckt sich die Insel über 2735 Kilometer, von denen ganze 17 als Straße zu befahren sind. Über vier Fünftel der Fläche Grönlands ist von einer bis zu drei Kilometer dicken Eisschicht, dem sogenannten Inlandeis, bedeckt. Weiß und kalt wie der Nordpol – zumindest aus der Luft betrachtet. Nur hin und wieder brechen Basaltberge durch die Eisdecke und geben das tröstliche Gefühl, hier – im Gegensatz zum Nordpol – wenigstens festen Boden unter den Füßen zu haben.

Das eisfreie Grün, das Erik seinen Siedlern versprochen hatte, ist ein nur wenige Kilometer breiter Streifen, der die Küsten säumt. Hier leben die Grönländer in kleinen Siedlungen – ziemlich isoliert. Das mächtige Inlandeis und die zahllosen Fjorde gestalten Nachbarschaftsbesuche schwierig. Nur mit dem Flugzeug oder dem Schiff kann man beispielsweise von der

Vier Fünftel Grönlands sind von einer kilometerdicken Eisschicht bedeckt.

Hauptstadt Nuuk (Godthåb) – in der ein Fünftel aller Grönländer lebt – in das »Provinznest« Ivittuut gelangen.

Vom Eskimo zum Inuit

Nach den Wikingern nahmen die Dänen das Land ab 1721 in Besitz und herrschten bald ziemlich uneingeschränkt, bis sie 1979, mehr als 250 Jahre später, ihrer Kolonie eine Teilautonomie gewährten. Von da an ging es mit der Selbständigkeit bergauf. Die Insel hat heute ein frei gewähltes Parlament mit 27 Mitgliedern und eine Landesregierung mit sechs Ministern. Die Königlich-Grönländische Handels-Gesellschaft, die bislang die gesamte Wirtschaft der Insel kontrollierte, wurde von dem grönländischen Unternehmen »Kalaallit Niuerfiat« abgelöst. Wegen der strittigen Fischfangquoten ist man nach einer Volksabstimmung 1985 aus der Europäischen Gemeinschaft ausgetreten. Die eigene kulturelle Identität wird ein immer wichtigeres Thema. Die Folge: Die Grönländer wollen nicht mehr Eskimos heißen, sondern Inuits wie ihre Verwandten in Kanada, Alaska und Sibirien. Die Segnungen der westlichen Zivilisation – Krankenhäuser, Radiostationen, Schulen und Kindergärten – sind willkommen, die beiden amerikanischen Luftwaffenstützpunkte werden noch geduldet. Im übrigen bestimmt der Polarkreis den Alltag auf Grönland. Im Norden und Osten der Insel gehen nach althergebrachter Sitte die Männer in Kajaks auf Robbenjagd – Lebensgrundlage für die Menschen in dieser Eiswelt, was auch die Tierschützer mittlerweile akzeptiert haben. Andere fangen Krabben, Lachs und Kabeljau mit hochmodern ausgerüsteten Fischerbooten.

Die Haupteinnahmequelle der Grönländer ist freilich das, womit sie selbst am wenigsten anfangen können und was es bei ihnen am üppigsten gibt, das Eis. Die grandiose Urnatur mit ihren unvorstellbar großen Gletschern und mit bis zu 4000 Meter hohen Bergen lockt immer mehr Touristen an. Sie wollen auf Grönland Polarluft schnuppern, Moschusochsen und Polarfüchse beobachten, heimische Strickwaren kaufen und grönländisches Smørrebrød genießen. Wenn sie dann zurückfliegen wollen, lernen die Touristen das wichtigste grönländische Wort: »imaga«. Das heißt soviel wie »vielleicht« und fällt besonders dann, wenn wegen der harten Wetterbedingungen wieder einmal die Flüge in die Zivilisation gestrichen werden. Das passiert so häufig, daß alle Flughäfen in Grönland für solche Fälle eigens Transithotels eingerichtet haben. Den Warterekord hält der Allwetterflughafen Kangerlussuaq (Søndre Strømfjord), auf dem eine Touristengruppe drei Wochen auf ihren Rückflug warten mußte. Einheimische versichern aber, daß so etwas allenfalls im Winter vorkommen kann.

Gewaltige Eisblöcke, die vor allem an Grönlands polnaher Nordküste vom inländischen Gletschereis brechen, treiben als majestätisches Naturschauspiel an den buntgestrichenen Hütten der Inuit vorbei. Noch dichter kann man bei einem Bootsausflug durch die Fjorde an die weißen Riesen herankommen.

63

Wenn Islands Geysire kochen

Die heißen Quellen sind ein einzigartiges Naturschauspiel

ANREISE
Flugzeug oder Schiff (ab Hanstholm, DK) nach Reykjavík. 80 km nach Haukadalur, weitere 70 km bis Hveravellir

BESTE REISEZEIT
Juni bis August

AUSSERDEM SEHENSWERT
Wasserfall Gullfoss, Nationalparks Jökulsárgljúfur und Skaftafell, Gewächshäuser in Hveragerdi

Vor rund 65 Millionen Jahren riß die Erdkruste zwischen Grönland und Skandinavien auf, und Magma, das glühende Erdinnere, schoß nach oben. Das Meer ließ die Lava zu gewaltigen Basaltblöcken erstarren. Immer höher türmten sich die Basaltberge, bis sie vor gut sechzehn Millionen Jahren – zischend, rauchend und feuerspeiend – als Vulkaninsel die Meeresoberfläche durchbrachen. Island war geboren. Bis heute sind die gewaltigen Bewegungen der Erdkruste, die den Riß verursachten und denen die Atlantikinsel ihre Katastrophen und ihren Komfort verdankt, nicht zur Ruhe gekommen.

Rund um den »Hot Spot«

Jahr für Jahr driften die Amerikanische und die Eurasische Platte am Grunde des Atlantiks zwei Zentimeter auseinander. Durch die Risse strömt das glühende Erdinnere und beschert Island seine grandiose geologische Kulisse.

Am spannendsten ist das Erdtheater rund um den »Hot Spot«, wie die heißen Flecken genannt werden, an denen die Erde besonders viel Magma ausspuckt. Überraschend, die gewaltigen Feueröfen liegen größtenteils unter den Eismassen des Vatnajökull-Gletschers, mit einer Fläche von 8300 Quadratkilometern der größte Europas. Hier speien die aktivsten isländischen Vulkane zwar keine sichtbare Lava, aber gefährlich sind sie dennoch. In jüngster Zeit beweisen sie es aufs neue. Ihre gewaltigen Ausbrüche bringen das Gletschereis zum Schmelzen. Experten rechnen damit, daß erhebliche Teile des fruchtbaren Südwestens der Insel demnächst überflutet werden und die Einwohner evakuiert werden müssen.

Das Leben auf dem Vulkan hat freilich auch sein Gutes. Die Hitzegrade des Erdinneren, die in Island so dicht unter der Oberfläche herrschen – Grundwassertemperatur in tausend Meter Tiefe 280 Grad Celsius –, treiben Kraftwerke und Fabriken, heizen Wohnungen und Gewächshäuser und in der Hauptstadt Reykjavík per »Fußbodenheizung« sogar die Bürgersteige, die so auch im strengsten Winter eisfrei bleiben. In der »Blauen Lagune«, dem Auffangbecken eines Thermalkraftwerks bei Grindavik, kann ganzjährig in angenehm temperiertem, heilkräftigem Wasser gebadet werden. Und noch etwas Gutes hat die Glut unter Islands Boden – ihre Ausbrüche sind eine Touristenattraktion. Vor allem die heißen Quellen und Islands mächtige Geysire im

Südwesten locken jährlich Tausende auf die ansonsten spröde Insel.

Das rund hundert Kilometer östlich von Reykjavík gelegene Thermalfeld von Haukadalur mit dem Großen Geysir ist eines der am häufigsten besuchten Naturdenkmäler Islands, auch wenn die Fontäne altersmüde zu werden scheint. Kein Wunder, bereits 1294 wurde sie erwähnt. Seitdem schleuderte der Geysir in Abständen von etwa einer Stunde aus seinem kreisrunden Becken Wasser und Dampf in 60 Meter Höhe. Heute wallt sein Wasser nur noch ab und zu auf.

Fontänen aus dem Strokkur

Reisende tröstet der 150 Meter entfernte Geysir Strokkur (Butterfaß). Alle zehn Minuten steigt seine Wasser- und Dampffontäne etwa 25 Meter hoch. Nach dem Rückfluß der Fontäne in den Schlund ist es zunächst völlig ruhig im Becken des Geysirs. Nur ein paar Dampfbläschen perlen an die Oberfläche. Dann, ohne große Vorankündigung, fängt das Wasser an zu kochen. Schließlich wölbt es sich auf. Die Wasserglocke bleibt kurze Augenblicke stehen, dann schießen aus dem Untergrund explosionsartig Dampfblasen herauf und reißen das 97 Grad heiße Wasser des Beckens mit. Es gibt in Island etwa 30 Geysire – doch nur wenige sind so attraktiv wie der Strokkur.

Sehenswert auch die sogenannten »Blauen Quellen« von Hveravellir, 70 Kilometer weiter nördlich, zwischen den Gletschern Hofs- und Langjökull in 950 Meter Höhe gelegen. Über diese »Ebene der heißen Quellen« ritten einst die Nordmänner zum Althing – der höchsten gesetzgebenden Versammlung Islands – nach Thingvellir im Südwesten der Insel. Auf einer Fläche von zwei Hektar brodelt und dampft es aus rund 50 Erdlöchern. Aber Vorsicht. An vielen Stellen ist der Untergrund brüchig, vor allem wo gelbe Schwefel- und weiße Gipsausspülungen den Boden bedecken. Ein Einbrechen kann zu schlimmen Verbrühungen führen.

Das Thermalfeld von Haukadalur mit dem Großen Geysir und dem Strokkur (Butterfaß) ist eines der am häufigsten besuchten Naturdenkmäler Islands. In regelmäßigen Abständen »explodiert« der Strokkur in einer gewaltigen Wasser- und Dampffontäne. Dann stürzt das Wasser zurück in den Schlund, und das Becken des Geysirs ist ruhig, als wäre nichts geschehen. Nur ein paar Dampfbläschen perlen an die Oberfläche. Dann, ohne große Vorankündigung, beginnt das Wasser zu kochen, wölbt sich auf, und aus dem Untergrund schießen Dampfkaskaden herauf und reißen das 97 Grad heiße Wasser des Beckens bis in eine Höhe von 25 Metern hinauf. Dieses beeindruckende Naturschauspiel wiederholt sich alle zehn Minuten.

Wo Schwedens Königinnen träumen lernten

Schloß Drottningholm gilt als das »Versailles des Nordens«

Anreise
Zur Insel Lovön: U-Bahn bis Brommaplan, dort Busse der Linien 301–323. Alternativ per Boot aus dem Zentrum

Beste Reisezeit
Mai bis August

Öffnungszeiten
Im Sommer 11–16.30 Uhr

Ausserdem sehenswert
Stockholms Altstadt

Drottningholm, das »Versailles des Nordens«, wie es auch genannt wird, ist ein Märchenschloß. Nicht nur weil es als der schönste Barockpalast des Nordens gilt. Hier fanden Romanzen statt, die die Menschen ihrer Zeit bewegten. Überdies ist das Schloß auf der Insel Lovön einer der wenigen historischen Orte, deren Glanz und Geschichte vorwiegend Frauen bestimmt haben.

Königin Hedwig Eleonora, die Witwe von Karl X. Gustav, gab 1662 den Auftrag, auf Drottningholm – der Königinneninsel – ein neues Schloß zu errichten. Exakt an der Stelle, an der hundert Jahre zuvor die aus Polen stammende Königin Katarina Jagellonica ihre Residenz hatte. Hundert Jahre später war es wieder eine Frau, die den Auftrag gab, das Schloß zu vergrößern und zu verschönern. Die Schwester Friedrichs des Großen, Ulrike, Gemahlin des Schwedenkönigs Adolf Friedrich, ließ nicht nur die imposanten Seitenflügel ausbauen, sondern sorgte auch für neuen Glanz in den vielen Sälen und Salons.

Klassizismus in Gold und Blau

1771 kam Ulrikes kunstsinniger Sohn Gustav III. an die Macht. Er gilt als der Schöpfer von Schwedens »Goldenem Zeitalter«. Der Stil dieser Epoche trägt seinen Namen: gustavianisch. Ein französisch und italienisch inspirierter Klassizismus in Gold und Blau, den Farben Schwedens, überzog das Land und dessen Schlösser und Herrensitze mit neuem Glanz. Wissenschaften und Künste blühten auf. Unter Gustav III. wurden die königlichen Residenzen mit prachtvollen Theatern ausgestattet – eine Bereicherung des Kulturlebens, die dem Herrscher den Spitznamen »Theaterkönig« einbrachte.

Herrin von bürgerlicher Herkunft
Als die Schweden keine Fortune mit dem Nachfolger Gustavs hatten, wurde 1810 aus Frankreich der napoleonische General Jean-Baptiste Bernadotte »importiert«, zum Thronfolger ernannt und 1818 zum König gewählt. Er brachte als Königin Napoleons ehemalige Geliebte Bernardine Eugénie Désirée, Tochter des Kaufmanns Clary, mit auf den Thron. Eine bittere Romanze, die Stoff genug bot für den Weltbestseller »Désirée«.

Bürgerlicher Herkunft ist auch die jetzige Herrin von Drottningholm, die als Silvia Renate Sommerlath in Deutschland geboren wurde. Auch ihrer Heirat mit dem Schwedenkönig Carl XVI. Gustav ging eine Romanze voraus, deren Reiz noch heute einen Großteil der Sympathien für das schwedische Königshaus bestimmt.

Mit Silvia residiert im Südflügel von Schloß Drottningholm eine Königin, die in Kunst und Geschichte der Schweden besser bewandert ist als die meisten ihrer neuen Landsleute. Vor allem die Bibliothek hat es der bildungsbewußten Königin angetan. Der Schwede Jean Eric Rehn erbaute den Saal für Gustav III. in prachtvollem Rokokostil. Und auch die schönen Parks, die den französischen Garten ergänzen, einer barock, ein anderer als englischer Landschaftsgarten angelegt, verdankt Drottningholm diesem kunstsinnigen Herrscher.

In dessen 1766 eingeweihtem Schloßtheater – von den originalen Bühnenbildern sind noch dreißig erhalten – finden heute zur Sommerzeit glanzvolle Opern- und Ballettaufführungen statt. »Man liebte das Leben in der Lustresidenz Drottningholm und wußte es geschmackvoll zu gestalten«, schrieb ein Biograph Gustavs. Nicht nur die bürgerlichen Königinnen Désirée und Silvia fanden hier ihren Traum vom Thron verwirklicht.

Die Parkfassade der königlichen Residenz Drottningholm zeigt eine geglückte Mischung von Barock und Rokoko. Das Schloß verdankt seine Geschichte und seine Geschichten vor allem Frauen: Königin Hedwig Eleonora gab 1662 den Bauauftrag, Königin Ulrike ließ den Bau erweitern und verschönern, Königin Désirée – eine Bürgertochter – versuchte hier ihre Heimat Frankreich zu vergessen, und heute feiert die bürgerlich geborene Königin Silvia in Drottningholm fröhliche Familienfeste.

Moskaus neuer Glanz

Rund um Kreml und Roten Platz regieren die Restauratoren

ANREISE
Metro-Stationen: Biblioteka Imeni Lenina und Borowizkaja (Kreml), Ploschtschad Revoljuzii (GUM, Roter Platz)

BESTE REISEZEIT
Mai/Juni, September

UNTERKUNFT
Baltschug Kempinski (Luxusklasse, Nähe Kreml); Intourist (Mittelklasse, zentrale Lage)

AUSSERDEM SEHENSWERT
Puschkinmuseum, Tretjakow-Galerie, Sommerresidenz Kolomenskoje, Schloß Ostankino

Eingang zum Kreml: das »Tor der Auferstehung«. Die tiefe russische Religiosität hat auch am Herrschaftssitz der politischen Macht die Revolutionen überdauert.

Den Sieg in der ewigen Auseinandersetzung zwischen Kirche und Staat hat in Moskau die Kirche davongetragen – zumindest architektonisch. Die goldenen Kreuze und Kuppeln der Christi-Erlöser-Kathedrale, die 1931 auf Befehl Stalins in die Luft gesprengt wurde, beherrschen in der russischen Metropole wieder das Bild der Innenstadt: Die Kathedrale wurde neu errichtet.

Jahrhundertelang war die Hauptstadt des riesigen russischen Reiches nur eine Festung – ein »Kreml« – und wuchs hinter Verteidigungsmauern, die in mehreren Ringen um die Siedlung verliefen. Heute folgen den alten Schutzwällen Ringstraßen und eine Eisenbahnlinie und umschließen die alten Stadtteile mit Universität, Bolschoi-Theater, der gewaltigen Sankt-Basilius-Kathedrale und dem Roten Platz.

Stadt hinter Mauern

Der Kreml erhielt seine heutige Gestalt in den Jahren 1485 bis 1495 unter der Regierung Iwans III. Die Burganlage basiert auf einem dreieckigen Grundriß und steht auf einer Fläche von etwa 30 Hektar auf dem Kamm eines Hügels an der Moskwa. Iwan holte Architekten aus Italien und gab ihnen den Auftrag, rings um den Kreml Kirchen und Paläste zu bauen – immer nach russischen Vorbildern. In den folgenden Jahrhunderten fügten seine Nachfolger Kapellen, Kirchen, Klöster, ein Waffenarsenal, Paläste, Theater, kaiserliche Wohnungen und Regierungsgebäude hinzu – alles innerhalb der Kremlmauern. So stellt sich der Kreml auch heute noch dar – eine komplette Stadt hinter gewaltigen Mauern.

Das alles ist freilich nur ein Rest der alten Pracht. Kaum ein Reisender ist sich klar darüber, daß er in Moskau – bis auf den Kreml und ein paar Kirchen – nicht auf die Zeugnisse einer glanzvollen Vergangenheit trifft, sondern auf eine völlig neue Stadt. Der größte Teil des alten Moskau wurde Opfer von Feuerkatastrophen während der 39tägigen Besetzung durch die Grande Armée Napoleons im Jahr 1812.

Doch auch im Mittelpunkt der neuen Stadt finden sich alte Reste. Der Rote Platz beispielsweise. Seit dem frühen Mittelalter ist er – außerhalb des Kreml – das Zentrum der Siedlung an der Moskwa. Auf dem riesigen Areal strömten schon in frühen Zeiten die Menschen zusammen, um die Edikte des Zaren zu hören, die hier verlesen wurden, oder der Hinrichtung seiner Gegner beizuwohnen. Hier, an der Kremlmauer, liegt der Gründer der Sowjetunion, Lenin, in einem Glassarg zur Schau – eine einbalsamierte Mumie und angeblich die größte Touristenattraktion der Welt –, hier feierte die Rote Armee 1945 ihren Sieg über Deutschland. Heute tummeln sich auf der Riesenbühne Reisende aus aller Welt und bestaunen die schimmernden Paläste der russischen Staatsmacht, die hinter den hohen Kremlmauern aufragen.

Was zu Moskaus neuen, mittlerweile klassischen Bauten zählt, sind klassizistische Konsum-, Theater- und Museumstempel. Die drei riesigen Galerien des größten Moskauer Kaufhauses GUM, direkt am Roten Platz, wurden 1893 errichtet, das »Gastronom Nr. 1«, ein pompöses Delikatessenkaufhaus, 1910. Das Bolschoi-Theater eröffnete sein neues Haus 1897. Im Mai 1935 fuhr die erste Moskauer Metro durch die prunkvoll ausgestatteten, palastartigen Untergrundstationen, denen die Moskauer U-Bahn bis heute ihre Einmaligkeit verdankt. Auch der am Bauhaus geschulte Konstruktivismus begann in dieser Periode seine ersten Bauten. Berühmtes Beispiel ist der 1929 fertiggestellte Sujew-Arbeiter-Club.

Heute ist die 850 Jahre alte Stadt die zweitgrößte Baustelle Europas, in der vor allem Kirchen und die im Sozialismus verschwundenen Paläste rekonstruiert werden. »Die Wiedergeburt der russischen Staatlichkeit ist unmöglich ohne die Restaurierung des historischen Erbes«, sagt Moskaus oberster Denkmalhüter, Viktor Bulochnikow. Ein teures Erbe, dessen Restaurierung und Pflege Millionen verschlingen wird.

Kreml – das bedeutet eine von Mauern umschlossene Burg. Der Moskauer Kreml ist im Gegensatz zu anderen Festungswerken deswegen bedeutend, weil innerhalb seiner Mauern im Lauf der Zeit eine komplette Residenz mit Kirchen und Palästen entstand. Die goldgedeckte Erzengel-Kathedrale (unten eine Innenansicht) liegt noch innerhalb der Kremlmauern, die Basilius-Kathedrale – am rechten Bildrand – bereits außerhalb.

Das prächtige St. Petersburg

Die Stadt an der Newa ist Rußlands »Fenster zum Westen«

ANREISE
Eremitage: Metro-Station Admiraltejskaja; Zarskoje Selo (Puschkin): Bahn ab Witebsker Bahnhof

BESTE REISEZEIT
Juni (»Weiße Nächte«)

AUSSERDEM SEHENSWERT
Smolnyi-Kloster, Isaaks-Kathedrale, Paläste Peterhof und Pawlowsk

Von allen Weltstädten ist St. Petersburg die jüngste, sie ist beispielsweise jünger als New York. Während eine moderne Neugründung wie Brasilia mit ihrem geschlossenen architektonischen Stadtbild die Bauweise unseres Jahrhunderts präsentiert, zeigt Petersburg die des 18. Jahrhunderts. Die Metropole Zar Peters des Großen dominieren Barock und Klassizismus. Deutsche, italienische und französische Architekten schufen hier den goldglänzenden Rahmen für »Rußlands Fenster zum Westen« – das Lebensmotiv der Stadt an der Newa, bei dem Historiker darüber streiten, ob es von Peter dem Großen, dem italienischen Schriftsteller Francesco Algarotti oder dem russischen Poeten Alexander Puschkin stammt.

Petersburg liegt auf mehr als vierzig Inseln, die von kleinen Flüssen und Kanälen wiederum in etwa hundert kleinere Inseln unterteilt sind. Diese auf den ersten Blick absurde Anlage einer Stadt in den Sümpfen einer Flußmündung bot Peter dem Großen, der immer wieder seine Residenzen wechselte, vor allem Sicherheit. Dem Besucher von heute beschert diese Lage immer neue Ansichten auf eine der schönsten Städte Europas.

Paläste von Rastrelli

Im Zentrum steht das barocke Winterpalais, die Residenz, die Elisabeth, die Tochter Peters des Großen, bei ihrem Lieblingsarchitekten, dem Italiener Bartolomeo Rastrelli, bestellt hat. Nach acht Jahren Bauzeit war das gigantische Schloß fertig. Seine 1057 Räume, 1945 Fenster und 117 Treppen beeindrucken noch heute Statistiker. Rastrelli war schon mit 16 Jahren an den Hof Peters gekommen. Aber erst als Peters Tochter Elisabeth 1741 den Thron bestieg, kam er richtig zum Zuge. Das Smolnyi-Kloster und fünf barocke Paläste, die er in Petersburg baute, brachten ihm den Ehrennamen »Rastrelli der Prächtige« ein.

Ihre leuchtende Schönheit verdankt die Stadt an der Newa allerdings Katharina der Großen, die ein ganzes Heer ausländischer Architekten nach Petersburg holte. Nur einer der bedeutenden Paläste, die unter ihrer Herrschaft entstanden – der Taurische, ein Prachtbau, den Katharina ihrem Liebhaber Potjemkin schenkte –, wurde von einem russischen Architekten gebaut: von Iwan Starow. Ansonsten setzte die Kaiserin auf die Fremden. Beispielsweise auf den Franzosen De la Mothe, der die Kleine Eremitage und die Kunstakademie baute, oder den Italiener Giacomo Quarenghi, der für das Eremitage-Theater und die Akademie der Wissenschaften verantwortlich zeichnete. »Bauen ist eine Krankheit wie die Trunksucht«, hatte die Kaiserin gesagt. Das beste Beispiel

Ein klassizistisches Schaufenster: Blick auf den Peterhof mit seinem Brunnen. In dieser Schloßanlage residierten einst die russischen Zaren.

dafür ist der Alexander-Palast in Zarskoje Selo – nach Expertenmeinung der schönste weit und breit –, den Giacomo Quarenghi für die Zarin baute. Dagegen stammt der bunt leuchtende, mit goldenen Kuppeln geschmückte Katharinen-Palast von ihrer Vorgängerin Elisabeth. Katharina gab lediglich dem schottischen Baumeister Charles Cameron den Auftrag, »innen aufzuräumen und neu zu schmücken«, was der Schotte mit Bravour und mit für die damalige Zeit so ungewöhnlichen Materialien wie Malachit, Bronze, Achat, verschiedenfarbigem Glas und Marmor tat.

Kunsttempel Eremitage

Die kaiserliche Bausucht schuf mit all den Palästen und Kirchen eine kostbare Umrahmung, eine Fassung für den Edelstein in der Mitte – die Neue Eremitage. Der 1839 bis 1852 errichtete klassizistische Prunkbau beherbergt eine der bedeutendsten Kunstsammlungen der Welt. Jahr für Jahr drängen sich mehr als drei Millionen Menschen durch die Kabinette und bestaunen die weltberühmte Gemäldesammlung.

Petersburgs kostbarste Kathedrale ist die Erlöserkirche mit ihren goldglänzenden Kuppeln. Unten: einer der prächtigen Treppenaufgänge in der Eremitage.

71

Nowgorod, die Wiege Rußlands

Die Sophien-Kathedrale ist das eindrucksvollste Zeugnis ehemaliger Macht

ANREISE
Flug nach St. Petersburg, von dort Bahnfahrt (ab Moskauer Bahnhof) nach Nowgorod

BESTE REISEZEIT
Juni bis August

UNTERKUNFT
Beresta Palace Hotel, Intourist

AUSSERDEM SEHENSWERT
Staraia Russa (ehemaliges Wohnhaus Fjodor M. Dostojewskijs am Ilmensee)

Die Stadt heißt Nowgorod, »Neustadt«, dabei ist sie so alt wie Rußland selbst. Gegründet wurde sie im 10. Jahrhundert, doch weist ihr Name auf die Existenz einer älteren Siedlung hin, die vermutlich im 9. Jahrhundert von dem Waräger Rurik angelegt wurde. Nowgorod liegt nördlich des Ilmensees, etwa 190 Kilometer von St. Petersburg entfernt. Seit alters her wird die Stadt durch den Fluß Wolchow geteilt, der in den Ladoga-See fließt, von dort aus führt eine weitere Wasserstraße in die Ostsee.

Dieser Route verdankt Nowgorod seinen Wohlstand, seine über fünf Jahrhunderte anhaltende politische Macht und einen kulturellen Reichtum, der in Rußland einzigartig ist.

Wladimir I. der Heilige (er regierte von 978 bis 1015) war zunächst Fürst von Nowgorod, bevor er die Herrschaft über alle Stämme der Rus gewann. Er residierte danach in Kiew – und den freiheitsliebenden Nowgorodern fiel es schwer, die Oberhoheit Kiews anzuerkennen. Doch der reichen Handelsstadt gelang es, sich eine Sonderstellung innerhalb der Rus zu ertrotzen. Seit 1136 lag die eigentliche Macht bei Großgrundbesitzern, den Bojaren, und ihrer Bürgerversammlung, der Wetsche, die ihrerseits einen Gouverneur bestimmte, den Posadnik. Nowgorod hatte nämlich den Status einer unabhängigen Republik, Nowgorodskaja, erlangt, was damals in Rußland ohne Beispiel war.

Abgesichert wurde die Herrschaft der Bojaren durch ein Bündnis mit der Kirche. 988 hatte Fürst Wladimir I. der Heilige das orthodoxe Christentum zur Staatsreligion erhoben. Die Christianisierung der Nowgoroder, die in der Mehrzahl den altslawischen Donnergott Perun verehrten, verlief langsam und mit viel Blutvergießen. Doch schließlich residierte im Nowgoroder Kreml ein Erzbischof, der zugleich der Wetsche vorstand.

Theophanes bemalte die Wände

Der Kreml, genannt Detinez (»Starker Bursche«), steht im Westen Nowgorods, am linken Ufer der Wolchow. Seine Mauer aus mächtigen Kalksteinquadern werden überragt von den fünf Kreuzkuppeln (»Zwiebeltürmen«) der Sophien-Kathedrale, dem schönsten, größten und ältesten Bauwerk des Kreml. Zwischen 1045 und 1052 erbaut, hat die Kathedrale die Jahrhunderte überdauert und ihr schlichtes, strenges Aussehen bewahrt. Zahlreiche typische Merkmale des sich später herausbildenden »Nowgoroder Stils« sind bei dieser ersten Steinkirche bereits erkennbar: die gewaltigen Ausmaße und die

Dominanz mächtiger heroischer Formen über zarte poetische Motive.

Die Fassade der Kathedrale zeigt keinerlei Schmuck; von den alten Wandmalereien im Inneren ist nur noch wenig erhalten. Die älteste und kostbarste Ikone, die Peter-und-Paul-Ikone (11. Jahrhundert), steht im Nowgoroder Museum, in dem sich auch viele andere »Nowgoroder Ikonen« befinden, Reliquien, die wegen ihrer besonderen Kunstfertigkeit seit jeher hochgeschätzt werden.

Im 15. Jahrhundert gab es 150 Kirchen und Klöster im Stadtstaat. Viele wurden von Familien, Händlervereinigungen und Bürgern in Auftrag gegeben und fielen daher bescheidener aus als die Bauten der Fürsten. Es waren Gotteshäuser wie das Jurjew-Kloster mit seinen drei martialischen Helmkuppeln, die Peter-und-Paul-Kirche in Koschewniki oder die Christi-Verklärung-Kirche mit ihren herrlichen Fresken, welche jahrhundertelang das kunstreiche Stadtbild von Nowgorod beherrschten. Die Wandgemälde, welche der byzantinische Maler Theophanes 1378 schuf, zählen zu den herausragenden Werken seiner Epoche.

Iwan der Schreckliche setzte 1570 mit erbarmungslosen Massakern der politischen Macht Nowgorods ein Ende. Dem Wüten der deutschen Truppen im Zweiten Weltkrieg fielen fast alle Einwohner Nowgorods zum Opfer – und zahlreiche Kirchen und Kunstschätze. Nach dem Krieg wurden viele alte Denkmäler sorgfältig restauriert. Darunter auch die goldenen und silbernen Kuppeln der Nowgoroder Kirchen mit ihrem »altrussischen« Charme.

Golden leuchtet die Hauptkuppel, silbern die Nebenkuppeln der Sophien-Kathedrale (oben links). 1045–1052 erbaut, hat sich Nowgorods bedeutendste Kirche über Jahrhunderte hinweg ihr schlichtes, strenges Aussehen bewahrt. Wie Geschwister der berühmten Kathedrale muten die blaugoldenen Kuppeln der kleineren Kirche an (oben rechts). Im Freilichtmuseum für Volkstümliche Holzbaukunst steht die Mariä-Geburt-Kirche, eine ungewöhnliche Konstruktion aus dem 16. Jahrhundert (unten).

73

»Stadt der sprechenden Steine«

Die Altstadt von Krakau ist steingewordene Kunstgeschichte

ANREISE
Direktflüge aus Deutschland möglich. Mit dem Auto: Autobahn A 4 (E 40), 550 km südöstlich von Berlin

UNTERKUNFT
Hotel Francuski, Ul. Pijarska

AUSSERDEM SEHENSWERT
Oswiecim (Auschwitz, 50 km westlich), Czestochowa (Tschenstochau, Wallfahrtsort, 100 km nordwestlich)

Man muß kein Poet sein, um sie »die Stadt der sprechenden Steine« zu nennen: In Krakau, dessen mittelalterlicher Stadtkern im Zweiten Weltkrieg unzerstört blieb, künden fast 1000 Bürgerhäuser und Adelspaläste, über 100 Kirchen und Klöster, eine der ältesten Universitäten Europas und die Residenz polnischer Könige von einstiger Pracht. Nur wenige Orte vereinen auf so engem Raum so viele Kunstschätze aus spätem Mittelalter, Renaissance und Barock. Und so kam Krakau als erste europäische Stadt 1978 auf die UNESCO-Liste schützenswerter Objekte des Weltkulturerbes.

Urkundlich erwähnt wird Krakau erstmals 965. Damals war die Stadt an der Weichsel eine bekannte Handelsniederlassung und ein bedeutender Stützpunkt römisch-katholischer Missionare. Krakau wurde Bischofssitz und 1039 Hauptstadt des (erbgeteilten) Reiches der Piasten-Dynastie, die über Polen herrschte. Auf dem Wawelberg errichteten die Piasten eine Burg und eine Kathedrale – bis ins 18. Jahrhundert die Stätte der Krönung und der Beisetzung polnischer Könige.

Der Einfall mongolischer Tartaren machte Krakau 1241 nahezu dem Erdboden gleich. Doch unter dem Piasten-Herzog und späteren König Boleslaw und seinem Nachfolger Kasimir III. ging der Wiederaufbau rasch voran. Die Stadt wurde schachbrettartig angelegt, mit einem quadratischen Marktplatz, dem Rynek, als Zentrum und wuchs zu einer der bedeutendsten Städte im spätmittelalterlichen Europa. 1364 wurde die Alma Mater Cracoviensis gegründet, Polens erste Universität. Nikolaus Kopernikus, der berühmte Astronom, hat hier studiert – einer unter Tausenden: Im 15. Jahrhundert zog Krakaus Universität etwa 10 000 ausländische Scholaren an, für damalige Verhältnisse eine unglaubliche Zahl.

Mit einer Fläche von 11 mal 13 Metern ist dies der größte gotische Altar Europas und zugleich der bedeutendste der Spätgotik.

Verlust der Hauptstadtwürde

Sein »Goldenes Zeitalter« erlebte Krakau von 1506 bis 1572, als die Jagellonenkönige Zygmund (Sigismund) I. und Zygmund II. italienische Baumeister und Maler an ihren Hof holten und sie beauftragten, die Wawelresidenz in ein prachtvolles Schloß im Stil der Renaissance umzugestalten. Nach den Plänen des toskanischen Hofbaumeisters Bartolomeo Berrecci entstand unter anderem die Sigismund-Kapelle, das bedeutendste Opus der Renaissance in Polen. Vom dreistöckigen »italienischen« Arkadenhof aus sind umfangreiche Sammlungen von kostbaren Möbeln, Gemälden und den weltberühmten flämischen »Arras«-Tapisserien zugänglich. Die königliche Schatzkammer enthält wertvolle Goldschmiedearbeiten und königliche Insignien, unter anderem ein Krönungsschwert aus dem Jahr 1320.

Auch nachdem 1596 der polnische König seine Residenz nach Warschau verlegt hatte, blieb Krakau der Mittelpunkt polnischer Kultur. Daran vermochten letztlich selbst die Greuel der deutschen Besatzungszeit von 1939 bis 1944 nichts zu ändern, als der nationalsozialistische »Generalgouverneur« Hans Frank vom Wawelberg aus regierte. Die einst große jüdische Gemeinde im Stadtteil Kazimierz, die über Jahrhunderte einen wichtigen Beitrag zur Kunst- und Kulturgeschichte der Stadt geleistet hatte, wurde durch die Deportationen in die Konzentrationslager nahezu ausgelöscht. Ihren Plan, Krakaus Altstadt mit unterirdisch verlegten Sprengladungen in die Luft zu jagen, konnten die Nationalsozialisten zum Glück nicht mehr ausführen.

Die ungleich hohen Türme der Marienkirche überragen den von Patrizierhäusern umstandenen Rynek. Im 13. Jahrhundert angelegt, war er Umschlagplatz für Tuche aus der ganzen Welt. Noch heute ist er Krakaus pulsierendes Zentrum, besonders an lauen Sommerabenden.

1439 trat Krakau der Hanse bei. Insbesondere als Umschlagplatz für Tuche aus der ganzen Welt nahm die Stadt eine Spitzenstellung ein. Noch heute stehen auf dem Rynek das Tuchhaus und die 100 Meter langen, Sukiennice genannten Tuchhallen.

Der wirtschaftliche Aufschwung machte Krakaus Patrizier reich; Adlige und Bürger errichteten entlang des Marktplatzes stattliche Häuser, deren Innenhöfe ebenfalls erhalten blieben. Großzügiges Mäzenatentum lockte viele Künstler und Handwerker aus Deutschland und Böhmen in die Stadt, unter ihnen der Nürnberger Veit Stoß, der wohl bedeutendste Bildhauer des ausgehenden Mittelalters. Für die Marienkirche schuf er in über zehnjähriger Arbeit einen dreiteiligen Marienaltar mit 200 vergoldeten Lindenholzfiguren.

Die Wiener Hofburg
Wo einst der Kaiser hofhielt, regieren heute Beamte

Anreise
Nächste U-Bahn-Station (U 3): Herrengasse

Öffnungszeiten
Hofreitschule und Burgkapelle Juli/August geschlossen

Gastronomie
Kaffeehäuser. Legendär: Café Hawelka, Dorotheergasse 6

Ausserdem sehenswert
Stephansdom, Schloß Schönbrunn, Hundertwasser-Haus, Riesenrad im Prater (Aussicht)

»Wahrlich, ich würde lieber in einer Wüsteneinsamkeit leben als in meiner Hofburg«, klagte Österreichs Kaiser Leopold I. »Türkenpoldl« wurde er genannt, da er während der türkischen Belagerung Wiens im Jahr 1683 geflohen war. Die vereinten Heere der Sachsen, Böhmen, Bayern und Polen retteten dem Kaiser schließlich seine Residenz. Die Türken zogen ab, hinterließen den Wienern das Geheimnis des Kaffees und derart viele zerstörte Bauten, daß der zurückgekehrte Habsburger seiner Hauptstadt ein neues, barockes Gesicht geben konnte, von dem auch seine Residenz profitierte.

Die Hofburg, ein prachtvoller Bau-Mischling aus allen möglichen Stilepochen, die heute mit sämtlichen Plätzen und Gärten eine Fläche von rund 240 000 Quadratmetern bedeckt, ging aus einer eher ärmlichen Wehranlage des 13. Jahrhunderts hervor. Mit dem Bau des ältesten Teils der Burg, dem »Schweizer Hof«, begann 1275 der Böhmenkönig Ottokar II. Der Name allerdings bezieht sich auf die 500 Jahre später von Maria Theresia dort untergebrachte Schweizer Leibwache.

Prachtvoller Bibliothekssaal
Von den gotischen Bauten Ottokars ist lediglich die Apsis der Burgkapelle erhalten. Aus der Renaissance stammen die Stallburg und der Amalientrakt. Barocke Pracht demonstrieren der Reichskanzleitrakt, die Winterreitschule, in der heute die weißen Lipizzaner ihre spanischen Dressurkunststücke vorführen, und die Hofbibliothek mit ihrem Prunksaal nach den Plänen des großen Barockbaumeisters Joseph Emanuel Fischer von Erlach.

Bis ins frühe 20. Jahrhundert wurde an der Hofburg gebaut. Schließlich sollte das Zeichen absolutistischer kaiserlicher Hoheit stets auf der Höhe der Zeit sein. Das Kaiserforum wurde errichtet, zwei Flügel zur Ringstraße hin wurden geplant, einer wurde fertig. Er begrenzt den Heldenplatz – benannt nach den dort aufgestellten Denkmälern der siegreichen Feldherren Prinz Eugen und

Erzherzog Karl. Im Laufe der österreichischen Geschichte entstand so ein Sammelsurium aus schönen, kuriosen und herrschaftlichen Bauideen der Habsburger Regenten, ein Labyrinth der Macht und Intrigen, eine wunderschöne Bühne der Eitelkeiten.

Amtssitz des Bundeskanzlers

Deren erfolgreichstes Stück war 1814/15 der Wiener Kongreß, auf dem in der Folge des Sieges über Napoleon I. die Grenzen Europas neu gezogen werden sollten. Auf dem glatten Parkett der österreichischen Metropole tummelten sich nicht nur Hunderte von Diplomaten, Botschaftern und Kanzlern unter der geschickten Leitung Fürst Metternichs, auch die Elite des europäischen Hochadels war zugegen und amüsierte sich königlich.

Weniger prächtig, aber dafür praktisch wird in der einstigen Habsburger Residenz heute Politik gemacht. Fast 5000 Beamte arbeiten in der Hofburg für das Bundeskanzleramt und das Außenministerium, das hier mit den wichtigsten Abteilungen zur Miete wohnt. Im Leopoldinischen Trakt, in den einst von Maria Theresia und ihrem Sohn Joseph II. bewohnten Salons, befinden sich die Amtsräume des österreichischen Bundespräsidenten.

Dennoch ist die Hofburg heute eher ein Zentrum von Kultur und Wissenschaft. Wissenschaftliche Institute, die Nationalbibliothek, das Völkerkundemuseum haben hier ihren Sitz, das Kaiserliche Tafelsilber kann besichtigt werden. Wien-Besucher haben jedoch meist anderes im Sinn, wenn sie zur Hofburg pilgern: die Augustinerkirche beispielsweise, in deren Gruft in 54 silbernen Urnen die Herzen von Angehörigen der Habsburger Dynastie aus den Jahren 1618 bis 1878 aufbewahrt werden. Publikums-Hit aber sind zweifelsfrei die Vorführungen der Spanischen Reitschule.

Die 240 000 Quadratmeter große Anlage der Hofburg (links: Blick auf die barocken Kuppeln der alten Hofburg; oben: Fiakerfahrt durch die Hofburg) beherbergt heute, neben der österreichischen Staatsregierung, zahlreiche kulturelle und wissenschaftliche Institute. 5000 Menschen arbeiten in der einstigen Habsburger Residenz.

Die Wiener Hofburg – von der ärmlichen Wehranlage zur pompösen Residenz

Das Benediktinerstift Melk

An der Donau steht eines der großartigsten Barockbauwerke Europas

ANREISE
Autobahn A 1, Ausfahrt Melk. Mit dem Schiff donauaufwärts ab Wien oder Krems

ÖFFNUNGSZEITEN
Tgl. 9–18 Uhr, April und Oktober bis 17 Uhr. Führungen zu jeder vollen Stunde

GASTRONOMIE
Schloßrestaurant im Schloß Lubberegg, Emmersdorf

Der auf halbem Wege zwischen Wien und Linz an der Donau aufragende Felsrücken zog schon früh Herren und Heere an. Steinzeitfürsten siedelten hier mit ihren Stämmen, Römer stellten auf dem Hochufer Wachposten auf, aus Ungarn eingefallene Awaren nutzten es als Grenzfeste gegen die Bayern. Medelike hieß der Ort im Nibelungenlied, und als Melk erblühte er im zehnten Jahrhundert unter den Markgrafen von Babenberg zur Hauptstadt der Ostmark, der »Wiege Österreichs«. Für bleibenden Ruhm aber sorgten vor allem Benediktinermönche, die auf dem Felsplateau eines der großartigsten Barockbauwerke Europas errichteten.

Es war im Jahr 1089, als Markgraf Leopold II. innerhalb seiner Melker Burganlage ein Kloster gründete und eine Grabstätte für die Gebeine des heiligen Koloman schuf, jenes irischen Königssohnes, der 1012 auf einer Pilgerreise nach Jerusalem nur bis in die Nähe von Stockerau gelangte, wo man ihn als vermeintlichen Spion zu Tode marterte. Im zwölften Jahrhundert schenkten die Babenberger ihre gesamte Melker Residenz den Benediktinern. Die Mönche bauten das Kloster weiter aus, erwärmten sich für kirchliche Reformen und machten Melk zum religiösen, geistigen und künstlerischen Mittelpunkt Niederösterreichs. Im 15. Jahrhundert zählte die Abtei zu den reichsten Klöstern der katholischen Kirche. Beim Einfall der Türken wurde 1683 das festungsgleich 57 Meter über dem Donauufer gelegene Stift vier Wochen lang belagert, ohne daß den Osmanen die Eroberung gelang. Mit dem vielseitig begabten Benediktiner Berthold Dietmayr erhielt Melk 1700 einen Abt, der die alte Burg- und Klosteranlage abreißen ließ und für einen großzügigen Neubau den St. Pöltener Stiftsbaumeister Jakob Prandtauer gewann, ein architektonisches Genie.

Um diese Zeit war der in üppigen Formen und fröhlicher Buntheit schwelgende österreichische Hochbarock in der Donaumonarchie schon »Reichsstil« geworden. Und Prandtauer setzte seinen Ehrgeiz darein, alles schon Vorhandene noch zu übertreffen. Wie eine »steinerne Bergorgel«, so wurde später gerühmt, ließ er die der Donau zugewandte Westfront des palastartigen Baukomplexes hinter dem Halbrund einer als Vorwerk angelegten Terrasse aus dem Felsengrund emporsteigen und von zwei schwungvoll gegliederten Kirchtürmen überragen. 1736, zehn Jahre nach Prandtauers Tod, war der sich 320 Meter lang von West nach Ost erstreckende und um mehrere Innenhöfe gruppierende Klosterbau vollendet.

Die Pracht, ja der Prunk, der sich Besuchern seitdem bietet, ist mit Worten kaum zu schildern. Bauhandwerker, Bildhauer, Maler und Stukkateure schufen unter der Leitung Prandtauers und seiner Nachfolger ein barockes Gesamtkunstwerk von imponierender Größe und phantastischer Vielfältigkeit. So schwungvoll sind die architektonischen Formen, ja Akkorde, daß mancher Betrachter zu sehen glaubt, was man gemeinhin nur zu hören bekommt: eine Symphonie.

Durch die östliche Benediktihalle führt der Weg in den großen Prälatenhof, dessen Abgeschiedenheit durch einen plätschernden Marmorbrunnen unterstrichen wird, während der Blick von der den Klosterkomplex überkrönenden 64 Meter hohen Kuppel der Stiftskirche gefangengenommen wird. Ein barockes Meisterwerk der Raumgestaltung stellen der Marmorsaal dar, für feierliche Empfänge gedacht, sowie die Bibliothek mit farbstarken Deckenfresken von Paul Troger, auf denen die Göttin der Vernunft die Menschheit aus der Barbarei in die Höhen der Kultur führt.

Eine weitere Steigerung der Eindrücke erwartet den Besucher in der basilikahaften Stiftskirche mit ihrem von Gurtbögen unterteilten Kappengewölbe, den prächtig gestalteten Seitenpfeilern, den geschwungenen Brüstungen und Bekrönungen, der in Gold, Braun, Grün und Ocker gehaltenen Architekturbemalung, dem Lichtspiel unter der Kuppel und den schmuckreichen Seitenkapellen. Der Hochaltar ist von einer großen goldenen Krone beschirmt, ein Seitenaltar birgt den Sarkophag mit den Gebeinen des hl. Koloman, des Märtyrers von Stockerau.

Eine geistliche und geistige Schatzkammer ist der Hauptsaal der Stiftsbibliothek. Rund 80 000 Bände werden hier verwahrt, dazu 20 000 alte Handschriften und Wiegendrucke mit zum Teil hervorragenden Illustrationen im Sinne St. Benedikts versehen, dessen Forderung es war, »daß in allem Gott verherrlicht werde«.

Das Benediktinerstift Melk (links) wurde in den Jahren 1702 bis 1736 auf einem Felsrücken über der Donau im Stil des österreichischen Hochbarock errichtet und zählt zu den architektonischen Glanzleistungen jener Zeit. Der gesamte Klosterkomplex, der sich um mehrere Innenhöfe gruppiert, weist von West nach Ost die imposante Länge von 320 Metern auf. Vom Eingang zum großen Prälatenhof aus ergibt sich ein reizvoller Blick auf die 64 Meter hohe Kuppel der Stiftskirche (rechts).

Prag und die Karlsbrücke

Auf den Spuren der Geschichte: über die Moldau auf den Hradschin

ANREISE
Nächste Metro-Station
(Linie A): Staromestská

AUSSERDEM SEHENSWERT
Hradschin (die Burg) mit Sankt-Veits-Dom, Altstädter Rathaus, Teynkirche, Pulverturm, Wenzelsplatz, Alter jüdischer Friedhof

Selten bildet eine Brücke das eigentliche Zentrum einer Stadt. Die Karlsbrücke, das Bindeglied zwischen den westlichen und östlichen Stadtteilen Prags, ist eine solche Seltenheit. Erst der freie Blick von hier aus faßt den Hradschin und die »Kleinseite« auf der einen, die Alt- und Neustadt auf der anderen Seite zu einer grandiosen Stadtkulisse zusammen. An dieser Brücke führt kein Weg vorbei. Wer die Moldau auf einem anderen Weg passiert, ist ein touristischer Snob.

1357 legte Kaiser Karl IV. den Grundstein für die 520 Meter lange, zehn Meter breite Sandsteinbrücke, die von 16 Bögen getragen wird. Deren Vorgängerin, die romanische Judithbrücke, war von einer Flut zerstört worden. Die neue Flußüberquerung geht auf ein Vorbild aus Deutschland zurück: die Römerbrücke in Trier. Den Auftrag für diesen bald weltberühmten Neubau erhielt der erst 27jährige Peter Parler, später Schöpfer einer der bedeutendsten Kirchen der Gotik, des Sankt-Veits-Doms auf der Prager Burg.

Auch wenn durch schwedische Kanonenkugeln während des Dreissigjährigen Krieges viel vom plastischen Schmuck der Architektur – vor allem an den Fassaden der Brückenhäuser – zerstört wurde, ist das Ensemble ein herausragendes Beispiel gotischer Profanarchitektur und eine künstlerisch eindrucksvolle Huldigung an die mäzenatischen böhmischen Herrscher. »Es liegen drei Kaiser begraben in Prag ...« beginnt ein Gedicht von Bertolt Brecht über die Stadt an der Moldau und den unberechenbaren Wandel der Geschichte – Peter Parler hat die drei Fürsten auf der Ostseite des Altstädter Brückenturms im Mittelgeschoß in Stein verewigt: Karl IV., Wenzel II., der Heilige, und Karls Sohn Wenzel IV. Überrascht waren spätere Forscher von der Ähnlichkeit der Statuen mit ihren Vorbildern. Besonders das Porträt des gealterten Kaisers hat sie beeindruckt. Die Körperhaltung der Plastik stimmt, wie eine spätere Skelettanalyse ergab, mit der des Kaisers überein und bestätigt eine Turnierverletzung Karls IV.

Versammlung der Heiligen

Berühmt ist die Brücke vor allem wegen der auf ihrer Brüstung versammelten dreißig Heiligen-Statuen. Viele der »Glaubenshüter« sind heute durch Kopien ersetzt. Denn die Schadstoffe der Großstadtluft machen den alten Heiligen schwer zu schaffen. Einen besonderen Platz im Herzen der Prager nimmt die Statue des Heiligen Nepomuk ein – ein Märtyrer, der zur Zeit des Dreißigjährigen Kriegs Leitfigur der Gegenreformation war. Noch heute verehren ihn Gläubige als den »wahren Verteidiger und Beschützer des Glaubens«.

Ob Heilige oder Ketzer, Könige oder Kommunisten – stets war die Karlsbrücke Schauplatz der Geschichte: Über sie führte der Krönungsweg böhmischer Könige; während der Hussiten-Aufstände 1420 drangen die Anhänger von Johannes Hus in die Kleinseite ein; Friedrich von der Pfalz, der sogenannte »Winterkönig«, floh 1620 über sie nach der verlorenen Schlacht am Weißen Berg, wo seine kleine protestantische Heerschar von den katholischen Truppen der Habsburger geschlagen worden war; 1648 verteidigten auf ihr Prager Studenten die Altstadt vor dem Ansturm der Schweden; 200 Jahre später tobten hier die Unabhängigkeitskämpfe der Tschechen gegen die Österreicher. Heute kämpfen auf der Brücke Touristenströme aus aller Welt bis in die späten Nachtstunden um ein Durchkommen, ist die Brücke Promenade und Treffpunkt von Künstlern und Musikern – das große Prager Stadttheater.

Der Hradschin, die Burg, und der gewaltige Sankt-Veits-Dom aus dem 14. Jahrhundert bilden die imposante Skyline der Prager Kleinseite, die man am besten über die Karlsbrücke erreicht. 1357 legte Kaiser Karl IV. den Grundstein für die 520 Meter lange und zehn Meter breite Sandsteinbrücke, die von 16 Bögen getragen wird (Altstädter Seite: links). Die neue Flußüberquerung geht auf ein Vorbild aus Deutschland zurück: die Römerbrücke in Trier. Den Auftrag für diesen Neubau erhielt der erst 27jährige Peter Parler, später Schöpfer einer der bedeutendsten Kirchen der Gotik, des Sankt-Veits-Doms (Blick ins Hauptschiff) auf der Prager Burg.

Dresdens heiterer Zwinger

Früher ein Ort rauschender Feste, heute eine Stätte der Kunst

ANREISE
Flüge zum Flughafen Dresden-Klotzsche, Transfer mit Airport City Bus. Autobahnen A 4 (E 40) und A 13 (E 55), Ausfahrten Dresden-Altstadt bzw. Dresden-Nord

UNTERKUNFT
Kempinski Hotel Taschenbergpalais, Am Taschenberg; Astron, Hansastraße 43 (Mittelklassehotel in der nördlichen Neustadt)

GASTRONOMIE
Café Kreutzkamm, Altmarkt 18 (legendäres Café, gegründet 1825)

AUSSERDEM SEHENSWERT
Stadtteile Loschwitz und Weißer Hirsch, Fahrten mit der »Weißen Flotte« auf der Elbe, Elbsandsteingebirge

Den Wallpavillon stützen stuckverzierte Säulen (rechts unten). Von ihren Rundbögen ließ sich Gottfried Semper inspirieren, als er 1847 bis 1854 seine Gemäldegalerie baute, in der auch die Rüstkammer August des Starken untergebracht ist (links unten).

Ernst klingt der Name, geradezu bedrohlich: Zwinger. Dabei bezeichnet er ein Bauwerk, das als heiterer Höhepunkt des sächsischen Barocks gilt, ein Ort, an dem August, genannt der Starke, Kurfürst von Sachsen und König von Polen, rauschende Feste gab. Der Widerspruch löst sich auf, wenn man die Geschichte des Zwingers betrachtet. Ursprünglich war er das, was man gemeinhin mit dem Begriff verbindet: der Bereich zwischen innerem und äußerem Wall einer Festung, in dem auch wilde Tiere gehalten wurden. Um das Jahr 1700 wandelte sich das Gelände vor der Bastion Luna immer mehr zum Festplatz des Hofes.

Elbsandstein für den Prachtbau

Der Name Zwinger aber blieb, selbst nachdem August der Starke erste Gebäude, etwa ein hölzernes Amphitheater, für die Festivitäten zu Ehren seines Vetters – König Friedrich IV. von Dänemark – bauen ließ, als dieser 1709 zu Besuch in Dresden weilte. Seine Vorliebe für Orangenbäume, zu damaliger Zeit ein äußerst kostspieliges Statussymbol, veranlaßten den Kurfürsten, eine Orangerie in Auftrag zu geben. Landbaumeister Matthäus Daniel Pöppelmann errichtete zwischen 1710 und 1712 zwei eingeschossige Bogengalerien, in denen die empfindlichen Pflanzen ihr Winterquartier fanden.

Dies war allerdings nur der Auftakt für eine sich über weitere sechzehn Jahre hinziehende Bautätigkeit, die neben Bauherr und Architekt auch der Bildhauer Balthasar Permoser geprägt hat. So entstand um den 116 mal 204 Meter großen Festplatz ein Gebäudekomplex im Stil des Hofbarock, der weltweit seinesgleichen sucht. Kennzeichnend für den Dresdner Zwinger ist der Eindruck von Leichtigkeit, ja Verspieltheit; doch bleibt wegen der symmetrischen Wiederholung einzelner Bausegmente der Eindruck harmonischer Geschlossenheit stets gewahrt.

Der 1718 fertiggestellte Wallpavillon gilt nicht nur als bedeutendstes Bauwerk des Zwingers, sondern zählt zu den Höhepunkten europäischer Architekturgeschichte. Durch seine geschwungenen Konturen vermittelt der Bau den Eindruck, in Bewegung zu sein; wie kostbares Rankenwerk überziehen die Plastiken Permosers, Götter und Heroen darstellend, das Mauerwerk aus Elbsandstein. Die Architektur strebt noch über den mächtigen Mittelgiebel hinaus, aufwärts zu dem die Weltkugel tragenden Hercules Saxonicus, der das Dach des Pavillons überragt und krönt.

Die Bauarbeiten an der Ostseite des Zwingers begann Baumeister Pöppelmann im selben Jahr unter erheblichem Zeitdruck. Im September 1719 sollte in Dresden das Fest der Feste gefeiert werden: Kurprinz Friedrich August, Sohn und Nachfolger Augusts des Starken, heiratete die Erzherzogin von Österreich, Kaisertochter Maria Josepha. In aller Eile ließ August der Starke die beiden Bogengalerien der Westseite auf der gegenüberliegenden Seite wiederholen. Bereits 1714 waren die Längsgalerien mit dem Kronentor errichtet worden, um den Ausblick auf den Wallgraben zu verbergen. Drei Seiten des Zwingers waren somit geschlossen.

1733 starb August der Starke. Nach seinem Tod erlebte der Zwinger einen Niedergang. Die Zeit der großen Hoffeste war vorbei. Die üppigen Verzierungen an den Gebäuden entsprachen nicht mehr dem Zeitgeschmack, es wurde sogar überlegt, sie abzuschlagen. Bereits 1728 dienten einzelne Pavillons dazu, die Sammlungen des kunstsinnigen Kurfürsten aufzunehmen, so das Porzellanmuseum, das in seiner Bedeutung nur noch von der Sammlung im Istanbuler Topkapi-Serail übertroffen wird.

Bis heute ist der Zwinger ein Hort der Kunst geblieben. 1847 bis 1854 schloß Architekt Gottfried Semper mit dem Bau einer imposanten Gemäldegalerie das Zwingerareal zum Theaterplatz ab. Wie die übrigen Gebäude des Zwingers sank auch die Galerie im Februar 1945 bei dem verheerenden Angriff alliierter Bomberverbände in Schutt und Asche. Mehrfach renoviert, erstrahlt die Anlage heute in altem Glanz. Die Gemäldegalerie beherbergt unter anderem die weltberühmte Sammlung Alter Meister, in der neben holländischen (Rembrandt), deutschen (Dürer) und flämischen (Rubens) Meistern die Sammlung italienischer Malerei mit ihren 350 Exponaten (unter anderem Raffaels »Sixtinische Madonna«) besonders eindrucksvoll ist.

Der 1718 fertiggestellte Wallpavillon, von zwei Bogengalerien umrahmt, gilt als bedeutendstes Bauwerk des Zwingers und als ein Höhepunkt europäischer Architekturgeschichte. Wie kostbares Rankenwerk überziehen Plastiken das Mauerwerk aus Elbsandstein.

Sanssouci, das Landschloß auf dem Weinberg

Friedrich der Große erfüllte sich in Potsdam einen Lebenstraum

ANREISE
Autobahn A 10 Ausfahrt Potsdam-Nord oder A 115 Ausfahrt Potsdam-Babelsberg. Von Berlin-Bahnhof Zoo S 3 und S 7 bis Potsdam-Stadt, Nahverkehrszüge nach Potsdam-Charlottenhof

ÖFFNUNGSZEITEN
Mai bis Oktober 9–17 Uhr, im Winter bis 16 bzw. 15 Uhr. Montags geschlossen

UNTERKUNFT
Schloß Gut Golm (herrliche Lage am Zernsee bei Golm, 3 km westlich von Potsdam)

AUSSERDEM SEHENSWERT
Schlösser Charlottenhof, Cecilienhof und Babelsberg, Holländisches Viertel

Der Name ist Programm: Sanssouci, »ohne Sorge«, wird das Schloß genannt, welches der preußische König Friedrich II. am 1. Mai 1747 mit einem festlichen Bankett einweiht. In Sanssouci will Friedrich II., der später den Beinamen »der Große« bekommen wird, sich von seinen anstrengenden Dienstgeschäften erholen; hier möchte er das strenge höfische Regelwerk seiner Potsdamer Residenz hinter sich lassen und statt dessen seinen Neigungen frönen: zum einen der Musik, zum anderen dem Disputieren mit Philosophen, Wissenschaftlern und Schriftstellern.

Allerdings fand er dazu nur selten Gelegenheit. Schloß Sanssouci wurde schon bald der eigentliche Regierungssitz des Preußenkönigs, obwohl es sich wegen seiner Anlage als »Vigne«, als Landschlößchen auf einem Weinberg, dafür nicht recht eignete. Doch Friedrich II. liebte das Landleben und seine Sommerresidenz; ihr Bau war für ihn die Erfüllung eines Lebenstraums. Als Kronprinz hatte er bittere Jahre verbringen müssen, in heftiger Opposition zu seinem strengen Vater, dem »Soldatenkönig« Friedrich Wilhelm I.

Freitreppe mit 132 Stufen

Ein kunstsinniger Philosophen-König mit einem der französischen Aufklärung verpflichteten Regierungsprogramm schien sich anzukündigen, als Friedrich II. im Jahr 1740 den preußischen Thron bestieg. Doch kaum in Amt und Würden, überraschte der 28jährige Monarch durch seine kriegerische Machtpolitik. Die Schwäche Habsburgs nach der Thronbesteigung Maria Theresias ausnützend, ließ er seine Truppen in Schlesien einfallen. Die Besetzung der Provinz war der Auftakt zu drei Kriegen mit Österreich, an deren Ende sich der kleine Territorialstaat Preußen zur europäischen Großmacht emporgeschwungen hatte.

Der Baubeginn von Sanssouci fiel in die Jahre des Zweiten Schlesischen Krieges. Friedrich führte das preußische Heer persönlich an; im Felde ließ er sich vom Fortgang der Arbeiten unterrichten, mit deren Ausführung er seinen Freund, den Baumeister Georg Wenzeslaus von Knobelsdorff, beauftragt hatte.

Ein Weinberg ist bereits angelegt, als Knobelsdorff im April 1745 mit dem Bau des Schlößchens beginnt. Zur Hofseite hin, wo die Kaleschen vorfahren, sorgt ein Halbrund von Kolonnaden für würdevolle Distanz. Auf der Gartenseite schwingt sich eine Freitreppe mit 132 Stufen durch den Weinberg hinauf zum Schlößchen. Knobelsdorff hat es meisterhaft verstanden, dem einstöckigen ockergelben Bau mit der kupfernen Kuppel einen Ausdruck von ländlicher Heiterkeit, Intimität und Helle zu geben.

Nur zwölf Räume hat das Schloß. Einer der schönsten ist das Konzertzimmer, dessen Wandgemälde und verspieltes Rokoko-Dekor die Heiterkeit Mozartscher Musik vorwegzunehmen scheint. Im Marmorsaal mit seinen sechzehn paarweise angeordneten Säulen und der hohen, goldverzierten Kuppel versammelte Friedrich II. Künstler, Wissenschaftler und Philosophen – darunter Voltaire – zu seinen berühmten »Tafelrunden«.

Der Park als heitere Gegenwelt

Architekt Knobelsdorff schuf auch den ersten Park von Sanssouci. Die Gärten mit ihren Skulpturen und Vasen, Sphinxen und Pavillons, mit den Grotten, Wasserspielen, Brunnen und Tempeln bildeten eine sinnlich-barocke Gegenwelt zu dem sie umgebenden preußischen Militärstaat.

In dem 300 Hektar großen Park ließ Friedrich II. mehrere Bauwerke errichten. Unter seiner Regentschaft entstanden die Bildergalerie, das Gästehaus »Neue Kammern«, das Obeliskenportal und das Chinesische Teehaus. Letztes großes Bauprojekt war das 1763 bis 1769 errichtete Neue Palais. Die mächtige Parkachse führt auf das gewaltige Schloß zu, das nach dem gewonnenen Siebenjährigen Krieg von Friedrich II. als repräsentative Demonstration preußischer Macht gedacht war.

Friedrich der Große hat im Neuen Palais nie gewohnt, er blieb Sanssouci treu. Als er 1786 starb, wurde er in der Potsdamer Garnisonkirche beigesetzt. Erst 1991 wurde sein testamentarischer Wille erfüllt: Seither liegt Friedrich II. in einer Gruft in Sanssouci, an dem Ort, von dem er einmal sagte, erst hier werde er »ohne Sorge« sein.

Eine imposante Freitreppe schwingt sich durch den Weinberg hinauf zum Schloß Sanssouci. Die Sommerresidenz Friedrichs II. sollte zwar nicht repräsentieren, doch eine harmonische Architektur und zahlreiche Skulpturen des Bildhauers Friedrich Christian Glume verleihen ihr anspruchsvolle Grazie. Die Große Fontäne springt 36 Meter in die Höhe – jedoch erst, nachdem seit 1842 eine (Dampf-)Maschine für den nötigen Wasserdruck sorgt. Im Marmorsaal (kleines Foto) versammelte Friedrich II. Künstler und Philosophen zur »Tafelrunde«.

Kreidefelsen auf Rügen

Der Königsstuhl und die weißen Kliffs inspirierten Maler und Dichter

ANREISE
E 22/B 96 von Stralsund nach Saßnitz, von dort 7 km nach Hagen. Bahnverbindung bis Saßnitz, von dort Wanderweg zur Stubbenkammer

UNTERKUNFT
Panorama-Hotel Lohme (an der Steilküste, wenige Kilometer nordwestlich der Stubbenkammer)

GASTRONOMIE
Waldhalle (bei den Wissower Klinken)

AUSSERDEM SEHENSWERT
Fischerdorf Vitt beim Kap Arkona, Jagdschloß Granitz bei Binz, Marienkirche in Bergen, Putbus

Ein Bild von einer Landschaft: Blau leuchtet die Ostsee im Sonnenlicht, grün schimmern die Blätter der Buchen, die sich wie Polster weit über die Kante des Hochufers wölben; kreide-weiß strahlen die Felsen der Küste. Von Klüften, schmalen Einschnitten und tiefen Rinnen zerrissen, streben ihre Wände mal senkrecht, mal schräg nach oben und bilden die wunderbarsten Gestalten, von denen manche wie Berggipfel eigene Namen haben. Die »Stubbenkammer« auf der Insel Rügen ist einer der schönsten Landstriche an der Ostsee. Er hat Dichter inspiriert, stand Malern wie Capar David Friedrich Modell und veranlaßte den weltgereisten Forscher Wilhelm von Humboldt zu dem schwärmerischen Ausspruch: »Nirgendwo findet man einen einfacheren und erhabeneren Anblick.«

Als Naturpark geschützt

Der berühmteste Felsvorsprung der Stubbenkammer ist der 117 Meter hohe Königsstuhl. Über schmale Treppen steigen jährlich 300 000 bis 400 000 Besucher auf eine 200 Quadratmeter große Plattform, die bereits vor mehr als 300 Jahren angelegt wurde und von der aus man einen herrlichen Panoramablick über die Kreidefelsen und das Meer hat. Südlich liegen die Wissower Klinken, von denen es heißt, sie seien die Vorlage für Caspar David Friedrichs Gemälde »Die Kreidefelsen von Rügen« gewesen – zu Unrecht, denn der Künstler malte eine Formation nordwestlich des Königsstuhls.

Um die Küstenlinie zu schützen, wurde 1990 der Nationalpark Jasmund eingerichtet. Die 3000 Hektar große Fläche umfaßt etwa 2000 Hektar Wald, der überwiegend in seinem urwüchsigen Zustand belassen wurde, etwa 500 Hektar Ostsee und rund 500 Hektar Kreidefelsen, Moore und Wiesen.

An mehreren Stellen zwischen Königsstuhl und Saßnitz kann man den Hochuferweg verlassen, um auf steilen Abstiegen hinunter an den Strand zu gelangen. Wegen des herumliegenden Gerölls sind Strandwanderungen mühsam, doch erst aus der ebenerdigen Perspektive offenbart sich die Majestät der Kreidefelsen in vollem Ausmaß. Und nur vom Ufer aus sieht man die Bänder der

Feuersteinknollen, die wie Perlenschnüre die Kreideschichten durchziehen.

Die Feuersteinknollen entstanden aus Kleinstorganismen, deren Skelette sich im Kreideschlamm auflösten. Auch die Rügener Kreidefelsen sind organischen Ursprungs. Vor etwa 80 Millionen Jahren, im Mesozoikum, erwärmte sich die Erdatmosphäre; riesige Gletschermassen schmolzen und überfluteten ganz Nordeuropa. In dem Meer lebten eine Vielzahl von Seesternen, Muscheln, Korallen, Geißelalgen und Plankton, die nach ihrem Tod mit ihren kalkhaltigen Schalen, Skeletten und Panzern auf den Meeresboden sanken. Im Lauf von Jahrmillionen bildeten sie zusammen mit den Sedimenten ebenfalls kalkhaltiger Zuflüsse eine bis zu 500 Meter mächtige Kreideablagerung.

In der folgenden erdgeschichtlichen Periode, dem Tertiär, hatte sich das Meer so weit zurückgezogen, daß das heutige Gebiet der Ostsee zu Festland wurde. Vor 80 000 bis 100 000 Jahren (Pleistozän) drangen dreimal bis zu 1000 Meter dicke Gletscher von Skandinavien nach Süden vor und formten die Oberflächenstruktur Rügens – nicht jedoch die Kreidefelsen.

Sie sind das Resultat von wechselnden Druckverhältnissen und Bewegungen in der Erdkruste. Während des Pleistozäns brachen die Kreideschichten schollenförmig auf, wurden gleichzeitig emporgehoben und bildeten für die von Norden her vorrückenden Gletscher ein Hindernis, an dem sie mächtige, aus den skandinavischen Gebirgen stammende Granitblöcke zurückließen – Findlinge, deren größter, der Buskam bei Göhre, ein Volumen von 600 Kubikmetern und ein Gewicht von 1626 Tonnen besitzt.

Nach dem Rückzug der Gletscher vor 10 000 Jahren veränderten nicht nur mehrfaches Sinken und Steigen des Meeresspiegels und Sturmfluten den Küstenverlauf, auch der Mensch nutzte die Besonderheit der Natur. Seit Mitte des 19. Jahrhunderts ist die Rügener Kreide ein begehrter Rohstoff, der unter anderem für die Herstellung von Farben, Geschirr oder auch Zahncreme benötigt wird.

Von der Steilküste aus hat man einen herrlichen Ausblick auf die Ostsee und die Felsen der Wissower Klinken (Bild oben). Mächtige Gesteinsbrocken und abgestorbene Baumstämme machen bei Stubnitz eine Strandwanderung zu einem mühseligen Vergnügen (Foto links). Doch erst vom Ufer aus erschließt sich die ganze Majestät der Kreidefelsen, Ablagerungen, die vor Jahrmillionen aus den kalkhaltigen Skeletten, Schalen und Panzern von Kleinstlebewesen gebildet wurden.

Die Königin der Hanse

Lübeck repräsentiert die Architektur der mittelalterlichen Kaufmannswelt

ANREISE
Vom Hauptbahnhof sind es 5 Minuten zu Fuß zum Holstentor. Auto: A 1, 60 km nordöstlich von Hamburg. Weitgehende Sperrung der Altstadt für den Autoverkehr!

GASTRONOMIE
Historische Gaststätte Schiffergesellschaft, Breite Straße 2

AUSSERDEM SEHENSWERT
Travemünde (Lübecks Seebad), Ratzeburg (Domstadt, 20 km südlich), Mölln (30 km südlich)

Das Holstentor, Lübecks Wahrzeichen, wurde im 13. Jahrhundert als Wehranlage errichtet. Jenseits des Trave-Hafens gelegen, schützte es den Zugang zur Stadt. Seine heutige Gestalt stammt aus dem 15. Jahrhundert.

Bescheidenheit zeichnete sie wahrlich nicht aus, die Lübecker Stadtväter, als sie sieben mächtige Kirchtürme emporwachsen ließen. Keine andere Stadt in Nordeuropa ist so deutlich vom Bürgerwillen geprägt wie die alte Ostseemetropole, keine andere aber auch zu einem solch vollkommenen Gesamtkunstwerk der Backsteingotik herangewachsen wie die Stadt an der Trave.

Dabei hatte es bescheiden begonnen. Die 1138 zerstörte wendische Burg, die den Namen Liubice trug, war von einfachem Rang. Erst Heinrich der Löwe setzte Maßstäbe: 1159 gründete der Welfenherzog die Stadt gleichen Namens auf einer von Trave und Wakenitz umflossenen Insel und legte 15 Jahre später eigenhändig den Grundstein für den gewaltigen Dom. Schon früh drangen Lübecker Kaufleute in den Ostseeraum vor, schafften Salz, Tuche, Bier und Wein nach Visby, Nowgorod und Bergen und brachten auf seetüchtigen Koggen Rohstoffe wie Holz, Pelze, Erz, Pech und Wachs an die Trave zurück.

Respekt vor den Stadtvätern

Als reichsfreie Stadt war Lübeck seit 1226 nur noch dem deutschen Kaiser untertan, und als Karl IV. 1375 mit großem Gefolge zu Besuch kam, redete er die Stadtväter von Lübeck voller Respekt mit »Ihr Herren von Lübeck« an. In der zweiten Hälfte des 14. Jahrhunderts war die Travestadt auf dem Gipfel ihrer Macht und übernahm – mächtig wie Venedig und schön wie Florenz – die Führung der Hanse. Als Schutzbündnis gegen Überfälle zu Lande und zu Wasser gegründet, wurde dieser Städtebund die erfolgreichste Handelsvereinigung des Mittelalters. Zweihundert Städte gehörten ihr schließlich an, und da in Lübeck die meisten Hansetage abgehalten wurden und das in den lübschen Kontoren gesprochene Niederdeutsch die allgemeine Handelssprache war, bestimmte die Stadt schließlich die Wirtschaftspolitik im gesamten Ostseeraum.

Vorbild wurde die glanzvolle Siedlung an der Trave aber auch in architektonischer Hinsicht: denn nahezu alle nordischen Hansestädte haben sich bei ihren Kirchen- und Rathausbauten am »Wunder Lübeck« orientiert. Bereits 1276 war der Backstein als alleiniges Baumaterial von den Stadtvätern verordnet worden. Und dank dieses Diktats wuchs die Stadt von Feuersbrünsten verschont zur Schatzkammer Nordeuropas heran.

Mit dem Untergang der Hanse verlor Lübeck seine dominierende Stellung. Aber erst Napoleons Gewaltherrschaft und die Besetzung der Stadt von 1811 bis 1813 führten zu einer schweren wirtschaftlichen Krise. Doch die bitterste Nacht in der Geschichte der einstigen »Königin der Hanse« brachte der Zweite Weltkrieg: Am 28. März 1942 warfen britische Flugzeuge 300 Tonnen Bomben ab, und die Stadt brannte 32 Stunden lang. Fünf der sieben Kirchtürme wurden zerstört, jedes fünfte Haus in der Altstadt versank in Schutt und Asche.

Mit einer nur aus der Geschichte zu erklärenden Besessenheit haben die Bürger ihre Altstadt wiederaufgebaut, behutsam modernisiert und dabei die alten Strukturen bestehen lassen. Mit mehr als 800 denkmalgeschützten Bauten stellt Lübeck heute alle nordischen Städte in den Schatten, und auch die UNESCO nahm die Stadt des »allumfassenden, außergewöhnlichen Wertes« wegen in die Liste des Weltkulturerbes auf.

Beim Blick vom Turm der Petri-Kirche erkennt man den schachbrettartigen Grundriß der alten Hansestadt. Der Dom mit seiner wie ein Gebirge aufragenden Doppelturmfront konkurriert mit der Ratskirche St. Marien, die sich mit ihren beiden Türmen wiederum dem Rathaus zuneigt. Mit glasierten Ziegeln verblendet, mit Renaissancelaube und spätbarockem Audienzsaal ausgestattet, ist dieser Rathauspalast immer noch das Zentrum der selbstbewußten Stadt.

Blick auf die von Kirchtürmen überragte Lübecker Altstadt. Giebelhäuser säumen die Uferzeile – wie zur Blütezeit der Stadt im Mittelalter. Das Schabbelhaus (unten), berühmt für seine Treppengiebel-Fassade, dient heute als Restaurant.

Kathedrale des Handels

Die kunstvollen Bauten der Hamburger Speicherstadt

ANREISE
U-Bahn Linie 1 (Station Meßberg) oder 3 (Baumwall)

ÖFFNUNGSZEITEN
Speicherstadtmuseum, Hot Spice Gewürzmuseum, Deutsches Zollmuseum: alle 10–17 Uhr, montags geschlossen. Führungen durch die Speicherstadt sonntags 11 Uhr

AUSSERDEM SEHENSWERT
Museumsschiffe Cap San Diego (Überseebrücke), Rickmer Rickmers (St. Pauli Landungsbrücken)

Die »Speicherstadt« im Hamburger Hafen gilt als eines der Architekturwunder der neueren Baukunst. Die Ende des 19. Jahrhunderts erbaute Anlage ist so gewaltig, daß sie bis heute das größte zusammenhängende Lagerhausareal der Welt geblieben ist. Und so kunstvoll waren die Fassaden der Lagergebäude dekoriert, daß dieses Hafenviertel schon bald gepriesen wurde als »Kathedrale des Welthandels«, als »gebauter Kaufmannstraum«.

Begonnen hatte alles mit einem handfesten Krach. Denn unerbittlich hatte der deutsche Reichskanzler Otto von Bismarck von 1879 an den Hamburger Senat unter Druck gesetzt, endlich dem Deutschen Zollverein beizutreten. Doch die »Pfeffersäcke«, wie die Kaufleute überall spöttisch genannt wurden, zierten sich. Schließlich war Hamburg als Zollausland von lästigen Kontrollen verschont. Der Handel lief so gut, daß die Elbstadt nach London der wichtigste europäische Hafen war – der freizügige Warenverkehr garantierte den Wohlstand. Der Kompromiß, der dann gefunden wurde, schützte dieses Privileg: In einem »Freihafen« durften die Elbhanseaten weiterhin Waren zollfrei einführen, lagern, verarbeiten und weiterverschiffen. Nur wenn Güter an deutsche Empfänger ausgeliefert wurden, mußte Zoll entrichtet werden.

30 000 Menschen umgesiedelt

Als Standort für den neuen »Freihafen« war bald ein altes Wohnviertel am Hafen bestimmt: das Wandrahmviertel. Die Lage war günstig: Kanäle durchzogen das alte Wohngebiet, der Hafen war nahe, die City ebenfalls. Die Bevölkerung des Wandrahmviertels, immerhin 30 000 Menschen, wurde umgesiedelt, und zwischen 1882 und 1888 entstand die neue Speicherstadt, die später noch erweitert wurde. 30 000 Quadratmeter standen zur Erschließung bereit, und 42 Architekten und Ingenieure ließen ein Viertel emporwachsen, das von Anfang an auf Großartigkeit angelegt war. Geradezu fürstlich gestaltete man das Entrée von der City aus: Pompöse, mit mittelalterlichen Figuren geschmückte Brücken führten von der Innenstadt über den 75 Meter breiten Zollkanal in die nach Ambra und Myrrhe duftende Welt.

Errichtet wurde jeder Speicher nach dem gleichen Konzept: Auf schweren Pfählen ruhend, bauten sich über Keller und Erdgeschoß vier bis fünf Stockwerke auf, die sogenannten »Böden«, in denen die »Quartiersleute« die Waren einlagern konnten. Meterdicke Mauern sorgten im Sommer für eine kühle, im Winter für eine erträgliche Temperatur. Gelagert wurde nahezu alles, was der Handel bereithielt, und Kaffee, Tee, Pelze, Elfenbein und Gewürze fuhr man ebenso in offenen Schuten heran wie Teppiche, Nüsse und französischen Wein. Weitsichtig hatte man jeden Speicher so angelegt, daß er sowohl vom Wasser als auch von der Straße aus bedient werden konnte. Über Winschen, die im Dachgebälk verankert waren, wurden die Waren zu den Böden hochgehievt und dann von den offenen Luken aus ins Haus geholt.

Neben der technischen Perfektion legten die Hamburger aber auch größten Wert auf die künstlerische Ausstattung des neuen Hafenviertels. Die in der Gründerzeit aufgekommene Begeisterung für die Backsteingotik bewirkte, daß in der Speicherstadt über die strengen Backsteinfassaden ein Gespinst von Giebeln, Türmen, Söllern und Zinnen gelegt wurde – Hamburg war reich genug, um sich diesen künstlerischen Luxus leisten zu können. Türme und Türmchen unterbrachen die kupfernen Dächer, romanische Bögen gaben Fenstern Halt, und gleich italienischen Balkonen zierten die eisernen Feuertreppen die Wände. Erst als sich nach der Jahrhundertwende ein schlichterer Stil durchsetzte, bekamen die später gebauten Häuser bescheidenere, klarere Fassaden. Die kupfergrün leuchtenden Dächer und die mit glasierten Ziegeln dekorierten Fassaden sind dennoch bis heute das Kennzeichen dieser einzigartigen Lagerhaus-Tempel.

Noch wird die Speicherstadt genauso genutzt wie vor hundert Jahren – doch der moderne Containerverkehr wird auch das Leben im Quartiersviertel verändern. Pläne, aus der Speicherstadt ein Wohnviertel zu machen, sind nicht mehr tabu.

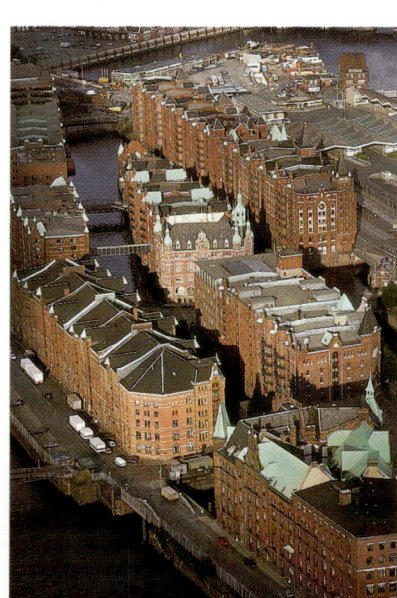

Als größtes geschlossenes Lagerhausviertel der Welt dient die Hamburger Speicherstadt bis heute dem Lagerbetrieb. Die 1882 bis 1888 aus Backstein erbauten Gebäude wurden wie architektonische Kunstwerke geschmückt – vielfarbig lasierte Steine zieren die Fassaden, zahlreiche Erker und Türmchen lassen die Monumentalität der mehrere hundert Meter langen Hausfronten vergessen. Eine Luftaufnahme (unten rechts) zeigt die Ausmaße der Anlage, der Blick in ein Lagerraum-Kontor die Atmosphäre in den »Böden«.

Nationalpark Wattenmeer

Geprägt von Ebbe und Flut: die Nordseeküste in Schleswig-Holstein

ANREISE
Nationalpark Schleswig-Holsteinisches Wattenmeer: A 23 Hamburg–Heide (für Ziele in Dithmarschen) oder A 7 Hamburg–Flensburg (nach Nordfriesland). Bahnverbindung Hamburg–Westerland

BESTE REISEZEIT
Mai bis September

AUSSERDEM SEHENSWERT
Wattwanderweg zwischen Föhr und Amrum, Seehundaufzuchtstation Friedrichskoog

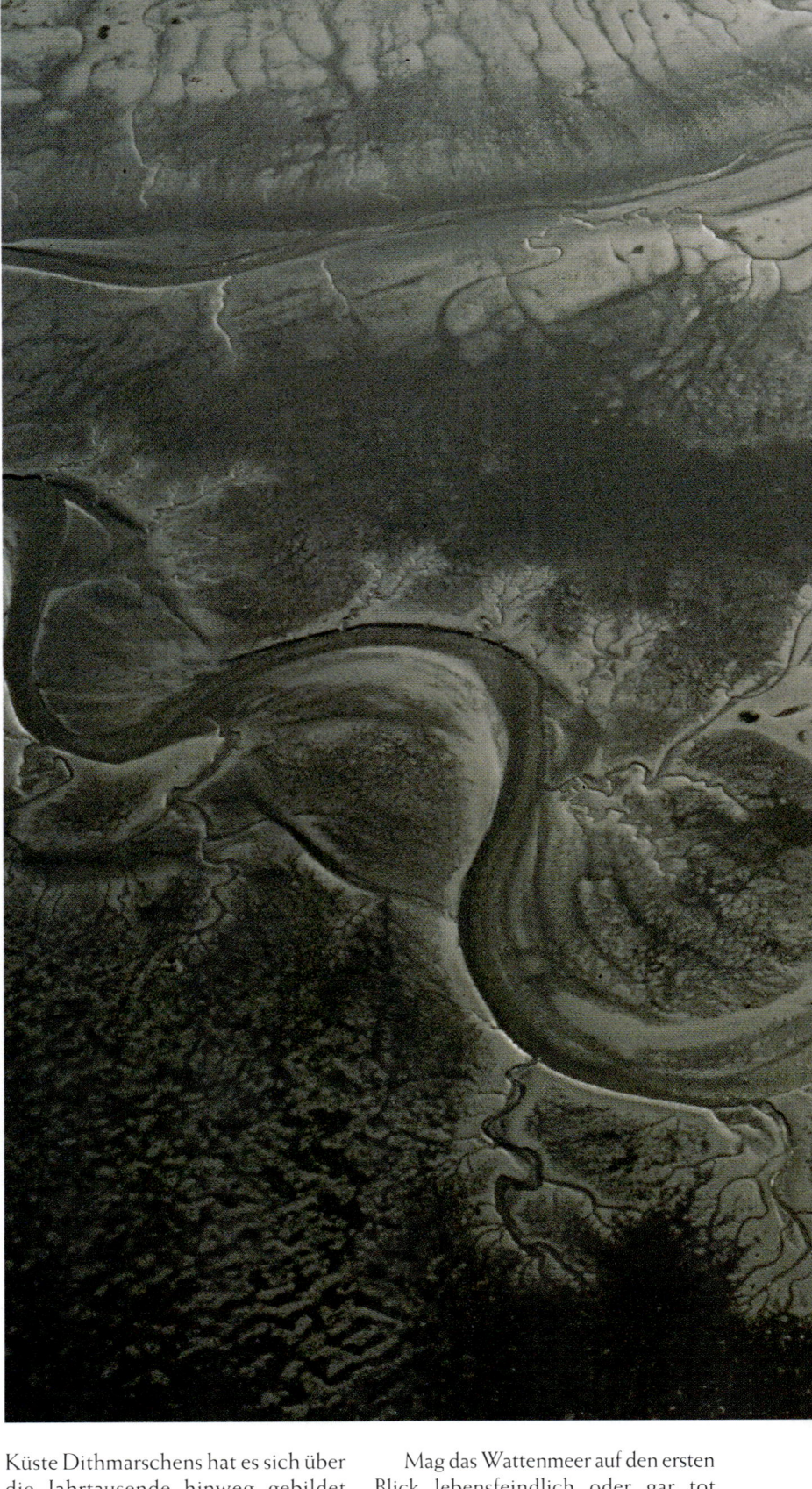

Für Wattwanderer ein vertrauter Anblick: Algen, Herzmuscheln und die Kothäufchen der Prielwürmer. Mag das Watt auch oft als Wüste erscheinen, es ist ein ungewöhnlich fruchtbarer Lebensraum.

So ist es schon vielen Urlaubern ergangen, die zum erstenmal an die Nordseeküste gereist sind. Voller Freude eilen sie zum Meer – doch das ist nicht zu sehen. Statt dessen erstreckt sich kilometerweit eine Ödnis aus fahlgrauem Sand: das Watt.

Das Wort kannten schon die Germanen, es bedeutet »flaches Wasser«. Verantwortlich für die Freilegung des Meeresbodens sind die Anziehungskraft des Mondes und die durch sie bedingten Gezeiten (Tiden). Ebbe und Flut wirken in allen Meeren, doch nirgendwo sonst haben sie einen Naturraum geschaffen wie das Wattenmeer der Nordsee. Zu ihm zählen nicht nur offene und brandungsgeschützte Wattflächen, die von natürlichen Wasserrinnen (Prielen) durchzogen werden. Gebildet wird es auch von Dünen- und Strandinseln, Halligen und Buchten, eine Landschaftsform, die einzigartig ist auf der Welt.

Zu ihrem Schutz hat das Land Schleswig-Holstein 1985 den Nationalpark Schleswig-Holsteinisches Wattenmeer eingerichtet. Er erstreckt sich von der deutsch-dänischen Grenze bis an die Mündung der Elbe.

Schlickwatt, Sandwatt, Mischwatt

Watt ist nicht gleich Watt. Je geschützter eine Wattfläche liegt, etwa auf der windabgewandten Seite einer Insel, je flacher die Neigung und je größer die Fläche, auf der sich das Meer bei Hochwasser ausbreiten kann, desto geringer ist bei Ebbe die Geschwindigkeit des Wassers, wenn es durch die Priele ins offene Meer strömt. An solchen Stellen bildet sich das morastige »Schlickwatt«. Bei hoher Fließgeschwindigkeit kommt es zum gröberen »Sandwatt«, zwischen den Extremen liegt das »Mischwatt«.

Neben den Tiden sind noch andere Faktoren für die Entstehung des Wattenmeers verantwortlich. Vor der Küste Dithmarschens hat es sich über die Jahrtausende hinweg gebildet durch die fortwährende Ablagerung von Sinkstoffen aus dem Wasser. Anders in Nordfriesland: Wo sich heute das Wattenmeer erstreckt, waren ursprünglich im Schutze von Sandwällen gewaltige Schilfsümpfe, Moore und Bruchwälder entstanden. Als die Nordsee nach der letzten Eiszeit anstieg, überflutete sie diese Flächen und bedeckte sie mit fruchtbarem Schlick. Dort, wo das Land nur gelegentlich – etwa bei Sturmfluten – überspült wurde, entstanden Sandstrände und Salzwiesen. Auf ihnen wurzeln robuste Pflanzen wie etwa der Queller oder, in zunehmender Entfernung vom Meer, Strandwermut, Strandflieder und Rotschwingel.

Mag das Wattenmeer auf den ersten Blick lebensfeindlich oder gar tot erscheinen, das Gegenteil ist der Fall. Zweitausend verschiedene Tierarten sind im Nationalpark heimisch. Das Watt lebt – und bei Niedrigwasser kann man es hören: das Wispern und Schmatzen der Myriaden von Schlickwürmern, Muscheln, Schnecken und Krebsen auf Nahrungssuche. Für sie ist das Watt ein Schlaraffenland. Unter einem Quadratzentimeter Boden leben oft über eine Million kleinster Algen. Würmer und Krebse bilden ihrerseits die Nahrungsgrundlage für Millionen anderer Tiere, die im Wattenmeer ihre »Kinderstube« haben, von Fischen bis zu den Vögeln und Seehunden.

Besonders beliebt bei den Besuchern des Nationalparks sind Ausflüge zu den Seehundbänken oder zu den Brutplätzen, an denen in jedem Sommer etwa 1,5 Millionen Möwen, Seeschwalben, Austernfischer, Eiderenten oder Brandgänse nisten. Um die Tiere nicht zu stören, wurden spezielle Schutzzonen angelegt. Der Fischfang ist allerdings erlaubt – und sorgt für dauernde Konflikte zwischen schleswig-holsteinischem Umweltministerium, Küstenfischern und Naturschützern.

Der Schutz der Natur sei gegen die Nutzungsinteressen der Bevölkerung »gerecht abzuwägen«, heißt es im Gesetz. Gefahren drohen dem Wattenmeer vor allem aber durch die Schadstoffe, die über die Flüsse, die Luft oder aus den Öltanks der Schiffe in die Nordsee gelangen.

Aus der Luft wird es offensichtlich: Zahlreiche große und kleine Wasserrinnen (Priele) durchziehen das Watt. Bei langsamer Fließgeschwindigkeit des Wassers bildet sich das sogenannte Schlickwatt, bei hoher Fließgeschwindigkeit das »Sandwatt«, dessen manchmal recht große Sandinseln beliebte Ruheplätze für Seehunde und Kegelrobben sind.

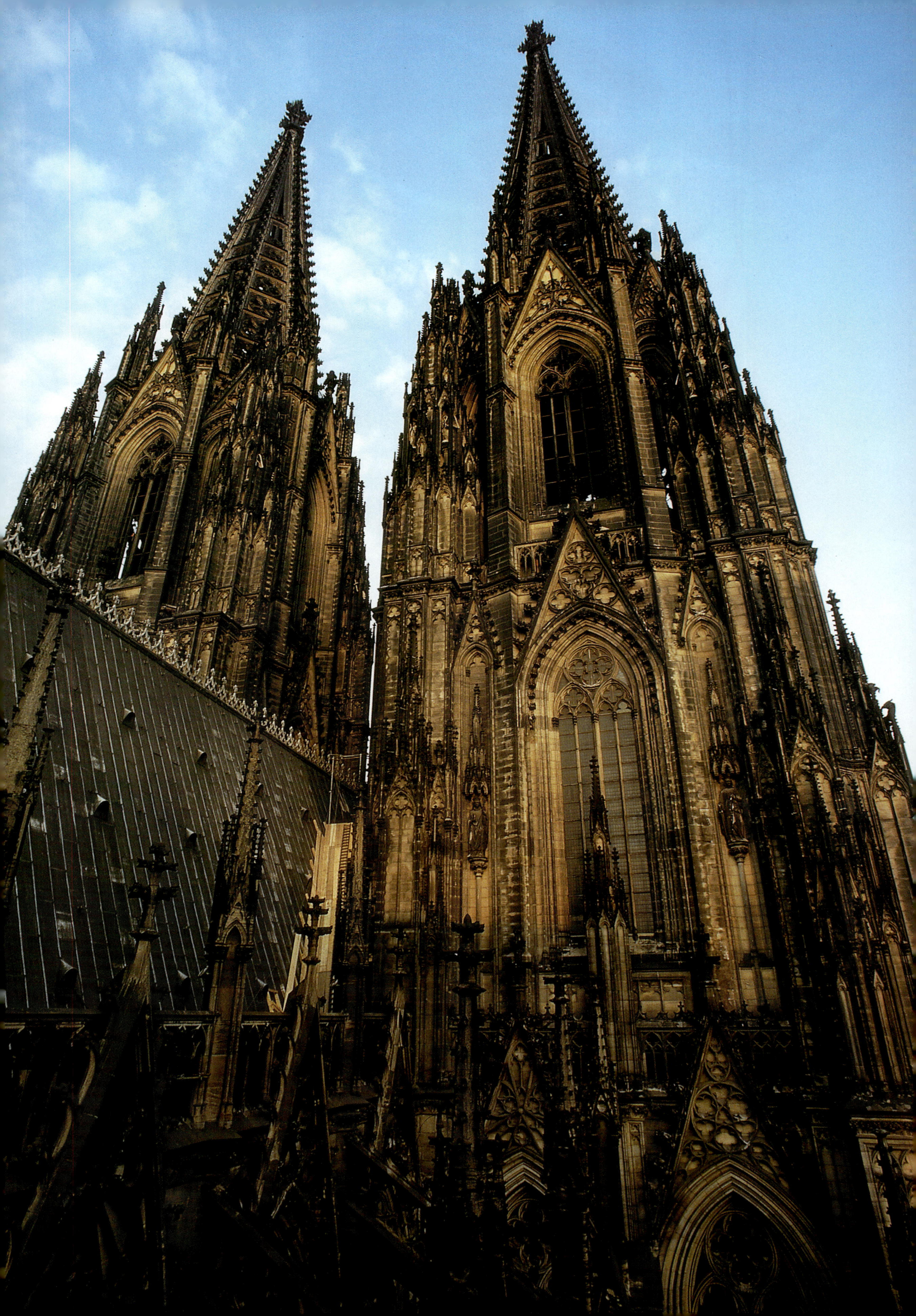

Mutter und Meisterin aller Kirchen
Der Kölner Dom ist der bedeutendste Sakralbau in Deutschland

Der Kölner Dom und das Wallraf-Richartz-Museum/Museum Ludwig (links)

ANREISE
Direkt neben dem Hauptbahnhof; U- und S-Bahn-Station Dom/Hbf

ÖFFNUNGSZEITEN
Tgl. 6.30–19 Uhr; Führungen stündlich Mo–Fr 10–14 Uhr

GASTRONOMIE
Früh am Dom (traditionsreiches Brauhaus), Am Hof 12–14

AUSSERDEM SEHENSWERT
Erzbischöfliches Diözesanmuseum, Wallraf-Richartz-Museum, Romanische Kirchenbauten, Rathaus

Er ist das Wahrzeichen Kölns und laut Umfragen Deutschlands bekanntestes Architekturdenkmal. Als »Mutter und Meisterin aller Kirchen in Deutschland« wurde er bereits im 13. Jahrhundert gefeiert. Und seit der Mitte des 19. Jahrhunderts gilt er als »deutsches Nationalheiligtum«: der Kölner Dom. Als am 15. Oktober 1880 als abschließende Baumaßnahme die Kreuzblume auf den südlichen Turm gesetzt wurde, waren seit der Grundsteinlegung genau 632 Jahre vergangen.

In Frankreich waren bereits die ersten gotischen Kathedralen emporgewachsen, als das Kölner Kapitel beschloß, an die Stelle der alten Kathedrale, die ihren Ursprung im frühen Christentum des 4. Jahrhunderts hatte, einen Neubau zu stellen. Handlungsbedarf bestand bei der Grundsteinlegung 1248 auch deshalb, weil die Überführung der sogenannten Dreikönigsreliquien von Mailand nach Köln die Stadt am Rhein zu einer der bedeutendsten Wallfahrtsstätten des Abendlandes gemacht hatte.

Baustopp für 250 Jahre

Für den Neubau von Chor und dreischiffigem Querhaus diente dem Baumeister Gerhard und seinem Nachfolger, Meister Arnold, die Kathedrale von Amiens als Vorbild. Das fünfschiffige Langhaus orientierte sich an einem Vorgängerbau des Kölner Doms aus dem 12. Jahrhundert. Im September 1322 konnte der Erzbischof Heinrich von Virneburg dem Bauwerk die Weihe erteilen, auch wenn es noch lange nicht fertig war. Eine hölzerne Trennwand schloß das Kirchenschiff nach Westen ab, wo die Steinmetze bereits mit dem Bau des südlichen der beiden Türme begonnen hatten. Gemäß des noch erhaltenen vier Meter langen Bauplans sollte der Turm der Gesamtlänge des Doms entsprechen: 500 Fuß, also etwa 150 Meter. Im Norden baute man ab etwa 1410 an den Seitenschiffen und stattete sie um 1508 mit prächtigen Glasgemälden aus. Erstmals in Deutschland zeigt sich am Außenbau das für die Gotik charakteristische offene Strebewerk voll ausgebildet.

1560 kamen die Bauarbeiten jedoch zum Erliegen. Vielfach wird darin eine Art »Zeitalterbilanz« gesehen: Die angebrochene Neuzeit ließ für gigantische Kirchenbauwerke keinen Raum mehr. Des Menschen Blick galt weniger dem Himmel als vielmehr der Erde – ihrer Entdeckung und Eroberung. Zu diesem Zeitpunkt waren ungefähr 90 Prozent der projektierten Gesamtfläche des Doms liturgisch nutzbar; eine provisorische Dachkonstruktion aus Holz schloß den Innenraum oberhalb der Arkaden ab.

Bis ins 19. Jahrhundert führte der Kölner Dom ein Schattendasein; in den Wirren der Französischen Revolution diente er gar als Futtermagazin für französische Armeepferde, ehe er wenigstens Pfarrkirche wurde. Nachdem Köln 1815 preußisch geworden war, begeisterte man sich in ganz Deutschland für die Idee eines Weiterbaus. König Friedrich Wilhelm IV. förderte tatkräftig die Schaffung eines »nationalen Heiligtums« und legte 1842 eigenhändig den Grundstein zur südlichen Querhausfassade. Unter der Leitung der Dombaumeister Zwirner und Voigtel wurde der Dom in nur 38 Jahren fertiggestellt. Beide orientierten sich an den mittelalterlichen Bauplänen und Fassadenaufrissen, ihre Arbeit gilt deshalb als eine Hauptleistung spätromantischer Denkmalpflege und des Historismus. Doch insbesondere Zwirner ging über die ursprünglichen Pläne hinaus: Die von ihm entworfene Fassade des südlichen Querhauses ist ein Meisterwerk neugotischer Architektur.

Den imposantesten Anblick bietet der Dom von Westen. Mit 157,38 Metern überragt der nördliche Turm seinen südlichen Nachbarn um genau sieben Zentimeter. Betritt man die Kathedrale, so überblickt man das schlanke, hoch aufragende Mittelschiff auf seiner gesamten Länge von 119 Metern. Zu den bedeutendsten Kunstwerken, die der Kölner Dom birgt, gehört das Gero-Kreuz. Die Plastik aus dem 10. Jahrhundert gilt als das älteste Monumentalkruzifix des Abendlandes. Erst nach dem Zweiten Weltkrieg – und der Beseitigung der Schäden, insbesondere im Inneren des Kölner Doms – wurde der Dreikönigeschrein in einer gläsernen Vitrine hinter dem Hochaltar aufgestellt. Der im 12. Jahrhundert angefertigte Schrein gilt bei Experten als eines der wichtigsten Werke abendländischer Goldschmiedekunst.

Auch heute noch wird am Kölner Dom gebaut – Umweltgifte zerstören die Bausubstanz. Die Kölner haben sich mit den dauernden Renovierungsarbeiten längst abgefunden, ja, sie halten sie sogar für tröstlich. Denn, so sagen sie, wenn der Dom fertig ist, geht die Welt unter.

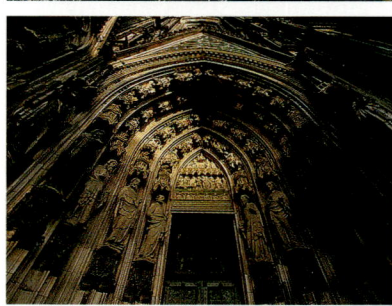

Majestätisch ragen die beiden Türme des Doms in den Himmel. 157,38 Meter hoch, übertrifft der nördliche Turm seinen südlichen Nachbarn um genau sieben Zentimeter (Foto links). Mit 7000 Quadratmetern besitzt der Kölner Dom die größte Fassade aller christlichen Kirchen; offene Strebewerke (Foto rechts oben) sind charakteristisch für den gotischen Kirchenbaustil. Von den drei Portalen stammt lediglich das Petersportal im Süden aus dem Mittelalter. Die beiden anderen sind ebenso wie die Portalskulpturen Werke des 19. Jahrhunderts. Der Heilige Christopherus (Foto unten) schmückt das Kirchenschiff.

Rokoko-Juwel in Bayern: die Wieskirche

Die Wallfahrtskirche gilt als heiteres Wunderwerk deutscher Kirchenbaukunst

ANREISE
Von Steingaden (an der B 17 Schongau–Füssen) Richtung Schönegg, nach 2,5 km Stichstraße, 2,5 km nach Süden zur Wieskirche

ÖFFNUNGSZEITEN
Mai bis September tgl. 8–19 Uhr, im Winter bis 17 Uhr

AUSSERDEM SEHENSWERT
Rokokokirche St. Johannes Baptist in Steingaden, Schlösser Hohenschwangau und Neuschwanstein bei Füssen, Schloß Linderhof

Ein Wunder, wie alles begann: Im Juni 1738 war es, als Maria Lory eine Holzplastik in ihrer Kammer aufstellte und davor zu beten begann. Das Bildnis stellte Christus an der Geißelsäule dar, und lange war die Figur im oberbayerischen Dörfchen Steingaden bei Karfreitagsprozessionen mitgeführt worden, ohne daß irgend jemand etwas Besonderes an ihr hätte feststellen können. Doch schon bald berichtete die »Bäuerin auf der Wis« von wunderbaren Heilungen; außerdem habe das Bildnis des gegeißelten Heilands Tränen vergossen.

Die fromme Kunde verbreitete sich schnell; bald kamen Pilger in solchen Scharen, daß Hyazinth Gaßner, der Prämonstratenserabt von Steingaden, den Bau eines glanzvollen Heiligtums beschloß. Die Arbeiten begannen 1745, und als die Kirche neun Jahre später geweiht wurde, stand inmitten sanft geschwungenen Wiesengeländes zu Füßen der Alpen eines der vollendetsten Kunstwerke des bayerischen Rokoko.

Malerischer Blick in den Himmel

Abt Hyazinth Gaßner hat die Vollendung seines Traums nicht miterlebt, er starb zu Beginn der Bauarbeiten. Sein Nachfolger, Abt Marian Mayr, führte die Bauaufsicht fort, wobei Geld für ihn offenbar keine Rolle spielte: 8000 Gulden waren ursprünglich für den Kirchenbau veranschlagt, tatsächlich kostete er schließlich horrende 180 000 Gulden. Auf Druck des bayerischen Kurfürsten Max III. mußte Abt Marian von seinem Amt zurücktreten; die Arbeiten an der Wallfahrtskirche ließ der Landesherr jedoch zu Ende führen. Damit beauftragt war der damals schon berühmte Baumeister und Stukkateur Dominikus Zimmermann, ihm zur Seite stand sein Bruder, der Freskenmaler Johann Baptist.

Dominikus Zimmermann konzipierte die Wallfahrtskirche als ovalen Zentralbau mit schlicht gehaltenen Außenfassaden. In einem angrenzenden Chor sollte das Wunderbildnis des »gegeißelten Heilands« seinen separaten Platz finden. Eine derartige Bauform war damals besonders für Wallfahrtskirchen beliebt, denn so konnten die Gläubigen relativ ungestört an dem verehrten Gnadenbild vorbeiströmen. Besondere Beachtung schenkte der Baumeister dem harmonischen Zusammenspiel von Form, Farbe und Licht. Zwanzig hohe Fenster sorgen im Inneren der Kirche für eine heitere Lichtflut.

Acht Doppelpfeiler tragen das mächtige, stuckumrandete Gewölbe. Es symbolisiert den göttlichen Himmel, und wie ein kostbarer Edelstein ist es gefaßt: mit golddurchwirkten Brokaten, Girlanden, Rocaillen und Kartuschen. Die als Trompe-l'œil gemalten Deckenfresken bieten dem Betrachter immer neue Überraschungen. Im Zentrum des Himmels sieht man Christus, den Erlöser. Auf einem Regenbogen sitzend, dem symbolischen Band zwischen Gott und den Menschen, verheißt er den Menschen die göttliche Gnade.

Engel durcheilen den Himmel, sie wirken heiter und beschwingt. Die Zeit des Jüngsten Gerichts ist noch nicht angebrochen; der Thron des Weltenrichters ist leer, die Pforte zum Paradies verschlossen. Mit aller Barmherzigkeit wird der Heiland dem begegnen, der ein Leben in gläubiger Demut führt – diese Botschaft der Darstellung wird den Wieskirchen-Wallfahrern immer wieder gepredigt.

Ungehindert schweift der Blick vom Hauptraum der Wieskirche zum sich anschließenden Chor und seinem sakralen Mittelpunkt, dem doppelten Hochaltar und dem Gnadenbild des gegeißelten Heilands. Wanddurchbrüche und Plastiken, üppige Stukkaturen und Illusionsmalereien in verwirrender Vielfalt scheinen den Raum förmlich in musikalische Schwingungen zu versetzen. Wie schon im Hauptraum verwandte Johann Baptist Zimmermann den Farbakkord von Weiß, Blau und Gold; hinzu kommt jedoch das intensive warme Rot der Stuckmarmorsäulen zu Seiten des Gnadenbildes. Es versinnbildlicht das Blut, das Christus zur Rettung der Menschheit vergossen hat.

Erst in den zwanziger Jahren wurde die Wieskirche als Kunstwerk entdeckt. Seitdem ist sie nicht nur ein Ziel für Wallfahrer, sondern mehr noch für Touristen. Obwohl Fresken zu den haltbarsten Wandmalereien gehören, mußte die Wieskirche von 1985 bis 1990 grundlegend renoviert werden. Die Ausdünstungen der Reisegruppen hatten die Farben angegriffen.

Die Außenfassade der Wieskirche, eines der vollendetsten Kunstwerke des bayerischen Rokoko, wurde von Baumeister Dominikus Zimmermann schlicht gehalten. Im Inneren fällt durch hohe Fenster eine heitere Lichtflut auf den üppigen Stuck an den Wänden und die Fresken des Deckengemäldes, ein Trompe-l'œil, das den göttlichen Himmel symbolisiert.

Neuschwanstein – Denkmal der Romantik

Eine Kulisse für Wagner-Opern: das Traumschloß des »Kini«

ANREISE
Von Füssen B 17 Richtung Augsburg, rechts abbiegen nach Hohenschwangau. Kurzer Fußweg vom Parkplatz zum Schloß

ÖFFNUNGSZEITEN
Neuschwanstein und Hohenschwangau: April bis September tgl. 8.30–17.30 Uhr, Oktober bis März 10–16 Uhr

AUSSERDEM SEHENSWERT
Schloß Hohenschwangau, Schloß Linderhof, Wieskirche

Bühnenbilder zu Opern von Richard Wagner und die Wartburg im Thüringer Wald inspirierten den romantischen Bayernkönig Ludwig II. zum Bau des Schlosses Neuschwanstein. Millionen hat der Prunksitz gekostet, Millionen bringt er heute ein dank der Touristenströme aus aller Welt. Foto rechts: das Arbeitszimmer des Königs.

»Wie im Traum ich ihn trug/wie mein Wille ihn wies/stark und schön steht er zur Schau/hehrer, herrlicher Bau.« Dieses Liebeslied auf Schloß Neuschwanstein und seinen Erbauer Ludwig II., genannt der »Kini«, den »einzigen wahren Freund«, findet sich in Richard Wagners Oper »Rheingold«. Nirgendwo sonst wird die mystisch schwärmerische Freundschaft der beiden großen Romantiker greifbarer als in dem Märchenschloß Neuschwanstein, das in einer unvergleichlich schönen Lage – hoch auf einem Felsenrücken im Allgäu – zum Inbegriff deutscher Schloßidylle geworden ist.

Der Seelenverwandtschaft des Königs und des Komponisten ist jener phantastische Prachtbau schließlich zu verdanken. Bühnenbilder zu Richard Wagners Opern »Lohengrin« und »Tannhäuser« dienten – neben Erinnerungen an die Wartburg im Thüringer Wald – als Bauvorlage. Träumerische Ritterromantik sollte hier in Stein Wirklichkeit werden.

Das Erbe: Schlösser und Schulden

Von 1869 bis 1892 wurde die »andere Wartburg« von den Architekten Eduard Riedel, Georg Dollmann und Julius Hofmann erbaut. Ludwig II. wohnte erstmals im Mai 1884 in seinem Traumschloß. Am 12. Juni 1886 wurde der gerade entmündigte König von hier nach Schloß Berg am Starnberger See gebracht, wo er einen Tag später unter nie geklärten Umständen den Tod fand – dem Finale einer Wagner-Oper würdig.

Hinterlassen hat der bauwütige und kunstsinnige König die traumhafte Schönheit seiner vielen Schlösser und Landsitze, unermeßliche Kunstschätze und einen Schuldenberg von 14 Millionen Goldmark. Die 300 000 Mark, die der Monarch von Bismarck als jährliche Privatrente erhielt, weil er dem preußischen König die Kaiserkrone angedient hatte, konnten die gewaltigen Löcher in der königlichen Schatulle nicht annähernd stopfen.

Heute sind gerade die Prachtbauten Ludwig II. wahre Goldgruben. Millionen Touristen bringen mit ihren Eintrittsgeldern dem Freistaat Bayern und dem Wittelsbacher Ausgleichsfond Millionen in die Kassen – wobei Schloß Neuschwanstein der absolute Bestseller bei den Besuchern aus aller Welt ist.

»Die Götter werden sich rächen«

Das Hauptgebäude, der viergeschossige Palas, beherbergt im Erdgeschoß Wirtschaftsräume und Personalwohnungen. Über den 60 Meter hohen Hauptturm gelangt man in die prunkvoll ausgestattete Königswohnung, in der man nicht weiß, was man zuerst betrachten soll: die herrliche Aussicht auf die Alpenlandschaft – auf den Säuling oder die Gebirge Tirols – oder die prächtigen Wandmalereien, die – wie fast alle Bilder im Schloß – mittelalterliche Ritterszenen zum Inhalt haben. Geradezu bedrückend wird die romantische Rückbesinnung dann im Sängersaal, dem schönsten Raum des Schlosses: eine Prachthalle, deren Prunk ihr Vorbild weit übertrifft, den Sängersaal der thüringischen Wartburg, in dem einst jener Sängerkrieg stattfand, der Wagner zu seiner Oper »Tannhäuser« inspiriert hat.

An den Komponisten schrieb der König über die Pläne zu diesem Saal: »Der Prunk ist einer der schönsten, die zu finden sind, heilig und unnahbar. Auch Reminiszenzen aus Tannhäuser und Lohengrin werden Sie dort finden, in jeder Beziehung schöner als das untere Hohenschwangau, das jährlich von der Prosa meiner Mutter entweiht wird. Sie werden sich rächen, die entweihten Götter, und oben weilen, bei Uns auf steiler Höh.«

Nur bei der Gestaltung eines einzigen Raums hat der König die Wagner-Linie verlassen und sich ein anderes Vorbild für die Innenausstattung gesucht: beim Thronsaal. Die repräsentative Halle, im byzantinischen Stil ausgestattet, wird gekrönt von einem großen Lüster in Gestalt der byzantinischen Kaiserkrone. 139 Stufen aus Carrara-Marmor führen zu einem Podest, auf dem einmal der Thron Ludwigs stehen sollte, ein Prunksessel aus Gold und Elfenbein – der rätselhafte Tod des Königs hat es dazu nicht mehr kommen lassen.

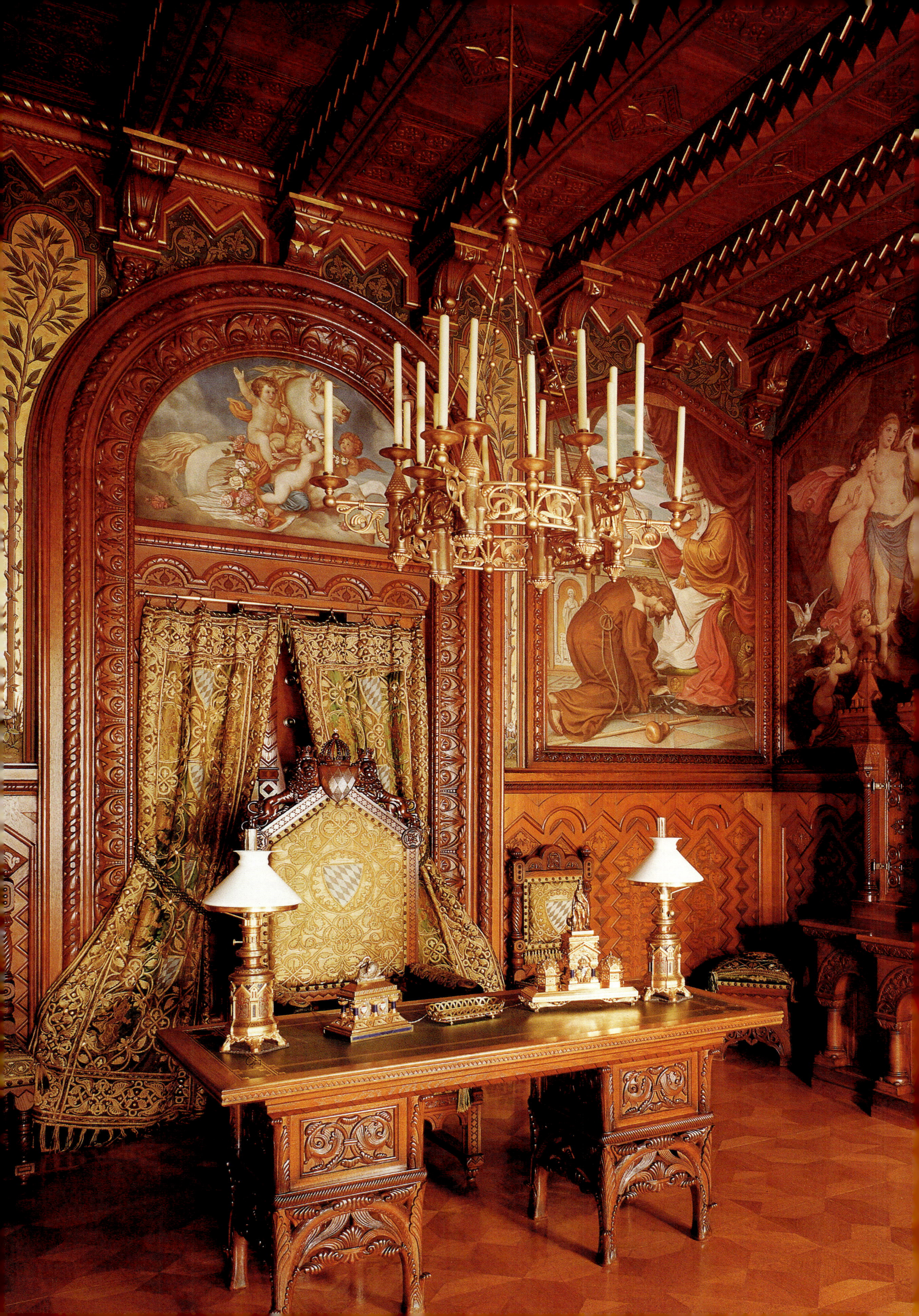

Handschrift der Geschichte

In der Stiftsbibliothek von Sankt Gallen wird das Mittelalter lebendig

Anreise
Über die Autobahn N 1 Zürich–Bodensee (100 km nordöstlich von Zürich). Von Konstanz über Rorschach 44 km nach St. Gallen

Öffnungszeiten
Kathedrale: montags bis freitags 9–18, samstags 9–16, sonntags 12–18 Uhr.
Stiftsbibliothek: montags bis samstags 9–12 und 14–17, sonntags 10.30–12 Uhr (Juni bis August sonntags auch 14–16 Uhr)

Ausserdem sehenswert
Historisches Museum, Textilmuseum, Schiffstouren auf dem Bodensee

Kein Lesesaal in der Schweiz ist ähnlich schön und prächtig, und nur wenige Bibliotheken in der Welt bergen vergleichbare Kostbarkeiten wie die Stiftsbibliothek von Sankt Gallen. Ihre Ursprünge reichen zurück bis zum Jahr 612. Damals errichtete der irische Mönch und Missionar Gallus im Hochtal der Steinach, südlich des Bodensees, eine Eremitenzelle. Ein Jahrhundert später gründete hier der Alemanne Otmar nach den Regeln der Benediktiner ein Kloster, um das sich bald eine Siedlung bildete, die als Ort Sankt Gallen zur bedeutendsten Stadt der Ostschweiz heranwuchs.

Auch das Kloster gewann an religiösem Einfluß und politischer Macht. Im Laufe der Zeit wurde angebaut, umgebaut, neugebaut. Stiftsbibliothek und Stiftskirche errichtete man 1755 bis 1766, beides sind Bauwerke von Weltrang.

In der Innendekoration der Stiftskirche findet die absolut diesseitige Gottesverherrlichung des ausgehenden Barock prächtigen Ausdruck: Hellgrüner Rokokostuck überwuchert die weißen Wände und die rosaroten Bogenleibungen, Gold überzieht das Nußbaumholz von Chorgestühl, Orgelprospekten und Beichtstuhl. Chorgitter und Deckengemälde übertrumpfen einander an Üppigkeit.

Im Lesesaal Gottes

An Bedeutung tritt die Kirche jedoch hinter der Bibliothek zurück. In deren Räumen stehen zweitausend mittelalterliche Handschriften, vor allem aus karolingischer und ottonischer Zeit. Die meisten sind nicht gekauft, geraubt oder sonstwie gesammelt, sondern von den Mönchen des ehemaligen Klosters Sankt Gallen selbst verfaßt worden. Hinzu kommen 1700 Wiegen- und Frühdrucke sowie 100 000 Bücher, viele aus der Zeit des Barock, eine nahezu vollständige Fachliteratur der Mediävistik, der Erforschung des Mittelalters.

Trotz der Menge der Druckwerke ist in der zweistöckigen Stiftsbibliothek nichts von staubiger, düsterer Enge zu spüren. Dies ist ein Verdienst des Baumeisters Peter Thumb, der zusammen mit seinem Sohn und künstlerisch begabten Dekorateuren und Handwerkern die Innenausstattung geschaffen hat. 34 Fenster werfen Licht auf prächtige Deckengemälde mit kirchengeschichtlichen Motiven, üppigen Stuck, geschwungene Galerien und kunstvolle Intarsien im Parkettfußboden. Seit der Säkularisation des Klosters Sankt Gallen im Jahr 1805 stehen viele der wertvollen Bücher im Manuskriptsaal – in mit Intarsien verzierten Regalen, welche die das Gewölbe stützenden Pfeiler verkleiden.

Neben dem Psalter Notker Labeos (10. Jahrhundert) oder einer Abschrift des Nibelungenliedes aus dem 13. Jahrhundert besitzt die Stiftsbibliothek auch das erste bekannte Buch in deutscher Sprache. Der Codex Abrogans stammt aus dem Jahr 770 und ist ein lateinisch-deutsches Lexikon – um unter den Germanen missionieren zu können, mußten die zumeist irischen Mönche deren Sprache sprechen.

Um das Jahr 820 wurde die für viele Fachleute bedeutendste Schrift angefertigt, die in der Stiftsbibliothek aufbewahrt wird: ein Klosterplan. Noch ist nicht geklärt, was auf dem vergilbten Pergament entworfen wurde, das für den Abt Gozbert bestimmt war. Handelt es sich um die Idealform eines karolingischen Klosters? Oder war die Zeichnung die Bauvorlage für das Kloster Sankt Gallen? Die vier zusammengenähten Pergamentblätter setzen der christlichen Baukunst des Frühmittelalters ein einzigartiges Denkmal. Die Zeichnung gibt die Summe praktischer Erfahrungen des benediktinischen Klosterlebens wieder. Genaue lateinische Erklärungen geben Aufschluß über die Bestimmung der Gebäude und ihre Inneneinrichtung. Bis ins Detail geht die Darstellung: Selbst die Kanzel im Speisesaal, auf der ein Mönch während der Mahlzeit aus der Bibel vorlas, fehlt nicht.

Den Wissenschaftlern erlaubt die Stiftsbibliothek faszinierende Einblicke in die Welt des Mittelalters. Doch für viele Besucher leistet sie viel mehr: Sie ist »Heilstatt der Seele«, wie es in Altgriechisch über dem Eingangsportal heißt.

Prächtige Deckengemälde, geschwungene Galerien und aufwendige Intarsien im Parkett bilden im Manuskriptsaal den kunstvollen Rahmen für eine Sammlung einzigartiger Handschriften und Bücher.

Bergromantik im Glacier-Express

Die legendäre Schweizer Bahnroute führt von St. Moritz nach Zermatt

ANREISE
Mit dem Bernina-Express von Chur nach St. Moritz; nach Zermatt SBB über Bern und Brig. Zermatt ist autofrei, das Mattertal nur bis Täsch befahrbar

BESTE REISEZEIT
Ganzjährig. Wegen der starken Nachfrage zeitig buchen

AUSSERDEM SEHENSWERT
Luftseilbahn Zermatt–Schwarzsee–Kleines Matterhorn (Europas höchste Bergbahn, Bergstation 3820 m)

Acht Stunden Bahnfahrt mit dem weltberühmten Glacier-Express von St. Moritz, 1775 Meter hoch, über Berg und Tal ins 291 Kilometer entfernte Zermatt, 1605 Meter über dem Meeresspiegel. Acht Stunden von einem mondänen Ferienort zum anderen in einem Luxuszug der Extraklasse. Doch die meisten Fahrgäste reisen nicht, um in dem einen oder anderen Ort anzukommen, sondern nur um des Reisens willen. Die Strecke bietet nämlich atemberaubende Ausblicke auf die Schweizer Alpen – mit der Überquerung des Oberalppasses auf 2033 Meter Höhe sogar hochalpine Eisenbahnromantik.

Langsamster Schnellzug der Welt

Mehr als ein halbes Jahrhundert ist der Glacier-Express jetzt alt, ein rot leuchtender Triumph schweizerischer Ingenieur- und Bergbautechnik. Am 20. Juni 1930 verkehrte nach jahrelangen, extrem schwierigen Gleis-, Brücken- und Tunnelarbeiten der erste Zug von St. Moritz nach Zermatt, zum Teil noch von Dampflokomotiven gezogen. Erst 1982 war die gefährliche Bergstrecke derart gesichert, daß die Züge auch im Winter fahren konnten.

Den Luxus salonartiger Aussichtswagen bietet der langsamste Schnellzug der Welt erst seit 1993. 25 Millionen Schweizer Franken sind in den Komfort-Glacier investiert worden.

»Eigentlich gibt es den Glacier-Express gar nicht«, erklärt ein Berner Bahnexperte. Denn eigentlich sind es drei Züge oder doch zumindest drei private Eisenbahngesellschaften, die den Express gemeinsam betreiben. Lediglich durch den Wechsel der Lokomotiven weisen sie auf die jeweils eigene Souveränität hin. In St. Moritz startet die Rhätische Bahn, in Disentis übernimmt die Furka-Oberalp-Bahn den Zug, und nach Zermatt fährt ihn – von Visp an – die Zermatt-Bahn. Früher mußten Reisende an den »Hoheitsgrenzen« der Bahngesellschaften noch umsteigen. Zur Freude der Touristen haben sich die drei nun auf ein gemeinsames Verrechnungssystem geeinigt.

Die Rationalisierung hat sich gelohnt, immer mehr Touristen aus aller Welt buchen die Bahnfahrt durch die Schweizer Berg- und Gletscherwelt, und Plätze in den Speisewagen müssen Monate im voraus reserviert werden. Mittlerweile verkehren täglich bis zu vier Zugpaare, dazu noch ein gläserner »Komfort-Express«, den der italienische Karosserieschneider Pininfarina für die Furka-Oberalp-Bahn und die Zermatt-Bahn entworfen hat.

Reisebeginn ist in St. Moritz. Mit 60 Kilometer in der Stunde geht es aus dem Engadin hinauf zum Albulatunnel. Doch erst die Kehrtunnel zwischen Preda, 1792 Meter hoch, und Bergün, 1376 Meter, verraten, was Schweizer Tunnelbaukunst leisten kann. Auch der dann folgende Landwasser-Viadukt bei Filisur ist ein

Meisterwerk früher Ingenieurskunst – immerhin stammt er noch aus der Zeit der Jahrhundertwende. Kurz hinter Filisur ragt das Lenzer Horn 2900 Meter hoch auf. Hat man die Burgen und Schlösser an den Flanken des Domleschg passiert, ist es Zeit, den holzgetäfelten Speisewagen aufzusuchen. Der rote oder weiße Schweizer Wein wird hier – der steilen Steigungen wegen – in eigens für den Express konstruierten Weingläsern mit abgeschrägtem Fuß serviert – ein beliebtes Glacier-Souvenir. Dazu gibt es den Blick auf den 3583 Meter hohen Galenstock.

Hat man die schmale Schlucht am Ufer des Vorderrheins hinter sich gelassen, den steilen Oberalppaß überquert, erreicht der Express am Furkapaß eine europäische Wasserscheide. Der Zug taucht nun in den 15 Kilometer langen Furkatunnel ein. Wieder im Freien, sind bald die ersten Viertausender der Matterhorn-Region zu sehen, beispielsweise das Weisshorn und das über 4000 Meter hohe Monte-Rosa-Massiv. Das Matterhorn selbst erblickt man erst im letzten Augenblick, kurz vor der Einfahrt in den Bahnhof von Zermatt. Etwas ermüdet vom vielen Sehen steigt der Reisende aus: acht Stunden Fahrt bis auf über 2000 Meter Höhe, 291 Kilometer, 291 Brücken und 90 Tunnel liegen hinter ihm.

Lohnendes Fotoobjekt am Ende einer luxuriösen Bahnfahrt – das Matterhorn. Auf seiner Fahrt von St. Moritz nach Zermatt überwindet der rote Glacier-Express über 2000 Meter hohe Gebirgspässe, tiefe Schluchten, weite Eisfelder und passiert zahlreiche Kulturdenkmäler wie die Klosterabtei Disentis (unten). Möglich machte diese aufregende Berg- und-Tal-Fahrt vor allem Schweizer Ingenieurskunst. Sie schuf den spektakulären Soliser Viadukt (links) und den elegant geschwungenen Landwasser-Viadukt (Seite 102 unten).

Ein portugiesischer Traum

Kloster Batalha – Denkmal der Kunstgeschichte

ANREISE
Von Lissabon 120 km Richtung Coimbra über A 1 oder N 1

BESTE REISEZEIT
März bis Juni, September bis November

UNTERKUNFT
Pousada do Mestre Afonso Domingues, Batalha

AUSSERDEM SEHENSWERT
Wallfahrtsort Fatima 20 km östlich

Von der Seeherrschaft Portugals, die Heinrich der Seefahrer im 15. Jahrhundert begründete, ist nur der Traum einstiger Größe geblieben – von der von ihm errichteten Kapelle im Kloster Batalha jedoch jeder Stein und die Gewißheit, daß die Anlage als eines der großen Meisterwerke mittelalterlicher Klosterbaukunst in Europa erhalten bleiben wird.

Erinnerung an eine Schlacht

Das Wort »Batalha« bedeutet Schlacht. Und eine Schlacht lieferte den Grund für die Klostergründung. Ganz in der Nähe von Batalha liegt Aljubarrota, das Schlachtfeld, auf dem die Portugiesen unter João I., dem Vater von Heinrich dem Seefahrer, im Jahr 1385 ihre Unabhängigkeit gegen den kastilischen König Juan erstritten. Aus Dankbarkeit für den Sieg stiftete João das Kloster »Santa Maria da Vitória« (Kloster der hl. Maria vom Siege). Schon die Ausmaße der Anlage mitten im Städtchen Batalha sind königlich: 178 Meter lang und 137 Meter breit – ein opulenter Dank für die Hilfe der Mutter Maria und ein imposanter Beerdigungsplatz für das neue Königshaus von Aviz, das mit João I. begonnen hatte. Von der Hochgotik über den manuelinischen Stil bis in die Renaissance reichen die Baustile der Anlage. Sechs große Baumeister und ihre Schulen haben im Auftrag von sechs Königen an dem Kloster gebaut.

König João I. beauftragte 1388 den Dominikanerorden mit der Errichtung des Klosters. Die Mönche verpflichteten für den Bau den portugiesischen Baumeister Afonso Domingues, der bis 1402 für die Arbeiten zuständig blieb. Domingues schuf den größten Teil des imposanten Baus: Schiff und Chor mit bemerkenswerten Glasmalereien, das reich mit Figuren geschmückte Portal und den königlichen Kreuzgang, den »Claustro Real«. Den gotischen Rest besorgte der französische Kirchenbaumeister Ouguete. Vor allem für die mächtige Gründerkapelle, die »Capela do Fundador«, die um 1430 errichtet wurde, verdient der Franzose einen Platz in der Kunstgeschichte. Diese prächtige Kapelle gehört zu den Meisterwerken portugiesischer Gotik, die, wie schon die Romanik des Landes, völlig andere künstlerische Akzente setzte als die Baukunst der europäischen Nachbarn.

Im Stil der Manuelinik

Der eigensinnige künstlerische Weg der Portugiesen erreichte seinen Höhepunkt unter König Dom Manuel I. (1469–1521), den die Portugiesen den »Glücklichen« nannten. Stolz auf die Macht der »abertura do mondo«, der Öffnung der Welt, durch portugiesische Seefahrer, Entdecker und Wissenschaftler und wie verzaubert von dem, was sie ihm aus den geheimnisvollen neuen Ländern mit nach Hause brachten, gab dieser verschwenderische Fürst den Auftrag, zu bauen, was nur möglich war, um den neuen Reichtum zu dokumentieren. Unbekümmert um stilistische Vorgaben verfremdeten seine Architekten die Gotik, überhäuften sie mit phantastischem Beiwerk fremder Kulturen und mischten dem Ganzen heiter und bedenkenlos zeitgenössische Folklore bei. Diese portugiesischen »Wilden« bescherten damit der Kunstgeschichte jenen berühmten Stil, der zu Ehren des sinnenfrohen Königs der manuelinische genannt wird.

Auch das Kloster von Batalha nahmen sich die Neuerer vor. Der gotische Kreuzgang wurde manuelinisch verbrämt mit filigranen Zierformen, überbordendem Maßwerk und schlanken Säulen. Wie Blüten aus entmaterialisiertem Stein sollten sich die Spitzbogen öffnen und schließen, als durchlichtete Baumschirme Sonnenlicht gefiltert in die Gänge fluten lassen. So wurde der »Claustro Real«, ein Muster der Manuelinik, zum schönsten Kreuzgang der Welt. Das Brunnenhaus in der Nordwestecke gilt Experten als eine »Perle mittelalterlicher Steinmetzkunst«. Hier öffnen sich auf luftigen Säulen Baumschirme über dem dreischaligen Brunnen. Und das Portal zu den »Capelas Imperfeitas«, den unvollendeten Kapellen, gilt mit seiner Höhe von 15 Metern als das Außergewöhnlichste der Manuelinik.

Leider verlor Dom Manuel I. das Interesse an Batalha und kümmerte sich statt dessen um Bauten, die er selber begründet hatte, beispielsweise das Kloster von Belem. Sein Nachfolger stellte schließlich die Bauarbeiten am Kloster des großen portugiesischen Sieges über die Spanier ganz ein. Die Zeiten überdauert hat Kloster Batalha trotzdem: ein Meisterwerk der Gotik, geschmückt mit dem Besten, was die Manuelinik gebaut hat.

Mit filigranen Zierformen, überbordendem Maßwerk und schlanken Säulen triumphierte in Batalha die Manuelinik, der phantasievolle und arabeskenreiche Baustil unter dem sinnenfrohen König Dom Manuel I. (1469–1521). Das prächtige Brunnenhaus mit dem dreischaligen Brunnen (unten) gilt Experten als eine »Perle mittelalterlicher Steinmetzkunst«.

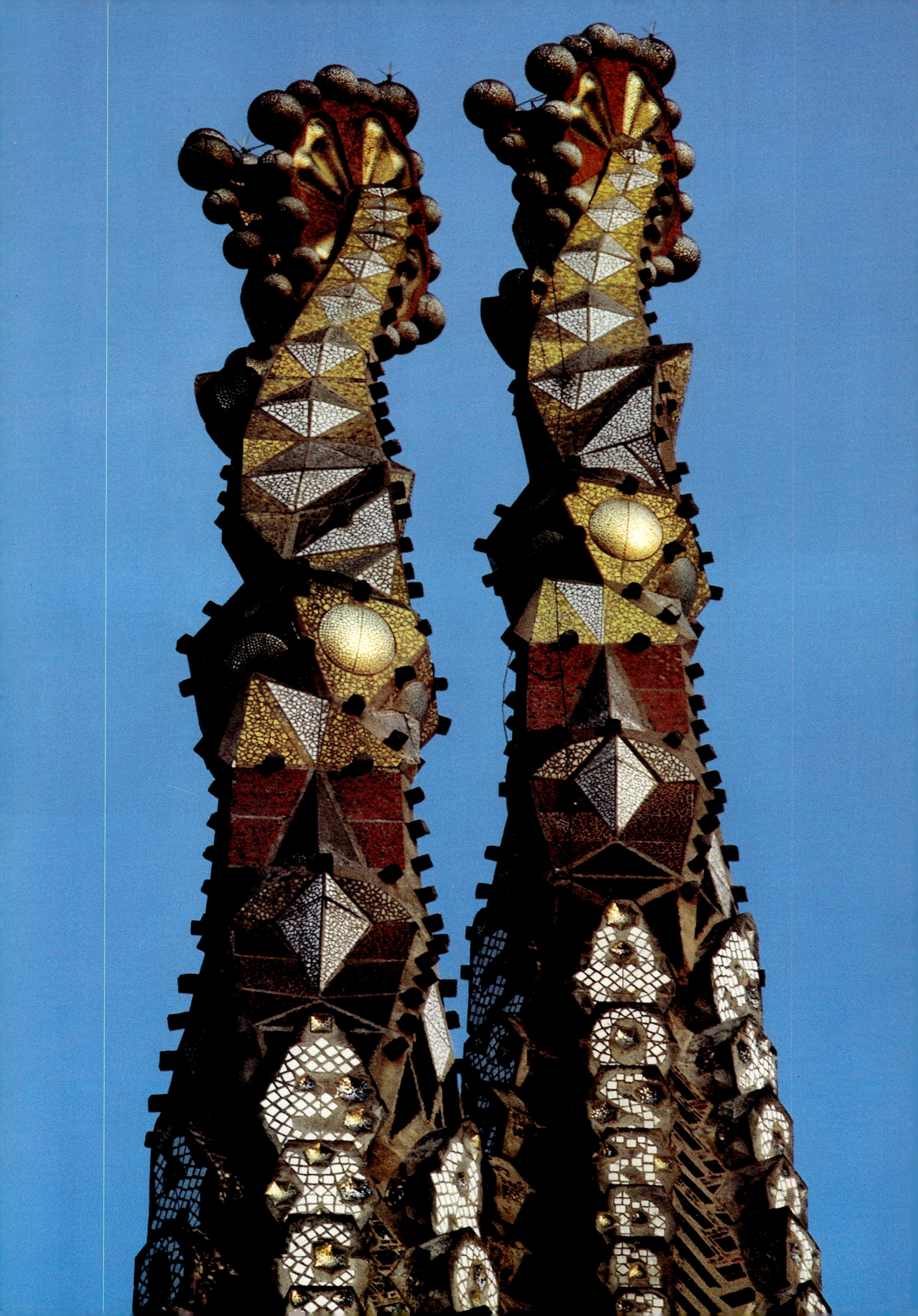

Gaudí und die »Predigt aus Stein«

Der spanische Architekt hinterließ Barcelona sein Lebenswerk, die »Sagrada Familia«

Die Türme der »Sagrada Familia« schrauben sich in den Himmel Barcelonas.

Eine »Predigt aus Stein« sollte es werden, ein Zeugnis seines katholischen Glaubens. Und vor allem wollte er mit dieser Tempelkirche das Werk seines Lebens schaffen: Mehr als 40 Jahre lang versuchte der Architekt Antoni Gaudí, seine Vision einer Kathedrale des 20. Jahrhunderts zu verwirklichen. Als er 1926 kurz vor seinem 74. Geburtstag starb, hinterließ er eine gewaltige Bauruine. Nur die Nordfassade war fertiggestellt. Von den geplanten 18 Türmen stand gerade einer. Die Kirche der »Sagrada Familia«, der Heiligen Familie, blieb bis heute unvollendet, immer noch ist sie von Baugerüsten und Kränen umstellt. Trotzdem ist dieser Torso, eines der bekanntesten Gotteshäuser der Welt, zum Wahrzeichen Barcelonas geworden, Symbol für einen künstlerischen Individualismus, der sich um wirtschaftliche Zwänge nicht schert.

Die letzten Jahre seines Lebens wohnte der geniale Architekt auf der Baustelle und sorgte sich um den versiegenden Geldstrom seiner Sponsoren – bis heute wird diese Kathedrale des 20. Jahrhunderts allein durch Spenden finanziert. In den turbulenten zwanziger Jahren schwand das Interesse an Sakralbauten. Gaudís Baustil galt zudem als nicht mehr zeitgemäß, schlichter Funktionalismus war gefragt. Als der Spanische Bürgerkrieg 1936 ausbrach, zehn Jahre nach Gaudís Tod, wurden die Arbeiten an der Kirche eingestellt. Der berühmte Sohn Kataloniens galt als Feind des Volkes. Anarchisten brandschatzten die Krypta, in der er beigesetzt war, und plünderten sein Atelier. Von den Skizzen, Plänen und Modellen wurde nur wenig gerettet.

Erst 1952 wurde weitergebaut. Als Grundlage dienten die wenigen erhaltenen Zeichnungen. Ansonsten war man bemüht, Gaudís Visionen nachzuempfinden. Das entsprach durchaus seiner Vorstellung. Er hatte nie einen definitiven Plan für dieses grandiose Projekt gehabt. Mit dem Fortgang der Arbeit sollte sich sein Konzept kontinuierlich weiterentwickeln. Wie das Monument einmal aussehen sollte, hat er nur lyrisch mit Worten beschrieben: »Mein Vorbild ist ein Baum. Er trägt Äste und diese die Blätter. Und jedes Teil wächst harmonisch ... Dieser Baum braucht keine äußere Hilfe. Alle Dinge sind in sich selbst ausbalanciert. Die Dinge sind im Gleichgewicht.«

Meister des Modernismo

Die »Rückkehr zu den Ursprüngen«, zu den Formen der Natur, wurde um 1900 als Stilrichtung des Modernismo gefeiert. Sie stand für das, was in Deutschland Jugendstil hieß, Art Nouveau in Frankreich oder Modern Style in englischsprachigen Ländern, und erfaßte speziell Katalonien. Allein im Quadrat d'Or in Barcelona gibt es 27 Häuser verschiedener Architekten im Modernismo-Stil, die noch heute zu bewundern sind, darunter drei von Gaudí. Er war zweifelsohne der wichtigste Interpret, Baumeister und Designer dieser Stilrichtung, die in ihrer symbolischen Ornamentik, in expressiven Konstruktionen und in der Raumgestaltung eigene Züge entwickelte.

Für Gaudí war der Mensch Teil der Natur, Wohnungen hatten schützende Höhlen zu sein: So bilden seine Zimmer keine aneinandergereihten Kuben, sondern haben fließende Linien, keine Ecken, keine scharfen Kanten. Er schätzte traditionelle Materialien und ließ sie bunt bemalen. Auch die »Sagrada« wollte er vollständig farbig gestalten: Die Ostfassade mit dem Thema »Erlösung des Menschen« hell und freundlich, die Westfassade, die das Martyrium spiegelt, in düsteren Tönen. Dieser Symbolismus – so waren von den 18 Türmen 16 den Aposteln und Evangelisten zugedacht, die beiden verbleibenden der Gottesmutter und ihrem Sohn – hinderte ihn nicht, modernste Technik einzusetzen. In Gaudís Wohnhäusern sind Müllschlucker, Tiefgaragen oder verstellbare Wände selbstverständlich. Er tüftelte an Belüftungssystemen, entwickelte Türklinken, entwarf Kacheln, Lampen und Treppengeländer.

Heute wird um die »Sagrada Familia« wieder gewerkelt wie einst auf den Dombauhütten des Mittelalters. Die 18 Türme ragen schraubenförmig in den Himmel, die Südfassade steht, die Skulpturen am Nordportal schuf der Bildhauer Josep Subirachs. Gaudís Vision nähert sich der Wirklichkeit, daß sie vollendet werden könnte, befürchten seine Verehrer. Denn gerade das Unvollständige macht sie so grandios.

Anreise
Metro-Station Sagrada Familia, Casa Milà: Metro-Station Diagonal, Parc Güell: Buslinien 24, 25

Beste Reisezeit
Mai/Juni, September/Oktober

Ausserdem sehenswert
Kathedrale Santa Eulàlia, Museu Picasso, Altstadt Barri Gòtic, Jugendstilhäuser am Passeig de Gràcia, Flanierstraße Rambles

---

Casa Batlló, ein 1877 errichtetes Wohnhaus in Barcelona, wurde von Antoni Gaudí 1905 völlig umgestaltet und gilt als typisches Beispiel seiner »Bildhauerarchitektur«. Der »Konstrukteur der Jahrhundertwende« kümmerte sich um jedes Detail seiner Entwürfe. Selbst Decken und Treppengeländern gab er ein anderes Gesicht. Die Casa Milà (ganz unten) wirkt wie eine riesige bewohnbare Skulptur. Das Haus war der letzte weltliche Bau des Künstlers.

Schloß, Kloster, Mausoleum

Strenge und Verschlossenheit strahlt der prachtvolle Escorial aus

ANREISE
Von Madrid Straßen N VI/C 505, ca. 50 km. Busse und Züge ab Madrid (Bahnhöfe Norte, Atocha, Chamartín)

ÖFFNUNGSZEITEN
15. April bis 15. Oktober 10–18.30 Uhr, sonst 10–18 Uhr. Siesta 13.30–15 Uhr

UNTERKUNFT
Hotel Victoria Palace in San Lorenzo de El Escorial

AUSSERDEM SEHENSWERT
Valle de los Caídos (»Tal der Gefallenen«), Segovia (Kathedrale, Aquädukt, Alcázar)

Schräg von oben gesehen, im Schein nächtlicher Beleuchtung, verliert der Escorial etwas von seiner asketischen Schroffheit. Die reiche Gemäldesammlung, vor allem die Bilder El Grecos, lockt jährlich Besucherströme in das Gebäude.

Das ist kein ländliches Refugium, demonstriert nicht eitle Freude an der Macht, spiegelt auch nicht träumerische Phantasien eines selbstverliebten Herrschers. Nein, hier wird Erhabenheit zelebriert. Hier, mitten in freier Natur, steht ein monumentales geschlossenes Rechteck: 207 mal 162 Meter mit 16 Innenhöfen, 15 Kreuzgängen, 86 Treppen, 88 Brunnen. Aus 2000 Fenstern können die Bewohner nach außen blicken, aber kein Blick dringt nach innen.

»Zur Ehre und im Namen des heiligen Laurentius hat es Spaniens König Philipp II. erbauen lassen«, heißt es in der Gründungsurkunde. Am St. Laurentiustag 1557 war ein blutiger Sieg gegen Frankreich errungen worden. Der zweite Grund für den Bau des Escorial ist weniger martialisch: In einem Nachlaßbrief hatte Karl V. seinen Sohn gebeten, eine Begräbniskirche für ihn und alle Familienangehörigen zu errichten.

Diesem Wunsch wollte Philipp entsprechen. Aber vor allem wollte er, der mächtigste Mann der damaligen Welt, sich ein Monument seiner geistlichen und weltlichen Größe schaffen.

Mit missionarischem Eifer suchte der König persönlich nach einem geeigneten Gelände, zog Geologen, Ärzte und Philosophen zu Rate. In der Sierra de Guadarrama, einen Tagesritt von seiner neu gegründeten Hauptstadt Madrid entfernt, fand er schließlich in 1055 Meter Höhe ein Plateau, das seinen Vorstellungen entsprach. Der abfällige Name dieses Ortes hat sich für das bombastische Bauwerk, das hier erstehen sollte, erhalten: El Escorial – Schlackenhalde. Eine aufgelassene Erzgrube lag in der Nähe. Von hier aus – auf halber Höhe im Gebirge, die Ebene zu Füßen, darüber bedrohlich die Berge und am Horizont die Hauptstadt im Blick – wollte Philipp II. künftig regieren. Das tat er, der fast nie reiste und selten mit Untertanen sprach, durch Aktennotizen. »Auf zwei Zoll Papier«

beherrsche er die Welt, rühmte sich der menschenscheue Monarch.

Die Bauleitung behielt er sich persönlich vor. Als Architekten hatte er Juan Bautista de Toledo aus Neapel geholt, der 1567, vier Jahre nach Baubeginn, starb. Sein Assistent Juan de Herrera übernahm die Leitung des Planungsstabs. In nur 21 Jahren stellte er die riesige Anlage fertig. Der Vielzweckbau vereint unter einem Dach Kloster, Mausoleum, Schloß und Priesterseminar. Von einer Terrasse des Gebirges aus verfolgte Philipp II. in einem Sessel ruhend die Arbeiten. Die Stelle heißt immer noch »Silla de Felipe II.« Von diesem Punkt aus hat auch der heutige Betrachter den schönsten Blick über die gesamte Klosterresidenz.

Zwischen Renaissance und Barock
Aus der Nähe betrachtet präsentiert sich dem Besucher ein Gebäudekomplex aus kaltem grauen Granit, riesige Felsquader ohne Bänderung, von vollkommen gleichmäßiger Struktur. Dieser Baustil mit seinen messerscharfen Linien gehört zwar noch der Renaissance an, aber Europa durchwehte schon der Geist des Barock. Er findet sich auch hier wieder. Allerdings ein Barock »desornamentado«, ohne Schnörkel, ohne Schwung, ohne rankende, spielerische Form. Bewußt wollte der Bauherr nichts beleben oder auflockern. »Estilo escorialense« wird dieser Stil später genannt, eine Sonderform des Barock. Pracht sollte hier nicht entfaltet werden. Dieser Bau, von den einen verabscheut als »barbaridad de piedras«, von den anderen bewundert als Monument des Willens, spiegelt wie kaum ein anderer den Charakter seines Erbauers: Strenge, Verschlossenheit, absoluten Machtanspruch, tiefe Ehrerbietung vor der Religion. Es ist kein Zufall, daß die ursprünglichen Entwürfe für die Peterskirche in Rom als Vorlage für die Anlage des Escorial dienten.

Philipp II. fühlte sich als erster Diener Gottes. Aber er war beileibe kein demütiger Diener: »Ich, der König«, läßt er verkünden, »stehe Gott am nächsten.« Yo, el Rey, verteidige die königliche Ordnung, die eine göttliche ist. Der Trakt, in den sich der Herrscher des Riesenreiches zurückzog und schließlich auch starb, war von schroffer Schlichtheit: ein gekachelter Arbeits- und Schlafraum mit einem Fenster, das stets den Blick zum Hochaltar gewährte.

Hinter der 206 Meter langen Fassade verbergen sich Palast, Kloster, Kirche, Bibliothek und königliches Grabmal. Das düstere Denkmal der Habsburger Herrschaft in Spanien ließ Philipp II. bauen, um ein Gelübde zu erfüllen. Der Escorial ist »in der Tat eines Mannes würdig, der eine Wüste zu seiner Hauptstadt und ein Grab zu seinem Palast wählte«, schrieb Alexandre Dumas über den riesigen Gebäudekomplex.

Im maurischen Córdoba

Die Mezquita war einst die größte Moschee des Abendlandes

ANREISE
Flüge via Barcelona oder Madrid. Internationale Flüge nach Málaga (195 km) oder Sevilla (125 km)

BESTE REISEZEIT
März bis Juni, Semana Santa (Karwoche), Oktober

ÖFFNUNGSZEITEN
Mezquita: tgl. 10.30–13.30 und 15.30–17.30 Uhr (im Sommer bis 19 Uhr)

AUSSERDEM SEHENSWERT
Puente Romano (Römerbrücke), Museo Arqueológico

Ein Beispiel maurischer Dekorationskunst – das Tor auf der Westfassade der Moschee

Tod und Vernichtung lagen hinter ihm. Vor ihm breitete sich die fruchtbare Ebene des Rio Guadalquivir aus. In einer Flußschleife, am Fuße der Sierra, lag die Stadt seiner Zukunftsträume, ehemalige römische Provinzhauptstadt, Bischofssitz und Geburtsort des letzten Königs der Westgoten. Jetzt hatte er Córdoba erobert. Hier war seine Flucht zu Ende. Als Abd ar-Rahman I. würde er eine eigene Dynastie gründen.

Die Abbasiden aus Persien hatten in Damaskus seine gesamte Familie ermordet. Als einziger aus dem Geschlecht der Omaijaden konnte der 20jährige dem Blutbad entkommen. Der junge Prinz versteckte sich vor den Häschern in Ägypten, wurde aufgespürt und fand Zuflucht bei den Berbern im Atlas-Gebirge. Von dort stammte seine Mutter, die geraubt worden war und im Harem des Kalifen als Beischläferin dienen mußte. Sie galt nicht als Gemahlin, und ihr Sohn gehörte damit nicht zum engen Kreis der Thronanwärter. Jetzt aber war er der einzige aus dem Herrscherhaus der Omaijaden, der noch lebte.

Sinnbild des frühen Islam

Mit einem Trupp kampflustiger Berber setzte der Kronprinz im September 755 nach Spanien über. 45 Jahre zuvor hatte der nordafrikanische Heerführer Tarik mit 7000 Mann den Süden des Landes erobert und die christlichen Westgoten trotz ihres Widerstandes nach Norden zurückgedrängt. Die Mauren waren als Nomaden gekommen, wurden in Spanien seßhaft, bebauten das Land und schufen eine eigene Kultur. Ihr Stil und ihr Geschmack breiteten sich auch auf andere Teile des islamischen Reiches und sogar das christliche Abendland aus.

Abd ar-Rahman I., der aus Afrika vertriebene Jüngling, war ihr Vorreiter. Er gründete das unabhängige Emirat Córdoba und kaufte von den Christen das Grundstück, auf dem einst ein römischer Tempel gestanden hatte und sich jetzt eine westgotische Basilika befand. Auf diesem Platz wuchs seine Mezquita, die größte Moschee des Okzidents, erbaut nach dem Vorbild nordafrikanischer Gotteshäuser. Unter seiner Dynastie wuchs Córdoba zur bedeutendsten Stadt des Abendlandes, Hauptstadt eines Kalifats, Zentrum von Kunst und Wissenschaft, voller Reichtum und Eleganz. Selbst die christliche Nonne Roswitha von Gandersheim schrieb begeistert über die maurische Kapitale: »Über dem Westen strahlt die leuchtende Zier der Welt, Córdoba!« 800 000 Menschen lebten zu jener Zeit in ihren Mauern. Es gab 113 000 Häuser, 80 Schulen, deren Besuch kostenlos war, 900 öffentliche Bäder, 100 Krankenhäuser, Bibliotheken – und 300 Moscheen.

Die Mezquita aber war einzigartig und ist es bis heute. Sie versinnbildlicht wie kein anderes Bauwerk in Europa die geistige Kraft des frühen Islam. Von außen eher unscheinbar mit festungsartigen Toren, entfaltet das Gotteshaus im Inneren seine Märchenpracht. Das entsprach der islamischen Lebenseinstellung: Der Luxus gehört der intimen Welt und wird nicht – wie bei den Fassaden der Europäer – protzend nach außen getragen. Wer die Moschee betreten will, durchschreitet den »Patio de los naranjos«, den Orangenhof, wandelt unter Zitrusbäumen, Palmen, Zypressen, knorrigen Oliven und taucht ein in einen Wald von Säulen und Arkaden. 856 sind es, die in endlosen Reihen Hufeisenbögen tragen, über denen weitere Pfeiler ein zweites Bogengerüst stützen. Im dämmerigen Licht des Raumes erscheint das Innere wie ein mystisches, unüberschaubares Labyrinth. Am äußersten Ende der Mezquita liegt, nach Mekka ausgerichtet, das Allerheiligste, die achteckige Gebetsnische mit byzantinischen Mosaiken und arabischen Inschriften zwischen rosa und blauen Säulen.

Mitten in dieser orientalischen Wunderwelt steht eine Kathedrale, eine barbarische Verschandelung der Moschee. Aber zweifellos hat die im 16. Jahrhundert errichtete Kirche das wunderbare Bauwerk des Abd ar-Rahman I. gerettet – ohne sie hätten fundamentalistische Christen es längst zerstört.

Drei Generationen haben an diesem steinernen Wald gearbeitet. Viele der 856 Säulen und Kapitelle stammen noch aus der Bischofskirche der Westgoten, einige sogar aus römischer Zeit. Sie wurden von den Baumeistern der Kalifen übernommen. Ein wichtiges Element der maurischen Architektur war die Gartenbaukunst. Sie sollte eine Einheit schaffen zwischen dem Erbautem und der Natur.

Spaniens maurisches Erbe
Die Alhambra gilt als der schönste Profanbau islamischer Architektur

ANREISE
Flüge nach Granada über Barcelona oder Madrid

ÖFFNUNGSZEITEN
Tgl. 9–20 Uhr, im Winter 9.30–17.45 Uhr

BESTE REISEZEIT
Frühling, Semana Santa (Karwoche), Herbst. Hochsommertemperaturen über 40 °C!

UNTERBRINGUNG
Parador Real de la Alhambra (auf dem Gelände der Alhambra)

AUSSERDEM SEHENSWERT
Kathedrale Santa Maria de la Encarnación

Diese Stadt ist eines der schönsten Beispiele für eine multikulturelle Gesellschaft. In dem kleinen Königreich Granada lebten Moslems, Christen und Juden 250 Jahre friedlich zusammen. Erst unter Isabella von Kastilien vertrieben christliche Fundamentalisten 1492 die Mauren und untersagten Religionsfreiheit. Wie eine Erinnerung an diesen verlorenen Traum erhebt sich die Alhambra vor den Schneebergen der Sierra Nevada. Diese Palastanlage gilt – neben dem indischen Taj Mahal – als der schönste Profanbau der islamischen Architektur. Blumenduft, Marmorkühle, das Rauschen des Wassers in Brunnen und Kanälen führen den Besucher zurück in die orientalische Lebensweise Spaniens, in das glanzvolle maurische Erbe Andalusiens, das im 13. und 14. Jahrhundert seine Blütezeit erreicht hatte.

Krönend liegt die »Rote Burg« (Kala al hamra) auf einem auslaufenden Hügel des Gebirges, das im Osten in 3500 Meter gipfelt. Zu ihren Füßen erstreckt sich im Westen Granada. Ihr typisches Aussehen erhielt die Alhambra durch eine Festungsmauer, die den Hügel umschließt. Im Inneren erhebt sich die maurische Residenz. Von unten sieht man als erstes die Alcazaba, den ältesten Teil der Alhambra, die wie ein Schiffsbug über der Stadt hängt.

Residenz der Nasriden

Die Residenz der Nasridenkönige ist der einzige maurische Palast im Westen. Das Verteidigungssystem der Mauern und Türme umschließt feste Bauten und eine Reihe offen angelegter Pavillons und Innenhöfe. Vielfach gebrochenes Licht dringt bis in die innersten Winkel der Gemächer. Die Vegetation der Außenwelt wird von Stuckornamenten im Innern aufgenommen. Kühles Quellwasser rieselt bis in die Wohnräume. Zwischen Erbautem und Natur entstand so eine Einheit. Wer sich auf den Boden der Säle setzt, betrachtet die Landschaft wie eine Reihe von Bildern, gerahmt von reichverzierten Fensteröffnungen. Andererseits wirkt die Architektur von außen gesehen wie eine Kulisse für Springbrunnen, blühenden Jasmin und Zypressen. Gärten waren den Mauren stets ein paradiesischer Ort. Sie erinnerten an die stillen Genüsse, die der Koran den Seligen verheißt. Vielleicht wurden sie deshalb von den christlichen Eroberern völlig umgewandelt. Hoch über der Alhambra aber befindet sich eine völlig intakte Anlage: El Generalife, der reizvollste arabische Garten Spaniens.

Die maurische Tradition kennt keine verzierten Fassaden. Ornamentaler Reichtum schmückt nur die Intimität des Wohnbereichs. So bilden die betonte Schlichtheit des Äußeren und die überwältigende Pracht der Innenausstattung einen starken Kontrast. Im Palacio sind die Fußböden und die schwerelos erscheinenden Säulen aus Marmor, die Decken aus Kassetten und intarsiengeschmücktem Holz. Die Ornamente an den Wänden wirken wie Spitzendecken.

Der Palast selbst ist in drei Gebäudegruppen unterteilt: Im Palast des Mexuar waren Verwaltung und Gerichtsbarkeit untergebracht, der Myrtenhof mit den Zierbecken, in denen sich die Säulen spiegeln, diente als belebter Mittelpunkt den offiziellen Empfängen. In seiner Mittelachse steht der Turm des Comares. Hier thronte in einem Raum, dessen Fenster zum Boden reichen, der Sultan. Der Löwenhof und die Gebäude, die ihn einschließen, waren für sein privates Leben bestimmt, für Familie und Harem. In der Mitte des Platzes tragen zwölf Löwen eine Brunnenschale aus weißem Marmor. Am Rande dieses Brunnens wurde ein Vers eingehauen, der die Idee maurischer Architektur zu beschreiben scheint: »Dem Blick vermischen sich Flüssiges und Festes / Wasser und Marmor, und wir wissen nicht / welches von beiden dahingleitet.«

Inmitten dieser orientalischen Pracht fügt sich der Palast, den der Habsburger Karl V. auf dem Plateau erbauen ließ, erstaunlich harmonisch ein. Dem Filigranen der arabischen Bauwerke steht kontrastreich ein mächtiges Quadrat von 63 Meter Seitenlänge aus behauenem Stein gegenüber. Michelangelos Schüler Pedro Machuca entwarf 1526 die Pläne für dieses bedeutende Werk der Hochrenaissance. Der Bau wurde allerdings nie vollendet. Der Kaiser hat kein einziges Mal darin gewohnt.

Das Innere des Palastes ist reichgeschmückt mit Stalaktitengewölben, Säulengängen und üppigen Stuckornamenten. Umstellt von einem zierlichen Säulenwald, tragen im Löwenhof zwölf Raubkatzen eine Marmorschale (Foto unten rechts). Hoch über der Alhambra liegt farbenprächtig die duftende, wasserdurchrieselte Welt des El Generalife (unten links). Er ist der reizvollste arabische Garten auf spanischem Boden.

Dorische Säulen in Segesta
Auf Sizilien errichteten die Elymer eine Kultstätte mitten im Land

ANREISE
Internationale Flüge nach Palermo, mit dem Auto ab Palermo A 29, etwa 75 km südwestlich

BESTE REISEZEIT
April bis Juni, September/Oktober

AUSSERDEM SEHENSWERT
Erice (mittelalterliche Stadt) 40 km westlich; Palermo: Kathedrale, Archäologisches Nationalmuseum

Die Bewohner von Segesta auf Sizilien gingen in die Geschichte der Antike vor allem als Todfeinde der benachbarten Handelsstadt Selinunt ein. Man schloß wechselnde Bündnisse mit Mächten des Festlands und verwickelte sich in schlimme Kriege. Was am Ende übrig blieb, sind Ruinen und eines der schönsten Heiligtümer der Mittelmeerinsel: der dorische Tempel von Segesta.

Die hügelige Kalkfelsenlandschaft bei Calatafimi im Nordwesten Siziliens wurde vor schätzungsweise 3000 Jahren vom Volksstamm der Elymer besiedelt. Einer Sage zufolge flüchteten sie im Trojanischen Krieg aus dem brennenden Troja, angeführt von dem in Homers Ilias verherrlichten Helden Äneas, dessen Söhne oder Enkel später Rom gegründet haben sollen. Als Baugrund für eine befestigte Stadt, Segesta, suchten sich die Zuwanderer einen Berg aus – der heute Monte Barbaro genannt wird –, von dessen Gipfel aus Wächter das Umland und den Golf von Castellamare beobachten konnten. Dort errichtete man die ersten Wohnhäuser und öffentlichen Gebäude, Basteien und vielleicht auch kleinere Tempel.

Griechisches Vorbild
Vom größten Teil der Bergstadt überdauerte die Zeiten nur ein Trümmerfeld, auf dem die Archäologen noch eine Menge auszugraben haben. Reste von Befestigungsanlagen und ein paar zerfallene Wachtürme weisen darauf hin, daß der Ort durch einen doppelten Mauerring geschützt war. Verhältnismäßig gut erhalten blieb das Theater der Elymer mit dem in den Fels gehauenen Zuschauerrund und Blick auf das hinter der Bühne schimmernde Mittelmeer.

Ein erstes größeres Heiligtum legten die Siedler im sechsten Jahrhundert vor Christus unterhalb ihrer Festung an. Eine 83 mal 47 Meter lange Umfassungsmauer grenzt dort einen archaischen Kultbezirk ein, in dem unbekannten Göttern geopfert wurde. Ein Jahrhundert später wurde westlich von Segesta mit dem Bau des berühmten Tempels der Elymer begonnen. Mit seinem klassischen dorischen Stil ähnelt er einem griechischen Tempel, obwohl seine Erbauer keine Griechen waren. Man nimmt aber an, daß grie-

Im fünften Jahrhundert vor Christus errichteten die Elymer unterhalb der Stadt Segesta einen Tempel im dorischen Stil. Als Baumeister hatte man vermutlich Griechen verpflichtet.

Seine Schönheit verdankt der Tempel von Segesta den 36 sich nach oben leicht verjüngenden Säulen. Welcher Gottheit das Heiligtum geweiht werden sollte, blieb unbekannt. Das Dach des Tempels ist vermutlich nie vollendet worden.

chische Baumeister maßgeblich an der Errichtung beteiligt waren.

Nicht ganz vollendet und doch vollkommen wirkend, beherrscht der Tempelbau bis heute die Hügellandschaft nahe der Straße nach Trápani. Sein Oberbau mit den sogenannten Metopenfriesen wird von 36 stämmigen, sich nach oben hin leicht verjüngenden glatten Rundsäulen getragen. Ein gestalteter Eingang und ein Altarraum sind nicht vorhanden, auch scheint das Heiligtum nicht überdacht gewesen zu sein – vermutlich mußten die Arbeiten kurz vor dem krönenden Abschluß abgebrochen werden.

Daß es zwischen Griechen und Elymern enge kulturelle Beziehungen gab, belegen inzwischen verschiedene in den Ruinen von Segesta ausgegrabene Mauerteile mit Inschriften aus dem fünften Jahrhundert vor Christus. Die Buchstaben sind griechisch, aber es ist eine andere Sprache, in der die Texte verfaßt wurden.

Der Untergang von Segesta nahm seinen Anfang, als Ende des fünften Jahrhunderts vor Christus Grenzstreitigkeiten mit der Nachbarstadt Selinunt zu Kriegen ausarteten. Im Jahre 409 vor Christus sollen Elymer gemeinsam mit Karthagern Selinunt überfallen, die Stadt zerstört und über 16 000 ihrer Bewohner umgebracht haben. Zwar wurde Selinunt ein Jahr später von einer Streitmacht des verbündeten Syrakus zurückerobert, fiel aber bald erneut unter die Herrschaft Karthagos und erlangte nie wieder die alte große Bedeutung, von der noch heute mehrere wiederhergestellte riesige Tempelbauten zeugen.

Segesta blieb längere Zeit von der karthagischen Stadt Panormos (dem späteren Palermo) abhängig, bevor es 263 vor Christus zu den Römern überlief und schließlich von Vandalenhorden und plündernden Sarazenen so schlimm heimgesucht wurde, daß die Überlebenden flohen und die Stadt vollends verfiel. Nur der großartige dorische Tempel hielt die Erinnerung an sie wach.

In letzter Zeit ist nach langer Pause wenigstens das Theaterleben von Segesta wieder aufgelebt. Alle zwei Jahre finden in dem Amphitheater aus dem dritten Jahrhundert vor Christus festliche Aufführungen klassischer Stücke statt.

Die Wiederkehr von Pompeji

Vulkanasche konservierte im Jahre 79 n. Chr. die untergegangene Stadt

Anreise
Internationale Flüge nach Neapel, Auto: A 1 oder N 18 nach Ercolano und Pompeji, Bahnlinie »Circumvesuviana«

Beste Reisezeit
April bis Juni, September/Oktober

Unterkunft
Hotel Vesuvio, Via Partenope 45, Neapel

Außerdem sehenswert
Neapel: Archäologisches Nationalmuseum, Dom San Gennaro

Die Katastrophe am Golf von Neapel begann am Vormittag des 24. August im Jahre 79 nach Christus. Vom Vesuv her erschütterte ein ungeheurer Donnerschlag die Erde. Die Spitze des Berges spaltete sich, schwarzer Rauch stieg empor, Blitze leuchteten darin auf. Dann prasselte aus dem verdunkelten Himmel ein Stein- und Ascheregen nieder, wälzten sich Schlammlawinen ins Tal, gefolgt von glühenden Lavamassen.

Als erster hörte der kleine Badeort Herculaneum auf zu bestehen. Eine breiige Flut aus Wasser, Erde und Lava durchschwappte die Gassen, füllte gurgelnd die Häuser, erstickte Mensch und Tier, überstieg die Dächer und erstarrte später zu einer 20 Meter hohen Gesteinsschicht. Glimpflicher schienen am Südostrand des Vulkans die mehr als 10 000 Einwohner von Pompeji davonzukommen. Auf sie ging zunächst nur ein leichter Ascheregen nieder; glühende Eruptionsmasse fraß sich andernorts ins Tal.

Wer auf den mit Lavasteinen gepflasterten Straßen Pompejis unterwegs war, flüchtete sich in die Villen, Läden, Tempel, Badehäuser. Aber wo immer man sich auch befand, man saß in einer tödlichen Falle. Denn bald regnete es nicht nur Asche, sondern auch Lapilli, kleine vulkanische Steine, vermischt mit größeren Klumpen Bimsstein. Zugleich breiteten sich Schwefelgase in der Stadt aus, drangen in die Gebäude und vergifteten jeden, der sie einatmete.

Als sich nach zwei Tagen Rauch und Wolken verzogen hatten und wieder die Sonne strahlend über dem Golf stand, war von Pompeji nichts mehr zu sehen. Sechs Meter hoch bedeckte eine graue Masse die wohlhabende Kleinstadt, in der Handwerker gerade dabei gewesen waren, die letzten Gebäudeschäden zu beseitigen, die einige Jahre zuvor ein schweres Erdbeben verursacht hatte. Bald wuchs im wahrsten Sinne des Wortes Gras über Pompeji und seine vielen Toten.

Schatzgräber wurden fündig

Mehr als anderthalb Jahrtausende vergingen, ehe sich Schatzgräber für die untergegangenen Städte zu interessieren begannen. Aus Herculaneum wurden einige Statuen geborgen, doch erwies sich die über dem Ort angehäufte Gesteinsmasse als schwer zu durchdringen. Günstiger waren die Verhältnisse in Pompeji unter der lockeren und weniger dicken Schicht aus Asche, Lapilli und Bimsstein.

Bei einer ersten archäologischen Grabung, veranlaßt vom Königshaus, stieß man im April 1748 auf die mit erstaunlich gut erhaltenen Wandgemälden geschmückten Wände einer pompejischen Villa. Götterstatuen aus Marmor und Bronze wurden geborgen, eine Verkaufshalle für Lebensmittel und Weinschenken konnten freigelegt werden.

Die erschütterndsten Funde erzählen von den Menschen, die durch den Vulkanausbruch mit seinen giftigen Schwefelschwaden mitten aus dem Leben gerissen worden waren. Eine Trauergesellschaft hatte gerade beim Leichenschmaus gesessen, als sie der Tod überraschte. Andere waren auf der Flucht noch bis an eines der Stadttore gelangt und dort, beladen mit Hausrat, im Giftdunst zusammengebrochen.

Aber auch Funde, die pralles Leben widerspiegeln, wurden gemacht – und auf kirchliche Anweisung lange vor der Öffentlichkeit geheimgehalten. So stieß man auf eine Art steinernen Wegweiser in Form eines männlichen Gliedes, der in Richtung eines inzwischen freigelegten Freudenhauses zeigte. Ein Mosaik in der sogenannten Casa del Fauno stellt einen Satyr beim Liebesspiel mit einer nackten Mänade dar, eine gut 50 Zentimeter hohe rotbemalte Tuffstein-Skulptur einen erigierten Phallus. Solche Erotikkunst spielte offenbar bei Bacchus-Kulten eine wichtige Rolle, während Penis-Darstellungen an den Außenwänden pompejischer Häuser von Archäologen auch als Bann gegen den bösen Blick gedeutet werden.

Nach 250 Jahren immer systematischer durchgeführten Ausgrabungen ist das mitten im bunten Leben erstickte Pompeji am Fuße des Vesuvs wiedererstanden und legt wie keine andere antike Stätte Zeugnis ab vom Leben einer Stadt zu Beginn unserer Zeitrechnung.

Eine der Hauptstraßen der im Jahre 79 n. Chr. bei einem Ausbruch des Vesuvs verschütteten Stadt. Auf der mit Lavasteinen gepflasterten Fahrbahn sind noch Wagenspuren zu erkennen. Von den Häusern blieben vor allem die Außenmauern erhalten, aber auch farbenfrohe Wandgemälde wie auf dem Foto unten links. Das Foto rechts unten zeigt Gipsabgüsse einer in Pompeji erstickten Familie.

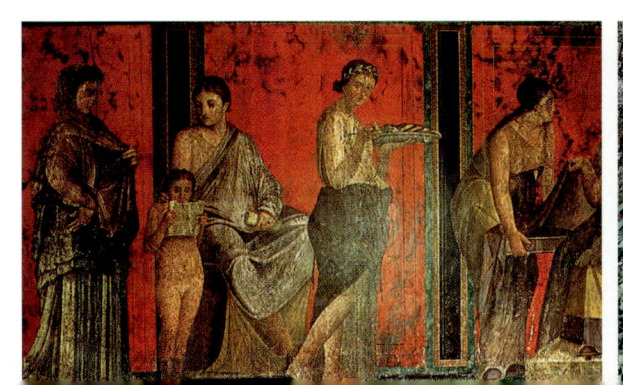

Die Residenz des Papstes

Der Vatikan ist das an Kunstschätzen reichste Bauwerk der Erde

ANREISE
Bus Linie 64 zur Piazza San Pietro, Metro Linie A zur Station Ottaviano (300 m nördlich des Vatikan)

BESTE REISEZEIT
Ostern, April bis Juni, September/Oktober

ÖFFNUNGSZEITEN
Petersdom: tgl. 7–19 Uhr, im Winter bis 18 Uhr. Öffentliche Papstaudienzen mittwochs, meist 11 Uhr. Anmeldungen bei der Prefetturia della Casa Ponificia dienstags 9–13 Uhr

Als der römische Kaiser Konstantin der Große im vierten Jahrhundert das Christentum als Religion anerkannte, sicherte er auch die Basis für die politische Macht der katholischen Kirche mit dem Papst an der Spitze. Als Residenz schenkte Konstantin den Christen den Lateranpalast, der noch heute im Besitz des Vatikans ist. Bis 1308 residierten dort die Päpste. Die von Konstantin gestiftete Palastkirche »San Giovanni in Laterano« ist als Bischofskirche des Papstes bis heute die ranghöchste aller katholischen Kirchen.

Erst 1377 wurde auf dem »Mons vaticano«, dem vatikanischen Hügel auf der rechten Tiberseite, der Vatikan zum päpstlichen Palast ausgebaut. 1473 wurde mit dem Bau der Sixtinischen Kapelle begonnen: Im 16. Jahrhundert wurden die Loggien des Raffael, die heutige Papstwohnung, errichtet. Damals begann der bedeutendste Papst jener Zeit, Julius II., alte Kunstwerke zu sammeln und auszustellen. Er legte damit den Grundstein für die in ihrem Wert unschätzbaren vatikanischen Sammlungen.

Mehr als 1000 Säle und Gemächer

Kunst zog nun in die heiligen Hallen ein. Die Sixtinische Kapelle wurde mit Arbeiten von Sandro Botticelli und Pietro Perugino reich geschmückt. Von 1508 bis 1512 schuf Michelangelo das weltberühmte, inzwischen prachtvoll restaurierte Deckengemälde mit Szenen aus der Schöpfungsgeschichte. 1541 vollendete er das »Jüngste Gericht« an der Altarwand der Kapelle. Heute ist der Vatikan mit über 1000 Sälen und Gemächern und der 60 000 Handschriften umfassenden päpstlichen Bibliothek das an Kunstschätzen reichste Bauwerk der Erde.

In dieser Pracht residiert der Papst und herrscht über den kleinsten unabhängigen Staat der Welt, den »Stato della Città del Vaticano«, nur ein Rest des einst großen Kirchenreiches: die 0,44 Quadratkilometer große Vatikanstadt rund um den Petersplatz mit etwa 1000 Einwohnern. In den Lateranverträgen garantierte Italien 1929 die Unabhängigkeit des Kirchenstaats, der über eine eigene päpstliche Wache – die Schweizer Garde –, eine Gelddruckerei, einen Bahnhof, eine Rundfunkanstalt mit einem 35-Sprachen-Programm und eine eigene Zeitung, den »Osservatore Romano«, verfügt.

Im Zentrum des Zwergstaats liegt der Petersplatz mit der Peterskirche, die um das Jahr 326 über dem Grab des Apostels Petrus errichtet wurde. Der kunstsinnige Julius II. ließ zu Beginn des 16. Jahrhunderts an Stelle der altchristlichen Basilika einen gigantischen Neubau nach Plänen von Bramante errichten – Grundfläche 15 000 Quadratmeter, Platz für 60 000 Menschen. 120 Jahre (von 1506 bis 1626) wurde gebaut, dann war die größte Kirche der Welt vollendet. Die 132 Meter hohe Kuppel, die Michelangelo entworfen hat, galt als bautechnisches Weltwunder. Die berühmtesten Künstler jener Zeit haben sich an der Ausgestaltung der Kirche und ihres Umfelds beteiligt. So stammt der halbkreisförmig von Kolonnaden eingefaßte Vorplatz mit seinen Säulen, Pfeilern und lebensgroßen Heiligenstatuen von Giovanni Lorenzo Bernini, und diesem großen Baumeister ist es auch zu verdanken, daß in der Mitte des Platzes ein 25 Meter hoher ägyptischer Obelisk aufgestellt wurde. Ebenfalls von Bernini stammt der Baldachin über dem Grab des Heiligen Petrus, von Michelangelo die Pietà im rechten Seitenschiff des Doms. Im Eingang zum Hauptschiff erinnert eine Porphyrplatte im Boden daran, daß Karl der Große an dieser Stelle von Papst Leo III. die Kaiserkrone empfing. Hier also wurde das Heilige Römische Reich aus der Taufe gehoben.

Zum Kirchenstaat gehört allerdings auch Besitz außerhalb der engen Grenzen: mehrere Stadtpaläste in Rom, drei Patriarchalbasiliken und die päpstliche Sommerresidenz in den Albaner Bergen, Castel Gandolfo.

Blick über den Petersplatz auf den Petersdom und die »Regierungsgebäude« des Vatikan. Baumeister Bernini, der die Kolonnaden des Platzes entwarf, ließ auch den 25 Meter aufragenden Obelisken in der Mitte des Platzes aufstellen. Einer der größten Vatikanschätze – 60 000 Handschriften – ist in der prächtigen Biblioteca Palatina (unten Blick in die Bibliothek und auf ein Deckengemälde) untergebracht.

Florenz, die Hauptstadt der Kunst

Unter den Medici erlebte die Kapitale der Toskana ihre größte kulturelle Blüte

ANREISE
Internationale Flüge zum Aeroporto Peretola; Autobahnen A 1 und A 11. Weitgehende Sperrung der Innenstadt für den privaten Autoverkehr!

BESTE REISEZEIT
Mai/Juni, September. Wegen des starken Touristenstroms im Sommer wird der Besuch von Museen und Kirchen außerhalb der Hauptreisezeit empfohlen

ÖFFNUNGSZEITEN
Uffizien: dienstags bis samstags 9–19, sonntags bis 14 Uhr. Montags geschlossen

UNTERKUNFT
Porta Rossa, Via Porta Rossa 19 (zentral gelegen, eines der ältesten Hotels Italiens)

Dreimal Florenz: Deckengemälde im Venus-Saal (unten) des Palazzo Pitti, der eine der größten Kunstsammlungen der Stadt beherbergt. Die reich gegliederte Fassade des 1467 eingeweihten Doms Santa Maria del Fiore (rechts oben) mit dem 82 Meter hohen Glockenturm aus dem vorangegangenen Jahrhundert. Der Ponte Vecchio, dessen Bögen schon seit 1342 den Arno überspannen (rechts unten). Auf der alten Brücke wurden später die Werkstätten und Läden der Goldschmiede gebaut.

Menschliche Schönheit schwinde dahin, doch die Kunst bleibe unsterblich, schrieb einst der aus der Toskana stammende Dichter Francesco Petrarca (1304–1374), und auf keine andere Stadt trifft wohl diese Weisheit mehr zu als auf Florenz mit seinen ungeheuren Schätzen an Architektur, Bildhauerkunst, Malerei, Handschriften, Bronzegüssen und Goldschmiedearbeiten.

Zwei Jahrhunderte vor Christus war der von grünen Hügeln umringte Ort am Ufer des Arno schon von Etruskern besiedelt. Als aufstrebende römische Kolonie erhielt die noch kleine Stadt hundert Jahre später den Namen Florentia, die Blühende. Nach wechselvollem Schicksal, das Florenz der Macht unterschiedlichster Herren aussetzte, nahmen die Bewohner im 13. Jahrhundert dem Adel alle Privilegien und gründeten eine bürgerliche Republik, in der wohlhabende Kaufmannsfamilien das Sagen hatten, allen voran und schließlich allein die Medici.

Als Handelsherren, Bankiers und Mäzene mehrten die Medici nicht nur den Wohlstand der Stadt, sondern brachten sie auch zu einer unvergleichlichen kulturellen Blüte. Mit ihrer Unterstützung entstanden zwischen dem 13. und 16. Jahrhundert einige der bedeutendsten Bauwerke der toskanischen Hauptstadt, öffnete die erste öffentliche Bibliothek Europas ihre Tore, wurden die Wissenschaften gefördert und Kunstsammlungen angelegt. Große Geister konnten sich in Florenz entfalten – Baumeister wie Brunelleschi, Maler-Bildhauer wie Michelangelo, Universalgenies wie Leonardo da Vinci.

Einer der malerischsten Wege in das Florenz des Mittelalters und der Renaissance führt vom südlichen Ufer des Arno über den Ponte Vecchio, die Alte Brücke. Schon seit 1342 überspannt er den Fluß, und seit dem 16. Jahrhundert haben zu beiden Seiten entlang der Brücke Goldschmiede ihre Werkstätten und Läden. Dicht an dicht drängeln sich die Fußgänger nun durch ein Spalier feilgebotener Kostbarkeiten. Nur auf dem Scheitelpunkt blieb ein Stück Brücke unbebaut und bietet überraschend einen Blick auf das Altstadtgewirr der Gassen, Paläste, Kirchen und Türme.

Mit seinen Fassaden aus grünem und weißem Marmor steht dort seit dem 11. Jahrhundert der achteckige Bau des Johannes-Baptisteriums, die frühere Kathedrale und heutige Taufkapelle mit ihren reliefüberladenen Bronzetüren. Gleich daneben ragt die 107 Meter hohe Brunelleschi-Kuppel des Doms Santa Maria del Fiore in den Himmel, vollendet im 15. Jahrhundert.

Versammlung der Meister

Ein Tag reicht nicht aus, die Altstadt zu besichtigen, nicht einmal eine Woche. Muße ist angebracht beim Betrachten der Kirche San Lorenzo, von Brunelleschi errichtet, von den ihm ebenbürtigen Bildhauern Michelangelo und Donatello ausgestaltet. Renaissance-Paläste sind zu bewundern, etwa der Palazzo Medici-Riccardi mit seinem Innenhof oder der von einem zinnengekrönten Wehrturm überragte Palazzo Vecchio mit Wand- und Deckengemälden, Prunksälen und Skulpturen.

In der berühmten Galerie der Uffizien erwartet den Besucher eine der bedeutendsten Gemäldesammlungen der Welt, in der neben alten Meistern Europas auch wertvolle Skulpturen der Antike ausgestellt sind. Und der im 15. Jahrhundert nach Plänen von Brunelleschi erbaute Palazzo Pitti beherbergt die sehenswerte Palatinische Galerie mit ihren Tizians, Rubens, Raffaels und vielen anderen alten Meistern aus dem Besitz der Medici.

Der französische Dichter Guy de Maupassant genoß einst besonders den Anblick der nackten »Venus« von Tizian, fühlte sich aber nach dem soundsovielten Galeriebesuch »vom Schauen schier gerädert wie ein Jäger vom Gehen«. Und sein hochempfindsamer deutscher Kollege Rainer Maria Rilke gestand nach einem Gang durch Florenz, er habe sich aus dem »Genetze seltsamer Gassen« in jäher Flucht losgerissen: »Ich konnte dieses Schauen nicht mehr ertragen.«

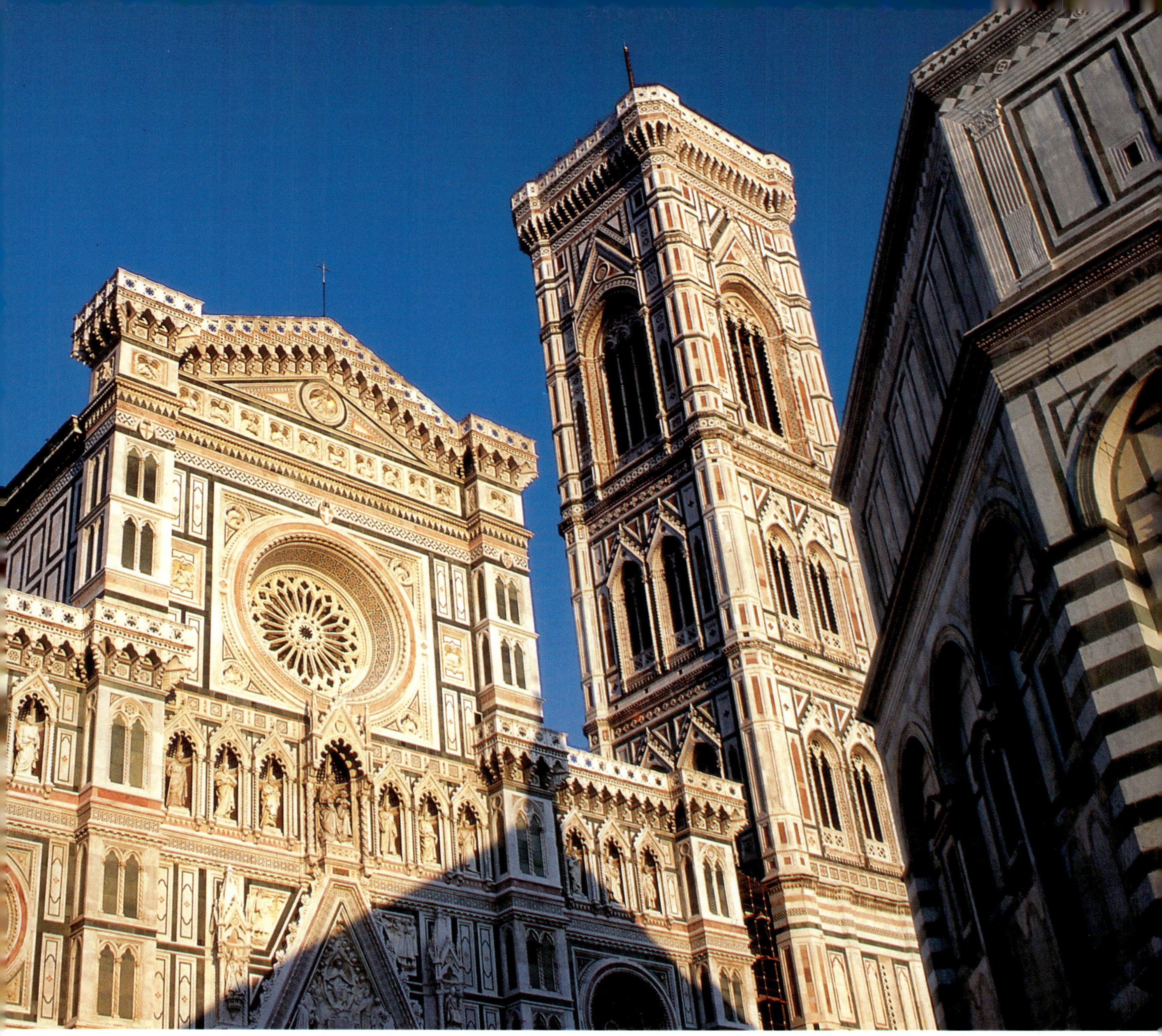

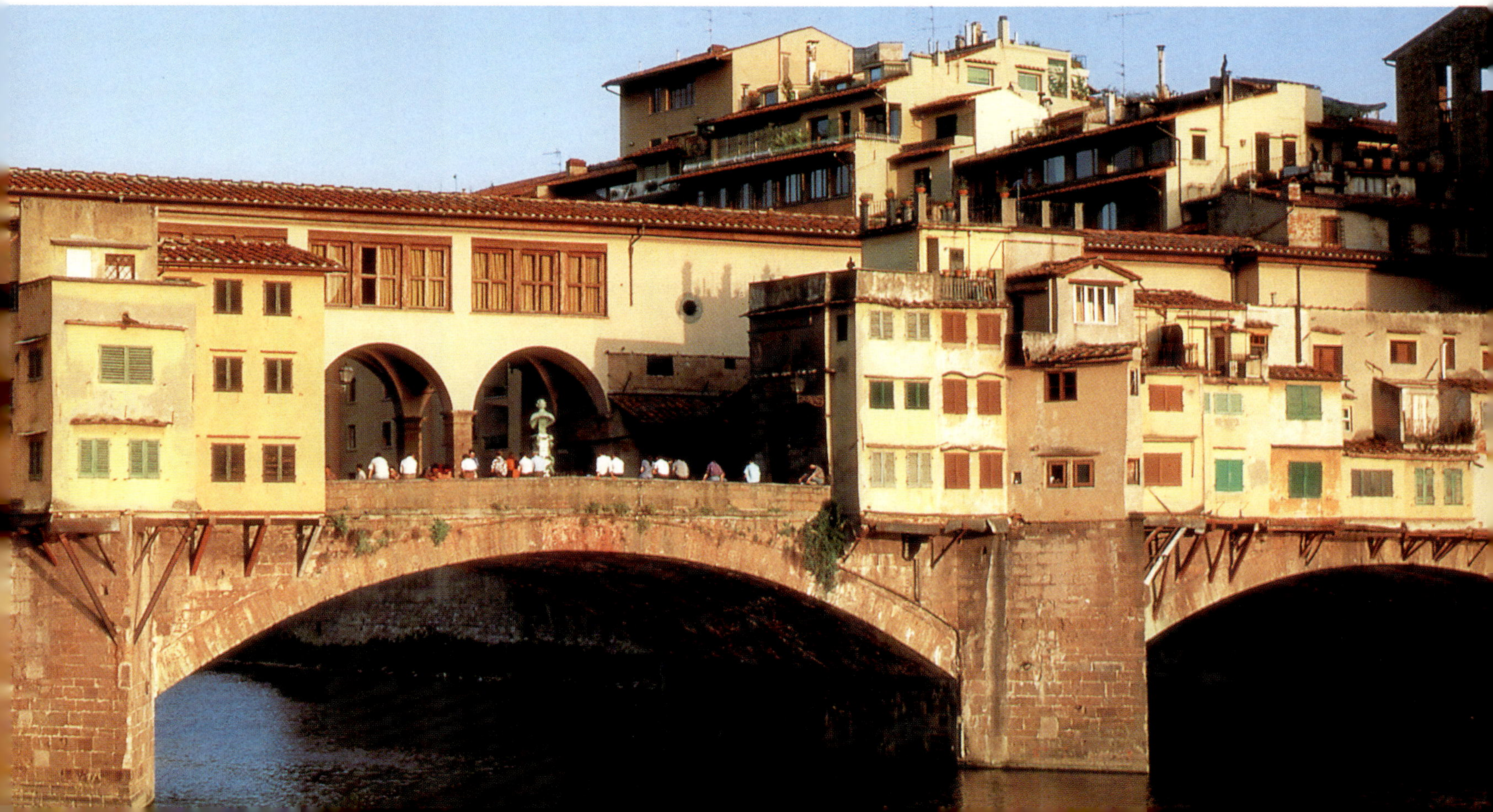

Lagunenstadt Venedig
Die alte Handelsmetropole pflegt ihre sterbende Pracht

ANREISE
Internationale Flüge, Bustransfer zum Piazzale Roma

BESTE REISEZEIT
Karneval, Mai/Juni, September

GASTRONOMIE
Caffè Florian, Piazza San Marco

AUSSERDEM SEHENSWERT
Murano (Glasbläser-Insel), Inselstadt Chioggia

Als die Hunnen im Jahre 452 die Städte Padua und Aquileja eroberten und zerstörten, flohen die Einwohner auf die 120 kleinen Inseln in der Lagune von Venedig. So wurde die Königin unter den Städten am Mittelmeer, die »Serenissima«, von Flüchtlingen gegründet. Der nächste Raubzug, diesmal von den Langobarden unternommen, ließ die Inselbewohner enger zusammenrücken, ihre Plätze befestigen und sich unter den militärischen Schutz des byzantinischen Exarchen von Ravenna stellen. Dennoch blieben sie unabhängig genug, um eigene Herrschaftsstrukturen zu entwickeln – 697 wählten 12 »Tribunen der Inseln« erstmals einen Dux, einen Dogen. So wurde aus der Stadt die erste Republik Oberitaliens. Sie bestand 1100 Jahre, bis Napoleon 1797 Venedig besetzte und danach den letzten Dogen zur Abdankung zwang.

Was Napoleon damit zerstörte, war eines der perfektesten Staatswesen Europas, das sich schon lange vor dem Entstehen der großen Kaiser- und Königreiche etabliert hatte. Im Jahre 811 wurde der Sitz des Dogen von der Insel Malamocco an den besser zu schützenden Rialto verlegt. Mit der Überführung der Markusreliquien – seitdem ist der Markuslöwe Venedigs Wahrzeichen – entstand dort das Machtzentrum der Lagunenstadt. Durch Handelsfreiheiten, kluge Diplomatie und erfolgreiche Seefahrer wurde die Republik schnell zum Zentrum des Ost-West-Handels. Der Reichtum, den sich Venedig erwarb, spiegelt sich noch heute in den vielen restaurierten Patrizierpalästen, den seltenen Kunstschätzen, die die Stadt in ihren Museen angehäuft hat, und in den glänzenden Festen, die sie seit alters her inszeniert – Venedigs großes Maskenfest, der »Carnevale«,

Ponte dei Sospiri – die Seufzerbrücke (so genannt wegen der Seufzer, »sospiri«, der Verurteilten auf dem Weg zur Hinrichtung) – verbindet den Palazzo Ducale mit den früheren Gefängnissen. Prominentester Gefangener, der sie passierte, war Giacomo Casanova, dem 1756 die Flucht aus dem Kerker gelang.

Traumboote für Touristen – Taxis für die Venezianer: Gondeln vor dem Dogenpalast. Im Hintergrund die Kirche Santa Maria della Salute.

Bis zu hundertmal im Jahr wird Venedig überschwemmt. Auch der Markusplatz steht dann unter Wasser. Das größte Fest der Stadt, der Carnevale, heitert die tristen Wintertage an der Lagune auf.

ist ein immer neues Thema von Kunst, Literatur, Film und Musik.

Heute bedrohen keine feindlichen Mächte, sondern Umweltgifte die auf Pfahlrosten in die Lagune gebaute Stadt, nagen ungeklärte Abwässer an den Fundamenten paladinischer Palazzi, verätzt schadstoffschwangere Luft die über 400 steinernen Brücken, die über Venedigs 150 Kanäle führen. Wenigstens einen Schritt zur Rettung dieses »Weltkulturerbes« hat man getan: Die Zahl der Touristen, die in der Saison täglich auf die »Insel Venedig« übersetzen, ist limitiert worden.

Es wird der sterbenden Pracht der Lagunenstadt guttun. Die Denkmalpfleger atmen auf. Ihr Zentrum haben sie dort, wo einst das Herz der Seerepublik schlug, rings um den Markusplatz. Ihre Sorgenkinder: der kolonnadengeschmückte Dogenpalast und die Bauten des »Erfinders« des Klassizismus, Andrea Palladio. Als seine Meisterwerke gelten die Erlöserkirche »Il Redentore« auf der Giudecca und »Santa Maria della Presentazione«. Auch die schönsten Festlandsvillen, die Sommersitze reicher Venezianer (beispielsweise am Brenta-Kanal), stammen von Palladio.

Mailands prunkvoller Salon

Ein Tempel des Bürgertums: die Gallerìa Vittorio Emanuele II.

ANREISE
U-Bahn (»Metropolitana«):
Station Duomo

BESTE REISEZEIT
Mai/Juni, September/Oktober

GASTRONOMIE
Camparino (Aperitifbar in der Galleria), Bar Magenta, Via Carducci 13 (Jugendstil-Bau)

AUSSERDEM SEHENSWERT
Dom Santa Maria Nascente, Teatro alla Scala

Mailands Stadtväter hatten ein Problem. Wie, so fragten sie sich, sollte man das Zentrum rings um den Dom gestalten, das damals, 1860, nahezu brachlag? Ein Architektenwettbewerb wurde ausgeschrieben und von Giuseppe Mengoni aus Bologna gewonnen.

Im März 1865 begann er, seinen Entwurf umzusetzen: Zwischen dem rechteckig angelegten Domplatz und der Piazza della Scala sollte eine gewaltige, glasgedeckte Passage entstehen, überwölbt von einer Kuppel, wie sie die Welt schon einmal gesehen hatte – in St. Peter zu Rom. Exakt kopiert die 47 Meter hohe Kuppel aus Glas und Eisen der Mailänder Gallerìa Vittorio Emanuele II. die Proportionen des Petersdomgewölbes; ein Beleg dafür, wie ernst es dem Architekten war, nicht einfach eine glasgedeckte Ladenstraße zu errichten, sondern eine Art bürgerliches Heiligtum zu schaffen.

Dem König gewidmet

Beeindruckend ist die fünfstöckige Passage schon wegen ihrer monumentalen Ausmaße: Sie ist kreuzförmig angelegt aus zwei Zeilen von 196 und 105 Metern Länge, das kuppelgekrönte oktogonale Zentrum hat einen Durchmesser von 36 Metern. An die Wände ließ Mengoni nationale Größen aus Kunst, Wissenschaft und Industrie sozusagen als weltliche Heiligenfiguren malen; in den prachtvollen Marmorboden eingelegt sind das »Stemma« des Königshauses von Savoyen und die Wappen der Provinzen Italiens.

Denn Mengoni begriff seine Schöpfung ausdrücklich als Verkörperung eines nationalen Bewußtseins, das mit der Proklamation des italienischen Staates wenige Jahre zuvor (1861) sein Ziel erreicht hatte. Mit seinem patriotischen Werk wollte er zudem den Mann ehren, der viel zur Einheit Italiens beigetragen hatte: König Vittorio Emanuele II.

In zweieinhalbjähriger Bauzeit von eintausend Arbeitern fertiggestellt, eröffnete am 15. September 1867 der Monarch die ihm gewidmete Galerie. Als monumentaler Abschluß auf der Domseite fehlte ihr freilich noch ein Triumphbogen. Von dessen Gerüst stürzte zehn Jahre später Architekt Mengoni in den Tod, kurz vor der endgültigen Vollendung des Baus. Daß seinem Lebenswerk ein triumphaler Erfolg beschieden war, hat Mengoni noch miterlebt. Die Mailänder nämlich hatten die prunkvolle Galerie sofort in ihr Herz geschlossen; schon bald wurde sie vom Volksmund in »Salotto di Milano«, Salon Mailands, umgetauft. Das marmorne Pflaster der Gallerìa mit seinen kunstvollen Intarsien, die vornehmen Läden, Restaurants und Cafés wurden zu einer Bühne, auf der sich tagtäglich ein reges politisches und gesellschaftliches Leben abspielte.

Nobel gewandete Damen und Herren tafelten im Luxusrestaurant Savini, flanierten an den Schaufenstern vorbei und machten die für Mailand und die Mailänder so wichtige »bella figura«. Debattierzirkel trafen sich im Café Biffi, das mit seinen riesigen Räumen und einem Heer von Kellnern einen ganzen Flügel beanspruchte. Eine beliebte Adresse war auch ein kleines Café, das ein gewisser Gaspare Campari am Ausgang zum Domplatz eröffnet hatte und in dem er seinen speziellen Magenbitter ausschenkte. Später sollte der Likör als »Campari« Weltkarriere machen.

Sicherlich ist die Gallerìa Vittorio Emanuele II. heute nicht mehr das Zentrum intellektuellen und gesellschaftlichen Lebens, doch noch immer ist sie ein Spiegel der Mailänder Gesellschaft, eine Bühne, auf der jedermann Schauspieler und gleichzeitig Zuschauer ist: der distinguierte Geschäftsmann auf dem Weg ins Büro, der rucksackbepackte Tramper, der sich auf dem Marmorboden zum Picknick niedergelassen hat, der Tourist, der die Geschäftsauslagen und die Architektur der Gallerìa fotografiert – die Schaufenster sind zum größten Teil noch dieselben wie vor über hundert Jahren. Schwere Schäden, die 1943 ein Bombenangriff der Alliierten verursachte, sind längst behoben.

Das Restaurant Savini gibt es heute noch, ebenso das Café Camparino mit dem berühmten Bartresen, an dem die Komponisten Verdi und Puccini Stammgäste waren. Geblieben ist auch das Café Biffi, aber nicht in alter Größe: in wirtschaftliche Schwierigkeiten geraten, mußte es einen Teil seiner Räume an eine Schnellimbißkette abtreten.

Ein Oktogon bildet das Zentrum der kreuzförmig angelegten Geschäftszeile, die nicht nur durch ihr monumentales Ausmaß beeindruckt, sondern auch durch ihre Pracht. Architekt Giuseppe Mengoni ließ den Marmorboden und die Wände mit Symbolen des geeinten Italiens schmücken. Für ihn war die 1867 eröffnete Gallerìa Verkörperung nationalen Bewußtseins.

Heiliger Ort im Rila-Gebirge und Meisterwerk bulgarischer Baukunst: Säulenarkaden und bemalte Laubengänge umschließen den über 3000 Quadratmeter großen

Kloster Rila – das Heiligtum der Bulgaren

Hier ruhen die Gebeine eines Heiligen und das Herz eines Königs

Wie eine Festung erhebt sich in über tausend Meter Höhe auf einem von Hochgebirge umgebenen Felsplateau das größte bulgarische Nationalheiligtum: das legendäre Kloster Rila mit seinen steilen Außenmauern, dem mittelalterlichen Wachturm, den blauen Kirchenkuppeln und den goldenen Kreuzen. In weißem und schwarzem Marmor ist hier die Zugehörigkeit der Bulgaren zum christlichen Abendland manifestiert, hier liegt ihr berühmtester Mönch begraben, hier beten Monarchisten vor dem Mausoleum der Königsfamilie.

Die Entstehungsgeschichte des Klosters führt zurück in die Mitte des neunten Jahrhunderts, als Bulgarien unter Zar Boris I. den christlichen Glauben annahm. Um das Jahr 900 zog es einen frommen Mann aus dem Dorf Skrino in das 100 Kilometer südlich von Sofia gelegene Rila-Gebirge, um dort in der Bergeinsamkeit seinen Glauben zu festigen. Zwölf Jahre lang lebte, betete und fastete der Eremit in einer Höhle, neben der dann das heutige Kloster erbaut wurde. Von Bergbewohnern wurde er Iwan Rilski oder auch Iwan von Rila genannt, und bald machten sich aus verschiedenen Teilen des Landes Pilger auf den Weg, um von dem frommen Mönch zu lernen.

Meisterwerk der »Wiedergeburt«

In den folgenden Jahren errichteten Glaubensbrüder auf dem Felsplateau erste kleinere Klosterbauten. Der Ordensgründer Iwan Rilski legte die Regeln für das Leben in der klösterlichen Abgeschiedenheit schriftlich fest. Als er am 18. August 946 im Alter von 70 Jahren starb, war sein Ruhm so groß, daß der damalige Zar Peter ihn in der Bischofskirche der Hauptstadt beisetzen ließ. Erst später gelangten die Gebeine wieder in das Rila-Kloster zurück. Nahe der Höhle, in der Iwan Rilski so lange gelebt hatte, fanden sie ihre endgültige Ruhestätte.

Mehrfach suchten Räuber das Kloster heim. Im 14. Jahrhundert riß eine Lawine den größten Teil der Bauten mit sich fort. Die überlebenden Mönche bauten die Anlage in Form einer Festung neu auf. Ein fast fensterloses Häuserkarree umschloß den Innenhof. Aber auch die abweisenden Mauern konnten nicht verhindern, daß das Kloster in den folgenden 500 Jahren Türkenherrschaft mehrfach geplündert und dreimal niedergebrannt wurde. Ein osmanisches Dekret, nach dem christliche Kirchen nicht mehr größer gebaut werden sollten als ein Bauernhaus, behinderte zeitweilig auch Restaurierungsversuche auf dem Ruinengelände.

Das Kloster in seiner heutigen Form entstand in der bulgarischen nationalen »Wiedergeburtszeit« im 19. Jahrhundert. Architekten, Bildhauer, Holzschnitzer, Kunstschmiede und Maler wetteiferten in den Jahren 1816 bis 1870 miteinander, neben dem Grab Rilskis und unter Einbeziehung des erhalten gebliebenen zinnenbesetzten Wehrturms ein Meisterwerk bulgarischer Baukunst zu schaffen. Die Klostergebäude mit den 24 Meter hohen Außenmauern umschließen einen über 3000 Quadratmeter großen, unregelmäßig geschnittenen Innenhof mit Säulenarkaden, bemalten Laubengängen und hölzernen Galerien. Mittelalterliches Aussehen vermischt sich mit folkloristischen Elementen.

Glanzstück der mächtigen Anlage ist die Kirche, an deren von Kuppeln überdachter Vorderfassade Kirchenmaler in üppigen Farben und mit viel Gold Szenen der bulgarischen Geschichte festgehalten haben. Das Innere des Gotteshauses wird von einer goldenen Altarwand überstrahlt, der Ikonostase mit Heiligenbildern, Holzschnitzereien und üppigem Rankenwerk unter einem krönenden Prunkkreuz.

In der durch Tageslicht aus Oberfenstern und zusätzlich von Tausenden brennender Kerzen erhellten Klosterkirche fand nach einer beispiellosen Odyssee auch das Herz des bulgarischen Königs Boris III. eine würdige Ruhestätte. Die Leiche des Monarchen, der man aus rituellen Gründen das Herz entfernt hatte, war hier schon 1943 beigesetzt worden, mußte aber drei Jahre später auf Anweisung der kommunistischen Machthaber in den Schloßpark der Königsvilla von Vranja umgebettet werden. Seit die zweite Grabstelle 1956 gesprengt wurde, gelten die Gebeine als verschollen. Nur das getrennt aufbewahrte einbalsamierte Herz fand sich vor einigen Jahren wieder an. Es hatte die kommunistische Zeit in der medizinischen Fakultät der Universität Sofia überdauert.

Die in Spanien lebenden Angehörigen des toten Königs, von den Bulgaren Zar genannt, verfügten die Beisetzung seines letzten Überbleibsels in der Klosterkirche von Rila, die der Familie nun wieder zugänglich ist.

Innenhof des Bergklosters Rila.

ANREISE
Internationale Flüge nach Sofia. 100 km südlich der Hauptstadt über E 79. Tagesausflüge nach Rila über Sofia (Flug) auch ab Varna

BESTE REISEZEIT
Mai/Juni, September/Oktober

AUSSERDEM SEHENSWERT
Sofia: Alexander-Newski-Kathedrale, Ethnographisches Museum, Nationalhistorisches Museum

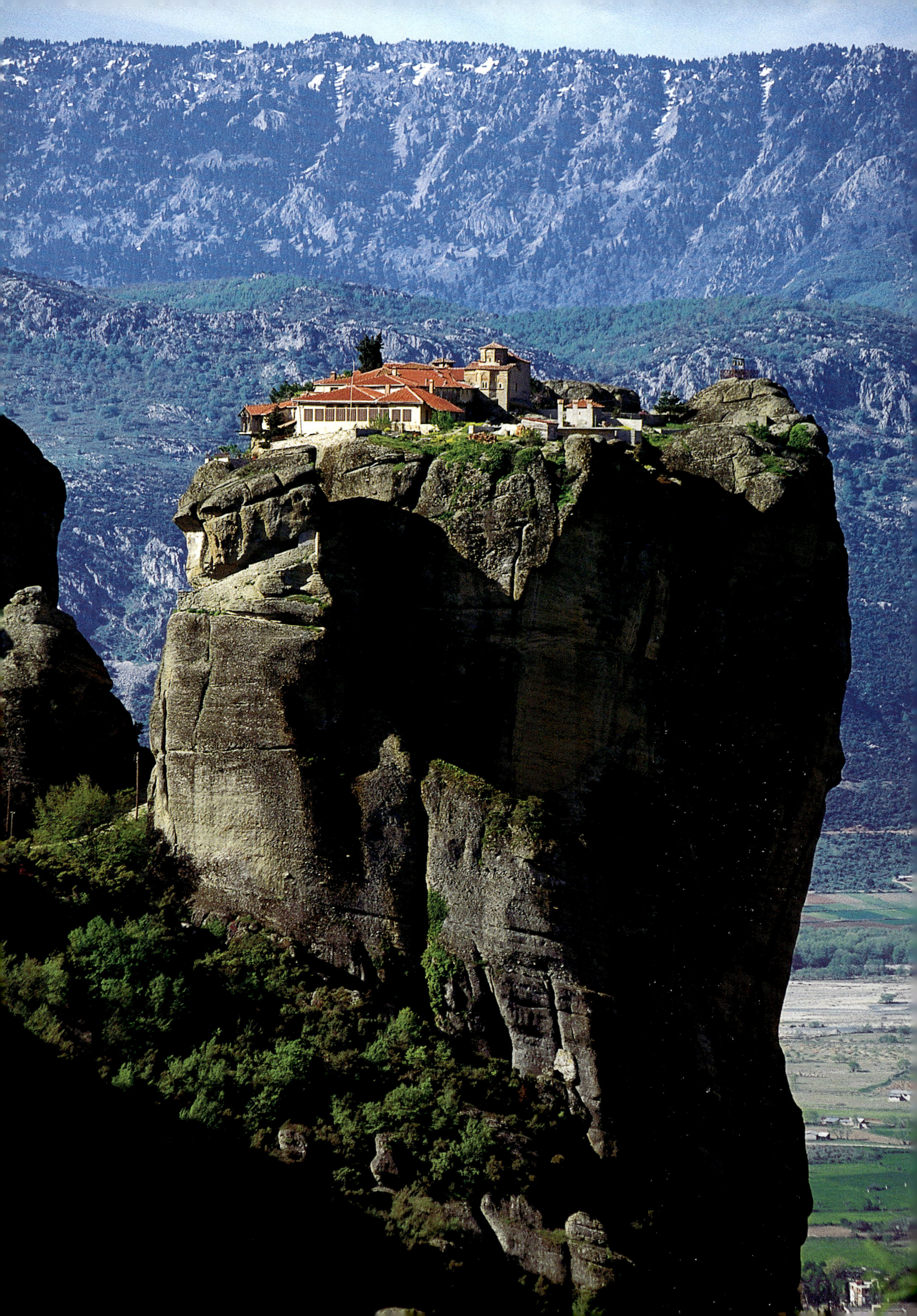

Die schwebenden Klöster

In Thessalien suchten griechische Mönche ihr Heil auf den Felsen von Metéora

Mit »metéoros« wird im Griechischen das Schweben zwischen Himmel und Erde beschrieben, der Weg eines Meteoriten zum Beispiel. Und hoch in der Luft, der Erde entrückt, sind auch Griechenlands berühmte Metéora-Klöster zu finden. Mönche haben sie auf den Gipfeln von Felsen gebaut, die wie Türme bis zu 300 Meter aus der Flußebene des Piniós emporragen. Hüllt erste Dunkelheit das Tal ein, leuchten sie noch in der Sonne, breitet sich am Morgen Frühdunst aus, scheinen sie auf den Nebelschwaden zu schwimmen.

Schon im neunten Jahrhundert fühlten sich Eremiten von der Felsnadel-Landschaft im nordwestlichen Thessalien angezogen. Höhlen zu Füßen der Felsen boten ihnen genügend Schutz, um in Ruhe meditieren zu können. Einige kletterten auch mit Hilfe von Leitern in etwas höher im Sandstein gelegene Spalten, warfen die Leitern dann um, fasteten und suchten die Nähe Gottes durch Selbstkasteiung und Ekstase.

Serbische Feldzüge gegen das byzantinische Thessalien waren vermutlich Anfang des 14. Jahrhunderts der Anlaß zum Bau erster Einsiedeleien und Klöster auf schwer zugänglichen Felsvorsprüngen und Gipfeln. Baumaterial brachte man über aneinandergereihte Leitern oder an Seilen nach oben. Später konstruierten Mönche Seilwinden, mit deren Hilfe Menschen und Material in großen Körben emporgehievt wurden.

Kein Zutritt für Frauen

Eines der ersten Metéora-Klöster, Agios Stéfanos, wurde 1332 vom byzantinischen Kaiser Andronikos III. gegründet. Nach der Eroberung Thessaliens 1340 durch die Serben – orthodoxe Christen wie die Mönche – nahm die Bautätigkeit in schwindelnder Höhe weiter zu. So begann der vom Berg Athos zugewanderte Abt Athanasios 1356 mit neun Gefolgsleuten auf dem Platos Lithos, dem Breiten Stein, das größte und am höchsten gelegene Bergkloster zu mauern, Metamórfosis genannt. Prominentester Mönch der Brudergemeinde wurde der serbische Kronprinz Johannes. Wie alle im Kloster mußte auch er sich strengen Regeln unterwerfen, insbesondere der strikten Anweisung, Frauen den Zutritt zu verwehren und von ihnen – selbst auf die Gefahr des Verhungerns hin – keine Nahrung anzunehmen.

Auch unter der 1420 beginnenden langen Türkenherrschaft wuchsen auf den Felsen Thessaliens neue Klöster und Klösterchen empor. So errichteten Mönche im Jahre 1438 auf einer schmalen Anhöhe mit senkrecht abfallenden Steilwänden das kleine Kloster Hagia Triada, dessen rötliche Sandsteinmauern sich seitdem malerisch von einer dunklen Felswand im Hintergrund abheben. Das Gebäude mit der freskengeschmückten Kapelle ist über eine in den Fels gehauene steile Treppe erreichbar – über die Diebe 1979 mit kostbaren alten Ikonen verschwanden.

Im 16. Jahrhundert war die Zahl der pittoresken Metéora-Klöster auf 26 angewachsen. Von den Türken festgesetzte hohe Steuern und Landenteignungen zugunsten griechischer Kleinasien-Flüchtlinge führten im Laufe der Zeit zu einer so großen wirtschaftlichen Schwächung der Klöster, daß mehrere aufgegeben werden mußten und verfielen. Im 19. Jahrhundert waren im Metéora-Gebiet nur noch sieben bewohnt. Nahezu völlig zum Erliegen kam das Klosterleben im Zweiten Weltkrieg. Thessalien wurde zum Kampfgebiet, anfangs durch den Einmarsch deutscher Truppen, nach ihrem Rückzug durch den Bürgerkrieg zwischen Kommunisten und Antikommunisten.

Mitte der sechziger Jahre setzte eine Wiederbesiedlung der Klöster ein, soweit sie nicht zu stark zerstört waren. Etwa sieben sind inzwischen wieder ständig bewohnt, eines ausschließlich von Nonnen. Dem zunehmenden Tourismus stehen die Äbte aufgeschlossen gegenüber, er ist für die Gemeinschaften heute die wichtigste Einnahmequelle. Um die Anfahrt zu erleichtern, wurden mehrere Zugangsstraßen gebaut.

Längst sind die Äbte auch Frauen gegenüber nicht mehr so ablehnend wie in früheren Jahrhunderten. Sie dürfen die Klöster betreten, vorausgesetzt, lange Röcke verhüllen ihre Beine.

Prachtvolle Fresken schmücken das 1517 gegründete Kloster Várlaam.

ANREISE
380 km nordwestlich von Athen, 200 km südwestlich von Thessaloniki, E 75 bis Larissa, N 6 bis Kalambáka

BESTE REISEZEIT
März bis Juni, September/Oktober

UNTERKUNFT
Hotel Amalia, Kalambáka (3 km von den Klöstern entfernt)

AUSSERDEM SEHENSWERT
Témbi-Tal 100 km östlich, Bergdorf Makrinítsa 120 km östlich im Pílion-Gebirge

Die Felsenklöster Russanú (links) und Hagia Triáda (rechts) sind heute wieder von Mönchen bewohnt und für Touristen zugänglich.

Akropolis – der heilige Berg Athens

Der Parthenon diente als Schatzhaus, später auch als Pulverlager

ANREISE
Internationale Flüge nach Athen. Zu Fuß 10 Minuten vom zentralen Sindagma-Platz

BESTE REISEZEIT
März bis Juni, September/Oktober. Extreme Luftverschmutzung im Hochsommer

AUSSERDEM SEHENSWERT
Archäologisches Nationalmuseum, Altstadtviertel Plaka, Aussicht vom Hügel Likavitos

Die Akropolis, die »Oberstadt« Athens, liegt auf einem 156 Meter hohen Kalksteinplateau. Sie war eine natürliche Festung mit eigenen Quellen, die zu Beginn des 13. Jahrhunderts vor Christus ein mykenischer König zu seinem Regierungssitz erkor. Er baute den ersten Palast auf dem Hügel, dessen Hausgottheit die Zeustochter Athena wurde, und umgab das Ganze mit einer gewaltigen Mauer.

Nach der Abschaffung des Königtums wurde der Palast im siebten Jahrhundert vor Christus zum Heiligtum. Die ersten größeren Bauprojekte – der Alte Athena-Tempel und der Vorparthenon – wurden im sechsten Jahrhundert begonnen. Ein Jahrhundert später wurde die Akropolis so ausgebaut, wie wir sie heute im Grundriß vorfinden – und in den Ruinen erkennen können.

Vielfach erobert und unter wechselnder Herrschaft wurde die Anlage im Mittelalter wieder zur Festung. Katalanen, fränkische Herzöge, Florentiner Regenten, Türken – sie alle residierten zeitweise auf dem heiligen Berg der Griechen, bis 1687 ein Lüneburger Artillerieleutnant dem ein Ende machte. Er diente bei den Truppen des venezianischen Dogen Morosini, der die von Türken gehaltene Festung belagerte, und landete einen Volltreffer im Pulverlager, das im Parthenon untergebracht war.

Nach der Zerstörung begann der Ausverkauf der Akropolis-Reste, bei dem Lord Thomas Elgin, britischer Botschafter in Konstantinopel, besonders gute Geschäfte machte. Der schottische Lord brachte sich mit der Erklärung, Abgüsse der wichtigsten Skulpturen machen zu wollen, in den Besitz vieler Originale. Auf bis heute ungeklärten Wegen landeten die verschollenen Kunstwerke schließlich 1809 im Londoner British Museum. Bis zu ihrem Tode im Jahre 1994 hat sich die griechische Schauspielerin und Kultusministerin Melina Mercouri vergeblich um die Rückführung dieser »Elgin-Schätze« bemüht.

Göttin aus Gold und Elfenbein

Zur archäologischen Schutzzone erklärt wurde die Akropolis schon 1854. Doch erst 1977 begann die wissenschaftliche Restaurierung des Tempelbergs. Seitdem werden alle Akropolis-Bauten bis auf den originalen Bestand zerlegt. Fehlstellen werden durch exakt angepaßte Marmorteile ergänzt und mit rostfreien Titanklammern gesichert. Es ist der aufwendige letzte Versuch, Europas wichtigstes Geschichtsdenkmal zu erhalten.

Symbolbild der Akropolis ist die von Säulen umstandene Ruine des Parthenon – das reichste und harmonischste Bauwerk, das die Antike hervorgebracht hat. Der Bau war als Schatzhaus der Festung gedacht. Er wurde 438 v. Chr. fertiggestellt und enthielt die Kassen des Athena-Heiligtums und des Attischen Seebunds. Eine 12 Meter hohe Statue der Göttin aus Gold und Elfenbein, kostbarer als der ganze Bau, war der größte Schatz des Parthenon. Allein ihr Goldanteil wog 1048 Kilo. Die teure Athena verschwand im fünften Jahrhundert irgendwo in Konstantinopel. Verkleinerte Marmorkopien sind heute im Archäologischen Nationalmuseum Athens zu besichtigen. Im sechsten Jahrhundert wurde der Parthenon zur Metropolitenkirche umfunktioniert, im 13. Jahrhundert weihten die Franken ihn zur katholischen Kirche, 1640 machten die Türken aus dem klassischen Säulenbau eine Moschee. Doch wer auch immer auf der Akropolis herrschte, wie sehr auch Raub, Brände und Kriege den Tempelberg zerstörten – für die Griechen blieb er der Sitz ihrer Göttin Athena.

Kein antiker Bau war so reich mit Architekturplastik geschmückt wie der Parthenon und keiner so programmatisch auf eine Gottheit konzentriert. In den 3,5 Meter hohen und 28,5 Meter breiten Giebeln waren Szenen aus dem »Wirken« der Göttin Athena mit Figuren in doppelter Lebensgröße dargestellt. Auf dem umlaufenden 160 Meter langen Fries des Parthenon ist der »Panathenaienzug«, ein zentrales Ereignis des Athena-Kults, zu sehen. Eine einzigartige Prozession zur Verherrlichung einer Göttin, die nun schon seit mehr als 3000 Jahren über der Akropolis und der Stadt Athen wacht.

Wie ein monumentaler Tempelberg überragt die Akropolis mit dem Parthenon die griechische Hauptstadt. Kleinere Heiligtümer sind der Nike-Tempel (links unten) und der Erechtheion mit der Gruppe der Karyatiden (unten). Sie alle gehören zur archäologischen Schutzzone des Tempelbergs, der seit 1977 unter wissenschaftlicher Leitung restauriert wird.

Die wunderbare Hagia Sophia

Tausend Jahre war sie die größte Kirche der Christenheit

Anreise
Hagia Sophia und Topkapi-Palast liegen wenige Meter vom Bahnhof Sirkeci entfernt

Öffnungszeiten
Hagia Sophia: tgl. außer montags 9.30–17 Uhr, Topkapi-Palast: tgl. außer dienstags 9.30–17 Uhr

Außerdem sehenswert
Archäologisches Museum, Sultan-Ahmet-Moschee (»Blaue Moschee«), Großer Basar

Es begann mit einer Brandstiftung. Aufständische Volksmassen äscherten zu Beginn des Jahres 532 in Konstantinopel byzantinische Bauwerke ein, darunter die große Bischofskirche »Meggale ekklesia«. Schon wenige Wochen später ließ Kaiser Justinian I. Maurer und Steinmetzen auf der Ruine mit dem Bau eines neuen Gotteshauses anfangen, das alles bisher von Menschenhand Geschaffene übertreffen sollte. Fünf Jahre später war die neue Hauptkirche des Reiches vollendet. Der Kaiser nannte sie Hagia Sophia, Heilige Weisheit.

Den Baumeistern Anthemios von Tralles und Isidoros von Milet gelang mit dem imposanten Sakralbau eine der genialsten Schöpfungen der Weltarchitektur. Nie zuvor war allein an Hand mathematischer Berechnungen eine so gewaltige Hauptkuppel gebaut worden, die den Gottesdienstbesuchern gleichwohl vorkam, als würde sie über ihnen schweben. Äußerlich von eher gedrungener Gestalt, stellt die Hagia Sophia in ihrem vom Licht vieler Fenster überfluteten Innern eine der vollkommensten und schönsten Raumschöpfungen in der Baugeschichte dar. »Gott sei gelobt, der mich für würdig befunden hat, dieses Werk zu vollenden!« rief Kaiser Justinian am Tag der Einweihung aus, als er als erster das von hohen Bögen getragene Kirchenschiff betrat.

Tausend Jahre sollten vergehen, ehe die Hagia Sophia durch den von Michelangelo geleiteten Bau der Peterskirche in Rom mit ihrer noch größeren und höheren Kuppel übertroffen wurde. Ungefähr zur gleichen Zeit ging das Gotteshaus mit seinen goldenen Mosaiken, kunstvoll gestalteten Marmorbögen und dem filigranen Gitterwerk für das Christentum verloren bei der Eroberung Konstantinopels durch die Türken (1453). Sie nannten die Stadt von nun an Istanbul und machten die Hagia Sophia zur Moschee Ayasofya Camii. Vier neuerbaute Minarette am Rande des Kuppelbaus dokumentierten den Wandel bald auch architektonisch.

Im Innern überdeckten islamische Künstler einen Teil der byzantinischen Kunstwerke mit Tafeln, auf denen in goldener Schrift aus dem Koran zitiert wird.

Es war Kemal Atatürk, der Begründer der modernen Türkei, der 1934 die islamische Nutzung des Gotteshauses untersagte und es als Museum öffentlich zugänglich machte.

Blaue Moschee als Gegenstück

In Schrittnähe zur Hagia Sophia finden Istanbulbesucher heute auch einige der größten Sehenswürdigkeiten islamischer Baukunst. Nur durch den Sultan-Ahmet-Park getrennt, steht dem christlichen Gotteshaus der nicht weniger beeindruckende Kuppelbau der Sultan Ahmet Camii gegenüber, die Blaue Moschee. Sultan Ahmet I. ließ diesen berühmtesten osmanischen Bau Istanbuls Anfang des 17. Jahrhunderts aus dem Wunsch errichten, damit die Größe der einstigen Christenkirche noch zu übertreffen. Zwar geriet die Hauptkuppel der Moschee doch etwas kleiner, gleichwohl gelang es, ein vergleichbares und äußerlich noch harmonischer wirkendes Bauwerk zu schaffen. Als einzige Moschee Istanbuls erhielt sie sechs statt der üblichen vier Minarette. Die Innenräume wurden fast vollständig mit Kacheln ausgekleidet, wobei ein helles Blau die vorherrschende Farbe ist.

Hauptanziehungspunkt für Touristen ist der ebenfalls in unmittelbarer Nachbarschaft der Hagia Sophia inmitten einer großflächigen Parkanlage gelegene Topkapi Sarayi, die Palaststadt der früheren Sultane. Die meisten Bauten waren nach der Einnahme Konstantinopels noch in Holz errichtet worden. Es handelte sich vor allem um Pavillons, die den Eindruck einer Zeltstadt erweckten. Nach mehreren Bränden entstanden Neubauten in Stein, und nach und nach ergab sich ein reizvolles Nebeneinander von Palästen, Kuppelhallen, fensterreichen Pavillons, Höfen und Minaretten.

Heute ist Topkapi vor allem ein Aufbewahrungsort orientalischer Schätze. Verteilt über die verschiedenen Gebäude gibt es großartige Sammlungen von Waffen, Porzellan, Prachtgewändern, Miniaturen und Gemälden, antiken Uhren, Kalligraphien und religiösem Gerät wie Beschneidungsinstrumenten zu besichtigen. Ein Reich für sich stellt der Haremspalast mit seinen Dutzenden von Räumlichkeiten dar – darunter die Quartiere der schwarzen Eunuchen, der Schlafsaal der Nebenfrauen, der Hof der Favoritinnen und die Salons, in denen die Sultane die Damen empfingen.

Über der Ruine der niedergebrannten Bischofskirche von Konstantinopel ließ der byzantinische Kaiser Justinian I. im sechsten Jahrhundert als Hauptgotteshaus seines Reiches die Hagia Sophia erbauen, eine der genialsten Schöpfungen der Weltarchitektur. Unter türkischer Herrschaft wurde die Christenkirche 1453 in eine Moschee umgewandelt und durch vier neuerbaute Minarette ergänzt. Das goldene Mosaik (rechts) erinnert an die christliche Herkunft der Moschee.

133

ASIEN

Grabmal für die Lieblingsfrau
Das Taj Mahal gilt als das schönste Beispiel indischer Baukunst

ANREISE
Inlandsflüge nach Agra. Von Delhi 200 km Bus- oder Bahnfahrt (2 Stunden) nach Agra, anschließend Bustouren zum Taj Mahal

BESTE REISEZEIT
November bis Februar

UNTERKUNFT
Hotel Taj View (Luxusklasse, beste Sicht auf das Taj)

AUSSERDEM SEHENSWERT
Fort Agra, Mausoleum Itimad-ud-daulah

Aus weißem Marmor errichtet, von beschwingter Eleganz und trotz einer Höhe von 72 Metern von so großer Leichtigkeit, daß man es für ein Traumgebilde halten könnte, erhebt sich aus der Tiefebene von Agra das Taj Mahal, Indiens berühmtestes Bauwerk. Dem Himmel entgegen wölben sich eine große und vier kleinere Kuppeln, in denen die Menschen weibliche Formen zu erkennen glauben. Widergespiegelt von der unbewegten Oberfläche eines künstlichen Kanals, ergibt sich ein Bild vollkommener Harmonie.

Aber nicht allein architektonische Schönheit macht den großen Reiz der Anlage aus, auch ihre Entstehungsgeschichte rührt an die Herzen der aus aller Welt, vor allem aber aus ganz Indien anreisenden Besucher. Das Taj Mahal ist umrankt von einer – wohl noch durch Legenden ausgeschmückten – Liebesgeschichte, wie sie sich kein Dichter romantischer ausdenken könnte. Es ist die Geschichte vom moslemischen Mogulkaiser Shaj Jahan und seiner Lieblingsfrau Arjumand Banu Baygam, genannt Mumtaz-i Mahal, Perle des Palastes. Der Großmogul war noch Prinz, als er Anfang des 17. Jahrhunderts die als bildhübsch beschriebene 15jährige Tochter eines hohen Beamten heiratete. Der Herrscher, der von 1628 bis 1658 regierte, verfügte zwar über einen Harem, ließ jedoch keinen Zweifel daran, daß all seine Verehrung der schönen Mumtaz galt. Sie saß bei offiziellen Anlässen an seiner Seite, begleitete ihn auf Eroberungszügen und beriet ihn in Staatsgeschäften.

Seufzer in Stein

Die Lieblingsfrau gebar ihrem Gebieter acht Söhne und sechs Töchter, bevor sie kurz nach der Entbindung von ihrem 14. Kind starb. Von der Trauer des Moguls über ihren Tod zeugen rührende Berichte, niedergeschrieben von Chronisten des Hofes und phantasievoll ausgeschmückt von Literaten späterer Zeiten. Am Sterbelager der Gattin sollen sich dem Kaiser vor Kummer die Haare weiß gefärbt haben. Und nach ihrem Tod, so heißt es, habe der Witwer eine zweijährige Staatstrauer angeordnet, während der verboten war,

Feste zu feiern, Musik zu hören, Schmuck zu tragen und Parfum zu benutzen.

Um seine »Seufzer in Stein auszudrücken«, verfügte der Trauernde, der Toten als Mausoleum ein Taj Mahal zu bauen, die »Krone eines Palastes«. Aus Persien, der Türkei und der usbekischen Moscheenstadt Samarkand ließ er Architekten, Ingenieure, Bildhauer und Kalligraphen anreisen, um seine Vorstellungen von einem Grabmal in Form einer Moschee mit vier Minaretten zu verwirklichen. Für die dekorative Ausgestaltung der Innenräume und die filigrane Verzierung des ein Stockwerk über der eigentlichen Grabkammer eingeplanten Sarkophags engagierte der Bauherr einen venezianischen Künstler, für die Herstellung eines silbernen Eingangstores einen Goldschmied aus Bordeaux. 20 000 Arbeiter brauchten angeblich 22 Jahre, das Bauwerk zu vollenden und rund herum einen 18 Hektar großen persischen Ziergarten mit Teichen und Kanälen anzulegen, dessen klare Linien sich mit denen der »Krone des Palastes« zu einem Gesamtkunstwerk vereinigen.

Das Taj Mahal blieb das prächtigste einer ganzen Reihe indo-islamischer Großbauten, die der Subkontinent den Mogulkaisern des 16. und 17. Jahrhunderts zu verdanken hat. Den Indern ist es zu einem Nationalheiligtum geworden, in der übrigen Welt gilt es als Inbegriff märchenhafter indischer Baukunst.

Um seine »Seufzer in Stein auszudrücken«, ließ der Mogulkaiser Shaj Jahan im 17. Jahrhundert seiner im Kindbett gestorbenen Ehefrau Arjumand Banu Baygam als Mausoleum das Taj Mahal bauen, zu deutsch »die Krone eines Palastes«. 20 000 Arbeiter sollen 22 Jahre gebraucht haben, das Wunderwerk zu vollenden, in dem später auch der Mogulkaiser beigesetzt wurde. Für die dekorative Ausgestaltung der Tornischen, der Innenräume und der Grabkammer verpflichtete der Bauherr Künstler aus Samarkand und Venedig, Persien, der Türkei und Frankreich.

Wohnsitz für die Götter
Der Mount Everest ist der höchste Berg der Erde

ANREISE
Mountain Flights: einstündige Rundflüge ab Katmandu. Flug Katmandu–Lukla, von dort etwa 10tägige Trekkingtour zum Aussichtsberg Kala Pattar bzw. zum Mount Everest Base Camp

BESTE REISEZEIT
Oktober bis Dezember

AUSSERDEM SEHENSWERT
Kloster Thyangpoche, Klöster und Tempel im Katmandu-Tal

Die Tibeter sagen, den höchsten Berg der Erde könne man am besten an seiner »Gebetsfahne« erkennen. So nennen sie den weißen Schleier aus Eiskristallen, der an den meisten Tagen vom Gipfel des Mount Everest immer dahin weht, wohin es die Höhenstürme treibt. Bleibt der Dunststreifen einmal aus, fällt es schwer, den berühmten Schneeriesen von den übrigen Achttausendern im Grenzgebiet zwischen dem Hindu-Königreich Nepal und dem alten Tibet zu unterscheiden. Und Irrtümer um den nach letzten Messungen 8872 Meter hohen Everest gab es genug.

Als noch kein Europäer etwas von seiner Existenz wußte, verehrten die Menschen in Tibet den Berg schon als heiligen Wohnsitz der Göttin Tseringma und nannten ihn Chomolungma. Und die Nepalesen, die ihren Teil des Bergmassivs zum Nationalpark erklärten, sprechen vom Sagarmatha, »dessen Kopf den Himmel berührt«. Seinen westlichen Namen verdankt der Everest einem Engländer. Der Artillerieoffizier und Geodät Sir George Everest stellte bei trigonometrischen Untersuchungen Mitte des 19. Jahrhunderts als erster fest, daß ein auf seinen Meßblättern mit der Nummer XV gekennzeichneter Gipfel alle anderen Berge des Himalaya überragte. Seitdem spricht man vom Mount Everest.

Den trigonometrisch berechneten höchsten Gipfel der Welt im Eisgebirge des östlichen Himalaya aufzuspüren, bereitete Forschungsreisenden allerdings lange große Schwierigkeiten. So stand noch zu Anfang des 20. Jahrhunderts in westlichen Lexika zu lesen, der Mount Everest sei identisch mit einem nepalesischen Berg namens Gaurisankar. Diese Eintragung ging auf Berichte des Münchner Naturforschers Hermann von Schlagintweit zurück. Er hatte bei einer Nepalreise den »nur« 7145 Meter hohen Gaurisankar mit dem Mount Everest verwechselt – vielleicht, weil er von der »Gebetsfahne« nichts wußte.

Ansturm auf den Gipfel

Britische und Schweizer Bergsteiger fanden in den zwanziger Jahren zwar den richtigen Berg, erreichten aber nicht seinen Gipfel. Nach zahlreichen weiteren Mißerfolgen gelang die Erstbesteigung schließlich am 29. Mai 1953 dem Neuseeländer Edmund Hillary und dem nepalesischen Sherpa Tenzing Norgay. Sie hißten auf dem Everest drei kleine

Fähnchen mit den Farben Großbritanniens, Nepals und der Vereinten Nationen.

In den folgenden Jahrzehnten erkletterten mehr als hundert weitere Bergsteiger die Everest-Spitze. Dem Südtiroler Reinhold Messner und seinem Gefährten Peter Habeler gelang 1978 als ersten der Aufstieg ohne Sauerstoffgerät. Zwei Jahre später wiederholte Messner die Gipfeltour im Alleingang ein zweitesmal, erneut unter Verzicht auf die sonst übliche Atemhilfe aus der Sauerstoff-Flasche.

Obwohl alle denselben Gipfel bezwangen, gibt es über dessen präzise Höhe unterschiedliche Angaben. Die ersten Vermessungen Mitte des 19. Jahrhunderts hatten 8840 Meter ergeben, später wurde sogar eine Höhe von 8888 Meter errechnet, während seit 1955 von 8848 Metern ausgegangen wurde. 1987 wurde der Mount Everest in seiner Eigenschaft als höchster Berg der Erde vorübergehend durch eine Satellitenmessung des amerikanischen Astronomie-Professors George Wallerstein entthront, derzufolge der Himalaya-Gipfel des K 2 elf Meter höher sein sollte.

Die alte Rangfolge stellte wenige Monate später der italienische Professor Ardito Desio her. Durch verfeinerte elektronische Satellitenmessungen kam er beim K 2 auf 8616 Meter und beim Mount Everest auf einen neuen Spitzenwert von 8872 Meter. Aber auch diese Zahl hat keinen Ewigkeitswert. Wie der Wissenschaftler errechnete, hebt sich der Mount Everest jährlich um etwa 18 Zentimeter. Wenn das stimmt, hätte er in 6300 Jahren eine Höhe von 10 000 Meter erreicht.

Auf dem Weg zum Gipfel des Mount Everest (oben) werden Bergsteiger immer wieder Opfer der eisigen Schneestürme. Die Erstbesteigung des Bergriesen an der Grenze zwischen dem Hindu-Königreich Nepal und Tibet gelang am 29. Mai 1953 dem Neuseeländer Edmund Hillary und dem nepalesischen Sherpa Tenzing Norgay. Der Südtiroler Reinhold Messner und sein Gefährte Peter Habeler erreichten den Gipfel 1978 als erste ohne Sauerstoffgerät. Das kleine Foto zeigt den Mount Everest im stimmungsvollen Abendlicht. Die Tibeter nennen den Berg Chomolungma, die Weiße Göttin.

Die Tempel von Mahabalipuram
An der indischen Koromandelküste erläutern Heiligtümer den Götterhimmel der Hindus

ANREISE
Direktflüge aus Europa oder Inlandsflüge über Bombay nach Madras; Busse nach Mahabalipuram (60 km)

BESTE REISEZEIT
Februar/März

UNTERKUNFT
Temple Bay Ashok Beach Resort

Der kleine Fischerort Mahabalipuram an der südindischen Koromandelküste wirkt auf den ersten Blick etwas verschlafen, aber er lädt ein zu einer Zeitreise in eine bewegte Vergangenheit. Es geht zurück in das 4. bis 9. Jahrhundert, als Mahabalipuram eine bedeutende Hafenstadt, ein religiöses Zentrum und ein Ort großartiger Bildhauer war, die der Nachwelt Götter zum Anfassen hinterließen – allen voran den Weltzerstörer Schiwa, den Weltbeschützer Wischnu und seine schöne Gattin Lakschmi, die Göttin des Glücks wie der Fruchtbarkeit.

Nicht weit vom Strand des Golfs von Bengalen, wo sich Touristen die Haut verbrennen, ragen südlich von Mahabalipuram zwischen dem Geäst immergrüner Bäume mächtige buckelförmige Granitfelsen empor. Und fast jeder dieser Steinblöcke entpuppt sich bei näherem Hinsehen als ein hinduistisches Heiligtum und plastisches Kunstwerk von großer Schönheit. Pallava-Könige, mächtige Herrscher Südindiens, ließen hier Tempelstätten schaffen, die mit aus Stein gehauenen Bildgeschichten den Götterhimmel der Hindus erläutern und von märchenhaften Begebenheiten künden.

»Himmlische Wagen«
Älteste erhaltene Heiligtümer von Mahabalipuram sind Höhlentempel wie die Varaha-Grotte, deren Wände in Reliefform den guten Wischnu in seinen verschiedenen Inkarnationen zeigen. So sieht man ihn als Eber einen schlangenköpfigen Dämonen bezwingen, der die Erde in den Abgrund des Weltozeans ziehen wollte. Eine ganze Wand ist Wischnus fünfter Inkarnation als Zwerg Vamana gewidmet, der plötzlich zu einem Riesen heranwächst, mit einem Fuß auf der Erde und mit dem anderen im Himmel steht und die Menschheit von der grausamen Herrschaft des Fabelwesens Bali befreit.

Eine beeindruckende Weiterentwicklung der frühen Hindu-Architektur stellen in unmittelbarer Nachbarschaft der Höhlenheiligtümer die fünf Rathas dar, die »himmlischen Wagen«. Es handelt sich um Tempel und Tierornamente, die jeweils in einem Stück aus einem Felsen herausgeschlagen wurden, eine Arbeit für ganze Generationen von Bildhauern. Pallava-Herrscher ließen diese monolithischen Kunstwerke den hölzernen Prozessionswagen und tragbaren Heiligenschreinen nachbilden, auf denen Hindu-Gottheiten bei religiösen Festlichkeiten durch die Menge der Gläubigen getragen wurden. Es sind die ersten freistehenden Steintempel Südindiens.

Noch immer ein Anziehungspunkt für gläubige Hindus ist auch ein 27 Meter breit und 7 Meter hoch in eine Felswand gemeißeltes Relief über die »Herabkunft des Ganges« auf die Erde. Die Steinmetzen ließen den heiligen Fluß an einer Einkerbung der Felsoberseite entspringen, von der aus in früherer Zeit tatsächlich ein kleiner Wasserfall herabschäumte. Zu beiden Seiten huldigen, plastisch herausgearbeitet, Götter, gute Geister, Menschen und Tiere dem Ganges, von dem Hindus noch heute annehmen, daß er nicht nur die Erde, sondern auch den menschlichen Geist befruchtet.

Nicht mehr in einem Stück aus Granit geschlagen, sondern aus behauenen Steinen entstand im späten siebten Jahrhundert Mahabalipurams berühmter Ufertempel. Malerisch erhebt er sich, umsprüht vom Gischt der Brandung, unmittelbar am Golf. Das Bauwerk ist von Stierskulpturen umgeben, die Schiwas Reittier Nandi darstellen. Der Turm besteht aus quadratischen Elementen, die zur Spitze hin immer kleiner werden. Als Mahabalipuram noch eine Hafenstadt war, diente diese sogenannte Stockwerkspyramide den Schiffern als Landmarke. Nachts brannte hier ein Leuchtfeuer. Heute wird das Ufer durch die Lichter von Restaurants und kleinen Hotels erhellt.

Der von Hitze, Wind und salziger Luft stark in Mitleidenschaft gezogene Ufer-Tempel aus dem siebten Jahrhundert (oben links) ist das bekannteste Heiligtum von Mahabalipuram. Felswände und Höhlen in der Nähe des Fischerortes sind mit Figuren aus der Hindu-Mythologie verziert (oben rechts). Der kleine Tempel auf dem unteren Foto, ein Ratha (Himmlischer Wagen), wurde aus einem einzigen Felsblock geschlagen.

139

Tausendundeine Nacht in Lahore
Unter den Mogul-Kaisern blühten in der pakistanischen Stadt Kunst und Architektur

ANREISE
Internationale Flüge nach Lahore

BESTE REISEZEIT
November bis Februar

UNTERKUNFT
Holiday Inn

AUSSERDEM SEHENSWERT
Fort Lahore, Jehangir-Mausoleum, Wazir-Khan-Moschee, Maryam-Zamani-Moschee, Shalimar-Gärten

Es gibt kein altes Tor, keine Moschee, keinen Palast, kein Mausoleum in Lahore, zu dem den Bewohnern nicht eine wundersame Geschichte einfiele. Der ganze von einer verfallenen Mauer umgebene Stadtkern gleicht einer steinernen Kulisse aus Tausendundeiner Nacht. Nirgendwo sonst im heutigen Pakistan erlebte die islamische Hochkultur eine so große Blüte wie hier am Flusse Ravi im fruchtbaren Punjab, dem vom Indus und seinen Nebenflüssen gebildeten »Fünfstromland«.

Festung mit Wohnkomfort

Schon um die erste Jahrtausendwende hißten islamische Eroberer über Lahore die grüne Fahne ihres Propheten. Der mächtige Sultan Mahmud von Ghazni verleibte die Stadt seinem sich vom Punjab bis nach Samarkand erstreckenden Reich ein. 500 Jahre später bauten mächtige Mogul-Herrscher rund um den Ort eine Mauer mit zwölf Toren und errichteten die noch heute erhaltene Festung – mit ihren Innenhöfen, Wohnpalästen, Badehäusern und der »Perlenmoschee« unter drei weißen Zwiebelkuppeln eine Stadt für sich. Ähnlich wie das Taj Mahal in Indien vereinigt das Lahore-Fort in sich Glanzleistungen der Mogularchitektur und der Mogulkunst. »So etwas hat es vorher nicht gegeben und wird auch später nicht mehr unter dem Himmel zu sehen sein«, stand einst in arabischer Schrift auf dem – längst verschwun-

Farbenprächtige Fresken an der Wazir-Khan-Moschee von 1643

denen – gewaltigen Scha-Buri-Tor, dem Haupteingang zur Festung. Riesentore waren nötig, damit die Mogulkaiser auf Elefanten einreiten konnten. Eine eigens für die schwergewichtigen Dickhäuter geschaffene »Elefantentreppe« führt hinauf zum berühmten Shish Mahal, dem »Spiegelpalast«, dessen kunstvolle Innenausstattung sich durch die vielen Reflexionen vertausendfacht. An den Wänden bildet ein Mosaik aus farbigen Spiegelteilchen kunstvolle Muster. Größere Spiegel weisen vergoldete Verzierungen auf, in Marmor eingelegte Halbedelsteine fügen sich zu bezaubernden Blumengebinden.

Verlockende Shalimar-Gärten

Im »Spiegelpalast« wohnte Anfang des 17. Jahrhunderts die Frau des Herrschers. Der Großmogul selbst verfügte innerhalb der Festung über einen eigenen Palastbezirk, von dem unter anderem der »Hof der Haremsdamen«, ein komfortables Badehaus und das »Haus der Träume« mit dem kaiserlichen Schlafgemach erhalten sind. Waren Feste zu feiern, lud der Kaiser in seine »Halle der 40 Säulen« ein. Auch sportlich war man in Lahore recht aktiv, wie Kachelbilder und Fresken bezeugen. Die besten Reiter vergnügten sich beim Polospiel, das in Zentralasien seinen Ursprung hat. Auch gab es Wettkämpfe auf Elefanten, Kamelen und Stieren.

Außerhalb der Festung hinterließen die Moguln neben Mausoleen und anderen Prachtbauten unter anderem das größte Gotteshaus Lahores, die Ende des 17. Jahrhunderts aus rotem Sandstein errichtete Badshahi-Moschee. Sie bietet auf ihrem weiten, von Minaretten umgebenen Innenhof Platz für 60 000 Gläubige. Das Torhaus und die Form der drei weißen Kuppeln entsprechen dem Taj-Mahal-Stil. Ähnlich wie das berühmte Grabmal wurde die Moschee auf einer etwas erhöhten Plattform errichtet, um ihre Schönheit voll zur Geltung zu bringen.

Draußen vor der Stadt mit ihren drei Millionen Einwohnern ist ein grünendes, blühendes und plätscherndes Weltwunder zu besichtigen: die Shalimar-Gärten. Shaj Jahan ließ sie 1641/42 in siebzehn Monaten als orientalische Parklandschaft auf drei terrassenhaft ansteigenden Ebenen anlegen. Glanzstücke der Gartenarchitektur stellen insbesondere die bis zu 60 Meter langen Wasserbecken mit 412 Fontänen, künstlichen Inseln, Badestellen, kunstvollen Pavillons und marmornen Promenadenwegen dar. In den angrenzenden Palästen und Gästehäusern pflegten die Moguln und hohe Adlige die heißesten Monate des Jahres zu verbringen.

Im Hof der Badshahi-Moschee (oben links) aus dem 17. Jahrhundert ist Platz für 60 000 Gläubige. Die Shalimar-Gärten (rechts oben) gehören ebenso wie die Miniaturmoschee (unten) zu den Glanzstücken islamischer Architektur.

141

Der Palast des Dalai Lama

In Lhasa residierten die tibetischen Gottkönige

ANREISE
Innerchinesische Flüge u. a. ab Peking und Chengdu, Flugverbindungen auch ab Katmandu

BESTE REISEZEIT
Oktober bis Dezember

UNTERKUNFT
Holiday Inn

AUSSERDEM SEHENSWERT
Klosterstädte Sera, Ganden, Drepung-Kloster

Mitten im Gebirge »Schneewohnung« gibt es ein »Land der Hirtenrufe« mit der Hauptstadt »Sitz der Götter« im Tal des »Glücklichen Flusses«, in dem sich der »Palast des Lichts« widerspiegelt. So märchenhaft hören sich in deutscher Übersetzung geographische Bezeichnungen an, wenn vom Himalaya, dem Land Tibet (ursprünglich Böyül) und der Hauptstadt Lhasa die Rede ist, vom Potala-Palast und dem spiegelnden Wasser des Flusses Kyichu.

Der 3683 Meter hoch gelegene »Sitz der Götter« war bis in das 20. Jahrhundert hinein eine der isoliertesten Residenzen der Welt, meist nur über beschwerliche Pilgerpfade oder verschneite Karawanenwege erreichbar und für Fremde verboten. Der schwedische Asienforscher Sven Hedin durfte Ende des 19. Jahrhunderts das Ziel seiner Tibetexpedition nicht einmal aus der Ferne sehen; und China, von dem das Gebirgsland 1951 okkupiert worden war, verweigerte Ausländern, die in die »Autonome Region Tibet« wollten, lange Zeit das Visum.

Ein Mittelpunkt der Welt

Für die eingeborene Bevölkerung hat Lhasa eine gleich hohe Bedeutung wie Rom für die Christen oder Mekka für die Mohammedaner. Hier steht ihr heiligstes Kloster Jokhang, das »Haus des Herrn«, mit einer Statue des Königs Srongtsan Gampo, der im siebten Jahrhundert den Buddhismus in Tibet einführte. Aus einer Vermischung des alten Dämonenglaubens mit der neuen Religion entwickelte sich später der Lamaismus, dessen Gottkönige, die Dalai Lamas, sich nach ihrem Tode reinkarnieren, also wiedergeboren werden – wie man in Tibet glaubt.

Die Doppelfunktion eines religiösen und weltlichen Oberhauptes übernahm als erster im 17. Jahrhundert der fünfte Dalai Lama Lobsang Gyatso. Als eine Art tibetischen Vatikan ließ der oberste Priester auf dem Marpori, dem Roten Berg, am Rande Lhasas auf den Überresten von König Songtsen Gampos »Schloß der Unsterblichkeit" den festungsartig angelegten Potala-Palast errichten, der von seinen Nachfolgern mehrfach erweitert wurde. Bis zur Flucht des 14. Dalai Lama 1959 vor den Chinesen nach Indien diente der Potala den tibetischen Gottkönigen als klösterliche Residenz, Regierungssitz und Verwaltungsgebäude.

Das Kloster wurde Museum
Wenn sich Bodennebel über dem Hochtal ausbreitet, erscheint der Potala den sich nähernden Pilgern aus der Ferne, als würde er über Lhasa schweben. Himmelstürmend ist seine Architektur mit den sich nach oben verjüngenden Mauern und eckigen Türmen. Der größte Teil der wabenartigen Fassaden erstrahlt in einem blendenden Weiß, nur einige obere Stockwerke sind ochsenblutfarben – dort, im »Roten Palast«, residierte der Dalai Lama. Inzwischen wurde das Gebäude in ein grandioses Museum tibetischer Kultur verwandelt, in dem Butterlämpchen Götterfiguren, Rollbilder, Weihrauchkessel und andere lamaistische Kunstschätze geheimnisvoll in gelbes Licht tauchen.

Lange hatten Lamapriester streng darauf geachtet, daß kein Fremder den Palast betrat – es hätte die Todesstrafe für ihn bedeuten können. Heute begegnet man in den 13 Stockwerken an manchen Tagen mehr ausländischen Touristen als Tibetern. Und statt des frommen Murmelns hört man die lauten Stimmen von Fremdenführern auf englisch ihre verwirrenden Zahlen aufsagen. 15 000 Säulen tragen die 1000 Räume des Potala mit ihren 10 000 Altären und 200 000 Statuen. Im unteren Teil besteht der Kellerboden an einer Stelle aus rotbraunem Fels, dem ursprünglichen Gipfel des Marpori. Als ältestes Gemäuer innerhalb des 400 Meter breiten Gebäudekomplexes gilt die »Brautkammer des Königs Srongtsan Gampo«. Das oberste Geschoß birgt die einstigen Privaträume des 14. Dalai Lama, der zum Ärger der Regierung in Peking nicht aufhört, im Exil für die Unabhängigkeit Tibets von China zu kämpfen.

Die kommunistische Ideologie tut sich schwer mit den Traditionen und dem Nationalbewußtsein der Tibeter. Im historischen Zentrum von Lhasa kommt es immer wieder zu Demonstrationen gegen die ungeliebten Machthaber. Mißtrauisch beäugt von chinesischen Polizisten umkreisen Gläubige in einer scheinbar nie endenden Prozession den Haupttempel Jokhang mit der Buddha-Statue. Mönche in prächtigen Roben, sonnenverbrannte Nomaden und zerlumpte Bettler beten weiter wie zu Zeiten der Gottkönige ihr Om Mani Padme Hum – »Heil Dir, Du Juwel in der Lotusblüte!«

Bis zur Flucht des Dalai Lama vor den chinesischen Besatzern diente der in 3683 Meter Höhe errichtete Potala-Palast den tibetischen Gottkönigen als klösterliche Residenz und Regierungssitz.

Wunderwerk Große Mauer

Die Chinesen bauten 2000 Jahre lang die größte Befestigungsanlage der Welt

ANREISE
Von Peking Züge und Touristenbusse (Abfahrt Qianmen beim Mao-Mausoleum) nach Badaling, Busse auch nach Mutianyu, 85 bzw. 95 km nordwestlich

BESTE REISEZEIT
September/Oktober

AUSSERDEM SEHENSWERT
Tal der 13 Ming-Gräber, 50 km nördlich von Peking, Kaiserpalast

Was für ein Bauwerk! Von allem, was Menschen im Laufe der Jahrtausende geschaffen haben, hat die Chinesische Mauer mit 6250 Kilometer Länge die meiste Arbeitskraft und das meiste Baumaterial erfordert. Nur sie allein, keine andere menschliche Schöpfung, ist nach Berichten amerikanischer Astronauten noch vom Mond aus mit bloßem Auge zu erkennen. Selbst dort, wo die Große Mauer verfallen ist, gleicht sie mit den Worten des französischen Schriftstellers André Malraux einem »sich wie seit alters her über die Hügel hinstreckenden verschlungenen Drachen«.

Es wäre allerdings falsch, sich die Mauer als ein durchgehendes Bollwerk Chinas gegen den Rest der Welt vorzustellen. Sie wurde im wesentlichen gegen Angreifer aus dem Norden errichtet. Und neben einer Hauptverteidigungslinie, die sich von den Steppen Turkistans 3450 Kilometer ostwärts bis an die Küste des Gelben Meeres hinzieht, gibt es noch zahlreiche Nebenmauern, die parallel zur äußeren Grenzbefestigung verlaufen oder als Teilstücke zum besonderen Schutz bestimmter Landesteile errichtet wurden. Aus der Sicht der Weltraumfahrer stellt sich so die Mauerlinie dar wie eine langgezogene Krakelei.

Schutz vor Überfällen

Erste sich über längere Strecken hinziehende Befestigungsanlagen entstanden im Norden Chinas schon viele Jahrhunderte vor der Zeitenwende. Sie sollten die Bauern in den fruchtbaren Ebenen Zentralchinas vor den Überfällen der Nomadenstämme schützen, die auf der Suche nach Weideland für ihre Viehherden häufig in den Süden einfielen. Mit dem Mauerbau großen Stils wurde im dritten Jahrhundert vor Christus während der Regierungszeit von Qin Shi Huangdi begonnen, des »Ersten Kaisers von China«. Einer Legende zur Folge ließ der Herrscher auf Empfehlung eines Zauberers »einen Mann mit dem Namen Wan« hinrichten und an einer Mauerbaustelle vergraben, weil nur so die Vollendung des Werkes gesichert werden könne.

Wahr ist auf jeden Fall, daß der sich bis ins 17. Jahrhundert hinziehende Mauerbau Hunderttausende von Arbeitern das Leben kostete. Die Baustelle verlief quer durchs Land über Berge und durch Schluchten. In sengender Hitze und in Eiseskälte mußten die Baumaterialien transportiert werden – 20 Pfund schwere Backsteine, behauene Felsbrocken und Unmengen Geröll als Füllmaterial für den Innenraum der bis zu neun Meter hohen und bis zu acht Meter breiten, von Zinnen gekrönten Wallanlage. Zur Zeit des Ersten Kaisers sollen an den Bauarbeiten 300 000 Soldaten und 500 000 zur Zwangsarbeit genötigte Bauern beteiligt gewesen sein, in späteren Jahrhunderten neben Strafgefangenen zeitweilig sogar 1,8 Millionen Bauern.

Aber selbst das größte Massenaufgebot hätte keinen Erfolg gehabt ohne den Erfindungsreichtum chinesischer Ingenieure und das Organisationstalent der für die jeweiligen Abschnitte eingesetzten Bauleiter, oftmals Offiziere. In der Regel benutzte man als Baumaterial Steine und Holz aus der Umgebung. Wo kein Naturstein vorhanden war, versuchte man an Ort und Stelle Backsteine und Ziegel herzustellen. In den Lößgebieten arbeitete man mit gestampftem Lehm; in der Wüste Gobi füllten Kulis das Mauerwerk mit Sand, Kieseln, Tamariskenzweigen und Schilf auf. Besonders sorgfältig mußte gebaut werden, wenn die Mauer Wildwasser und Flüsse durchquerte.

Etwa alle 100 bis 200 Meter errichtete das Handwerkerheer einen Wacht- oder Signalturm, insgesamt wohl an die 20 000. Durch Rauch auf den Türmen oder das Hissen einer Art Segel konnte man das Herannahen von Feinden signalisieren, um eigene Truppen heranzurufen, die auf der gepflasterten Mauerkrone schneller operieren konnten als jeder Gegner in offenem Gelände. Ergänzt wurde das Grenzsicherungssystem durch den Bau von Soldatenunterkünften und die Anlage befestigter Forts an strategisch wichtigen Stellen. Nicht immer konnten jedoch die Feinde abgewehrt werden. So überrannte der gefürchtete Mongolenherrscher Dschingis Khan China im Jahre 1211 trotz Mauer mit seinen Reiterhorden.

Alles in allem hat sich die größte Befestigungsanlage der Welt, an der rund 2000 Jahre gemauert wurde, aber bewährt. Immerhin sicherte sie den Chinesen über lange Zeiträume den Frieden und wurde zu einem Symbol nationaler Einheit. Und natürlich inspirierte sie die Dichter, so den Lyriker Ho Chifang, der in einem 1934 verfaßten Poem einen Reisenden schwärmen läßt: »Die Mauer ist wie eine lange Kolonne galoppierender Pferde, die in dem Augenblick, als sie ihren Nacken hochwarfen und schnauften, zu Stein erstarrten.«

Sollte die Mauer einst Fremde dem Land fernhalten, so erfüllt sie inzwischen den entgegengesetzten Zweck. Als Chinas größte Sehenswürdigkeit zieht sie Heerscharen von Touristen an. Vor allem nordwestlich von Peking herrscht auf der Großen Mauer ein Menschengewühl wie sonst nur auf dem New Yorker Broadway, auf den Pariser Champs Élysées oder dem Berliner Kurfürstendamm.

Quer durch Gebirge, Wüsten, Steppen, Sümpfe und Ackerland zieht sich 6250 Kilometer lang die Große Mauer hin, Chinas verschlungene Befestigungsanlage gegen Überfälle aus dem Norden. Zu den Bauarbeiten ließen Chinas Kaiser zeitweilig bis zu 1,8 Millionen Bauern zwangsrekrutieren. Hunderttausende haben den Frondienst nicht überlebt.

Blick in die Verbotene Stadt

Der alte Kaiserpalast in Peking hat seine Tore geöffnet

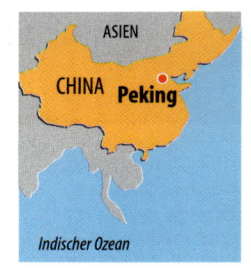

ANREISE
Flug oder ab Moskau sechstägige Fahrt mit der Transsibirischen Eisenbahn. Kaiserpalast/Tian´anmen-Platz: U-Bahn-Station Qianmen

BESTE REISEZEIT
September/Oktober

AUSSERDEM SEHENSWERT
Himmelstempel, Lamatempel, Konfuzius-Tempel, Sommerpalast, Beihai-Park

Die Menschen in Peking bewunderten die von einer zwölf Meter hohen Mauer umfriedete Residenz ihrer Kaiser einst als »Purpurstadt«. Denn purpurn sahen sie an klaren Tagen die vielen elegant geschwungenen Ziegeldächer in der Sonne leuchten. Aber kein Chinese, der nicht im Palast beschäftigt oder dahin eingeladen war, durfte die Pracht aus der Nähe auch nur ansehen. Hier war nach dem Selbstverständnis der Herrscher die »Mitte der Welt«, und mit Stockschlägen ließen sie jeden bestrafen, der um dieses Heiligtum nicht einen großen Bogen machte. Von daher rührt, daß ausländische Besucher dem Palastbezirk den noch heute im Westen gebräuchlichen Namen »Die Verbotene Stadt« gaben.

Hier residierten 24 Ming-Herrscher

Mit dem Bau des an Kunstschätzen reichen Gebäudekomplexes wurde Anfang des 15. Jahrhunderts begonnen, als die Ming-Kaiser ihren Sitz von Nanking in die neue Hauptstadt Peking verlegten. 100 000 Handwerker und eine Million Sklaven sollen es gewesen sein, die auf einem 72 Hektar umfassenden, für den Herrscher reservierten Areal den Kaiserpalast, Unterkünfte für den Hofstaat und repräsentative Hallen errichteten. Die meisten dieser hölzernen Bauten fielen allerdings später Feuersbrünsten zum Opfer. Und beim Wiederaufbau wurde vieles verändert, so daß die heutige Architektur der Verbotenen Stadt großenteils aus dem 18. Jahrhundert stammt.

24 Kaiser residierten in dem sogenannten Alten Palast, bevor die Anlage nach dem Ende der Monarchie und dem Sieg der chinesischen Kommunisten unter Mao der Öffentlichkeit zugänglich gemacht wurde. Unüberschaubare Besucherscharen schieben sich heute durch das Mittagstor in das Innere des Palastbezirks mit der berühmten Halle der Höchsten Harmonie, einer riesigen Holzkonstruktion aus dem 17. Jahrhundert, bei der

zugunsten hölzerner Zapfen auf jegliche Verwendung von Nägeln verzichtet wurde. Sie ist 35 Meter hoch, und ihr Dach wird von 24 Kampferholzsäulen getragen, von denen die Hälfte mit einer Goldschicht versehen ist. In der Mitte steht auf einem Palisanderpodest der ebenfalls vergoldete Kaiserthron unter einem an der Decke angebrachten goldenen Drachen. Von dieser Stelle aus verkündeten die Kaiser, die sich als »Himmelssöhne« verstanden, dem vor ihnen auf dem Bauch liegenden Hofstaat ihre Befehle und neuen Gesetze.

Ein zweiter Kaiserthron steht in der angrenzenden, etwas schlichter ausgestatteten Halle der Vollkommenen Harmonie (Zhonghedian), die den Herrschern über das Reich der Mitte zur Ruhe und Meditation diente. Eine weitere Halle, als Baohedian der »Erhaltung der Harmonie« zwischen Himmel und Erde gewidmet, wurde für Audienzen und festliche Bankette genutzt. Heute stellt die Volksrepublik hier archäologische Schätze aus.

Sinnbilder der Macht

Aber auch ohne diese Ausstellung gibt es in der Verbotenen Stadt mehr an Kunstwerken zu sehen, als ein Mensch bei nur einem Besuch aufnehmen kann. Kostbare Paravents und Stiche gehören zum Interieur, große Standbilder aus Stein und Bronze zeigen Tiere der chinesischen Mythologie, beispielsweise Schildkröten und Kraniche als Symbole der Langlebigkeit und Löwen als Sinnbilder kaiserlicher Macht. Ein besonders grimmiger Leu hat die Pranke erhoben – zum Zeichen dafür, daß der Herrscher hart zuschlagen werde, falls es das Volk an Gehorsam fehlen lasse.

Insgesamt soll der Palastbezirk 9000 verschiedene Räume umfassen. Allein für die zahllosen Eunuchen und Konkubinen waren im Laufe der Jahrhunderte immer neue Unterkünfte erforderlich geworden. Nach alter Tradition durfte sich jeder Kaiser drei Hauptfrauen, sechs sogenannte Favoritinnen und 72 Nebenfrauen leisten. Doch das war manchen nicht genug. Einige »Himmelssöhne« brachten es, wie Sinologen nachwiesen, auf die unglaubliche Zahl von bis zu 2000 Konkubinen. Als Ausweis, der ihnen Kost und Logis sicherte, trugen die Damen Goldplaketten mit ihrem eingravierten Geburtsdatum und Geburtsort.

Auch diesen Schmuck gibt es in der nicht mehr verbotenen Stadt zu besichtigen. Und der Andrang davor ist oft größer als vor viel kostbareren Kunstschätzen.

Tausende von Holzschnitzern, Malern und Vergoldern, 100 000 Handwerker und eine Million Sklaven erbauten die Verbotene Stadt, den Pekinger Kaiserpalast. Das Foto links zeigt eine kunstvoll gestaltete Kuppel, das rechte Bild einen Blick auf das »Tor der Göttlichen Kühnheit«, den nördlichen Ausgang der Palastanlage.

Die tönerne Armee

Chinas Erster Kaiser ließ sein Grabmal von Terrakotta-Kriegern bewachen

Anreise
Flüge von Peking oder Hongkong nach Xi'an, Bahnfahrt Peking–Xi'an 1165 km. Busse zum Grab des Qin Shi Huangdi 30 km nordöstlich von Xi'an, Züge nach Lintong

Beste Reisezeit
September

Ausserdem sehenswert
Thermalquelle Huaqing, Große Moschee und Große Wildganspagode in Xi'an

Ein Meter, zwei Meter, drei Meter – bald müßte der Brunnenschacht die richtige Tiefe erreicht haben. Aber statt auf Grundwasser stießen Bauern einer chinesischen Landkommune 1974 nordöstlich der Regionalhauptstadt Xi'an auf die Köpfe lebensgroßer Soldaten aus gebranntem Ton. Als Archäologen in den Maisfeldern zwischen dem Berg Li und dem Fluß Wei nachgruben, war die Sensation perfekt: Unter dem Acker standen in Reih und Glied Tausende Terrakotta-Krieger: eine ganze Armee ...

Das unterirdische Heer, von dem bis heute immer neue Bataillone ans Tageslicht befördert werden, gehört zur gigantischen Anlage eines Mausoleums, das sich im dritten Jahrhundert vor unserer Zeitrechnung Qin Shi Huangdi bauen ließ, der sich selbst den Titel Erster Kaiser von China gegeben hatte. Er ging in die chinesische Geschichte als ein Mann ein, der die zerstrittenen Königtümer des Landes zu einem Riesenreich einte, den Bau der Großen Mauer vorantrieb, die Schrift und die Gesetzgebung reformierte, aber auch mißliebige Gelehrte lebendig begraben und Bibliotheken verbrennen ließ.

Monument der Maßlosigkeit

Rund drei Jahrzehnte vor seinem Ableben befahl Kaiser Qin Shi Huangdi (auch Ch'in Shi Huang-ti geschrieben) Chronisten zufolge 700 000 Zwangsarbeiter aus allen Teilen Chinas herbei, um sich ein palastartiges unterirdisches Mausoleum bauen zu lassen. Auch ein kupferner Sarkophag für den Herrscher wurde schon angefertigt und die mit Schätzen angefüllte Grabkammer durch automatisch schießende Armbrüste vor Plünderern geschützt. Als der Kaiser gestorben war, ließ sein Sohn und Nachfolger mit dem Toten auch dessen kinderlose Konkubinen begraben und zum Schluß in dem Mausoleum alle jene lebendig einmauern, die von den darin verwahrten Kleinodien wußten.

Über dem Kaisergrab häuften Sklaven einen mehr als 50 Meter hohen Berg aus gestampftem Lehm an, der mit Zypressen und Fichten bepflanzt wurde. In Sichtweite dieses Hügels, der heute mit Obstbäumen bewachsen ist, machten 1974

148

die Brunnenbauer ihren aufsehenerregenden Fund. Die Ausgrabungen der folgenden Jahrzehnte lassen vermuten, daß der Kaiser unter der Erde sein ganzes Heer bei sich haben wollte, zwar nur in Ton, aber in Lebensgröße. Östlich des Grabhügels wurden inzwischen rund 8000 Terrakottakrieger freigelegt, und es ist nicht auszuschließen, daß weitere tönerne Heere auch im Norden, Westen und Süden des Mausoleums vergraben wurden.

In der inzwischen durch ein weit ausladendes Dach geschützten Ausgrabungsstätte bilden die in Viererreihen angetretenen Tonkrieger lange Kolonnen innerhalb mehrerer Korridore, von den Archäologen »Unterstände« genannt. Die Figuren führen Pferde und Streitwagen mit sich, tragen zum Teil echte Waffen und können dank überaus sorgfältig nachgebildeter Uniformen und Leibpanzer leicht den verschiedenen militärischen Einheiten zugeordnet werden. So gibt es Infanteristen, Speerwerfer, Armbrust- und Bogenschützen, Kavalleristen mit Schlachtrössern am Zügel, Streitwagenlenker, Offiziere und einen alle überragenden fast zwei Meter großen General mit kunstvoll geschlungenem Halstuch und drei Zierschleifen an der Brust.

Jedes Gesicht ist anders

Um diese Tausende von Figuren zu formen, müssen hervorragende Künstler und Dutzende von Tonbrennereien tätig gewesen sein. Während die Rümpfe meist in Massenproduktion gefertigt wurden, sind Köpfe und zum Teil auch Hände einzeln modelliert und nachträglich angebracht worden. Überaus sorgfältig gingen die Soldatenmacher beim Nachbilden der Haartrachten vor. So hat man allein bei den Kriegern 24 verschiedene Arten von Schnurrbärten gezählt. Auch bei den Kopffrisuren gibt es zahlreiche Varianten.

Was am meisten erstaunt, ist der meist sehr lebendig wirkende und verschiedenartig gestaltete Gesichtsausdruck der Terrakotta-Krieger. Man hat den Eindruck, daß den Skulpteuren Männer aller Stämme des riesigen Kaiserreiches Modell gestanden haben. Es gibt breite, mongolisch wirkende Gesichter, Männer mit auffallend hoher Stirn oder markanten Nasen. Von besonders individueller Prägung sind die Gesichter der Offiziere. Von künstlerisch hohem Niveau sind auch die Terrakotta-Pferde. Mit meist offenem Maul, geblähten Nüstern und gespitzten Ohren vermitteln sie den Eindruck ungestümer Kraft.

Bleibt die Frage, welche Geheimnisse der sich in der Nähe erhebende Grabhügel noch birgt. Bislang scheuten die modernen Chinesen davor zurück, die Totenruhe des Ersten Kaisers, seiner Konkubinen und der eingemauerten Dienerschaft zu stören.

Qin Shi Huangdi, der Erste Kaiser von China, ließ im dritten Jahrhundert vor unserer Zeitrechnung den Bau der Großen Mauer vorantreiben und für sich selbst nordöstlich der heutigen Provinzhauptstadt Xi'an als Mausoleum einen unterirdischen Palast anlegen. In der Nähe der Grabstätte entdeckten Archäologen seit 1974 rund 8000 lebensgroße Terrakotta-Soldaten (oben links), die offenbar zum symbolischen Schutz des Mausoleums einst vergraben worden waren. Die Soldaten sind durch den jeweils individuellen Ausdruck ihrer Gesichter zu unterscheiden (rechts).

Hinauf auf den heiligen Fuji

Japans höchster Berg ist ein traditionsreicher Wallfahrtsort

ANREISE
Odakyu-Linie von Tokio nach Yumoto, von dort Hakone-Tozan-Bergbahn

BESTE REISEZEIT
Oktober bis Dezember

UNTERKUNFT
Hotel Fujiya in Miyanoshita

AUSSERDEM SEHENSWERT
Schwefelhöhlen, Ashi-See

Er ist das häufigste Motiv japanischer Landschaftsmaler. Auf zarten Tuschezeichnungen, mehr auf Aussparen als auf Ausschmücken angelegt, zeigt ein einziger diagonal in die Höhe und nach kurzem Verharren wieder schräg in die Tiefe verlaufender Pinselstrich die Umrisse des verehrten Objekts. Seine ebenmäßige Schönheit und seine im Lande unübertroffene Höhe von 3776 Metern haben den Fuji-san oder deutsch Fudschijama zum heiligen Berg und Wahrzeichen Japans gemacht.

Auch wenn sein Gipfel meist von einer leuchtenden Schneekappe bedeckt ist, handelt es sich beim Fuji-san um einen gelegentlich feuerspeienden Vulkan. Der Hauptkrater ist 150 bis 200 Meter tief und hat einen Durchmesser von 600 Metern. Dazu kommen etwa 70 an den Seitenhängen entstandene kleinere Krater. Beim letzten Fuji-Ausbruch im Jahre 1707 war der Ausstoß von Asche so heftig, daß noch in 90 Kilometer Entfernung die Stadt Edo, das heutige Tokio, zwölf Zentimeter dick damit bedeckt wurde.

Wie in der Malerei spielt der Kraterberg auch in der japanischen Poesie eine große Rolle. Das Ebenmaß seiner Umrisse wurde besungen, der an manchen Tagen über den Wolken schwebende Gipfel und der Zauber der Landschaft zu seinen Füßen, wo noch Urwälder wuchern und sich der heilige Berg in den fünf Fuji-Seen spiegelt. Hier steht die durch fortschreitende Besiedelung bedrohte Natur seit einiger Zeit als Fuji-Hakone-Isu-Nationalpark unter dem besonderen Schutz der Regierung.

Ein Bild der Reinheit
Ähnlich wie den Olymp in der griechischen Antike umgab auch den Fuji-san schon in früher Zeit der Nimbus des Göttlichen. Wo anders denn als auf diesem mächtigen Thron sollten die Götter wohnen? Auch der in Japan vorherrschenden Religion des Schintoismus, der Elemente eines alten Ahnen- und Naturkultes in sich vereinigt, gilt der Fuji als heilig. Seit langem ist es darum unter Schinto-Gläubigen Tradition, ihn als Pilger zu besteigen, weiß gewandet und mit Strohsandalen an den Füßen. Die formale Schönheit des Berges gilt den Wallfahrern als Ausdruck absoluter Reinheit, die der Schintoismus auch für den Menschen anstrebt.

Von den Buddhisten Japans wird der Fuji-san gleichfalls verehrt. Der buddhistische Samurai und Guru Nichiren forderte seine Glaubensbrüder schon im 13. Jahrhundert auf, am Berg Fuji ein »Heiligtum des wahren Buddhismus« zu errichten. Eine buddhistische Organisation, die Soka-Gakkai-Gesellschaft, hat diese Forderung des Samurai Ende der siebziger Jahre des 20. Jahrhunderts mit dem Bau des Scho-Hondo-Tempels erfüllt. Die moderne Betonkonstruktion, als weltgrößter Tempel gepriesen, steht im Tempelbezirk von Taisekiji auf einer kleinen Anhöhe, von der aus man einen besonders reizvollen Blick auf den heiligen Berg genießen kann.

Auf dessen steilen Pfaden stellen die singenden Schinto-Pilger und andere Fromme inzwischen eine exotische Minderheit dar. Denn längst ist es in Japan zu einem Volkssport geworden, wenigstens einmal oder besser mehrmals im Leben den mythischen Gipfel zu erklimmen. Es gibt im Sommer Wochenenden, an denen sich 30 000 Menschen mit Kind und Picknickkörben hinauf zum Kraterrand drängeln. Die Gesamtzahl der Besucher pro Jahr wird auf mehr als eine halbe Million geschätzt.

Im Gegensatz zu den Schinto-Wallfahrern, die ihren Aufstieg vorschriftsmäßig am Fuß des 3776-Meter-Berges beginnen, macht es sich die große Masse der Gipfelstürmer allerdings bequemer. Man startet auf einem Busparkplatz in 2300 Meter Höhe, von dem aus es bis zum Kraterrand nur noch fünf bis sieben Stunden Fußmarsch sind.

Vorbei an Schinto-Schreinen (linke Seite unten) wallfahren fromme Pilger in einer Lichterprozession (rechts) zum Gipfel des Fuji-san oder Fudschijama, der sich 3776 Meter hoch über den Seen des Fuji-Hakone-Isu-Nationalparks erhebt (oben).

Kioto, die alte Kaiserstadt
Tempel und Schinto-Schreine in der Schatzkammer japanischer Kultur

Anreise
Mit dem Hochgeschwindigkeitszug Shinkansen knapp drei Stunden ab Tokio (514 km)

Beste Reisezeit
Oktober bis Dezember

Unterkunft
Miyako Hotel, Sanjo Keage (Stadtteil Higashiyama-ku)

Ausserdem sehenswert
Koya-san (Heiliger Berg), 100 km südlich

Das Jahr 794 ging als bedeutendes Datum in die japanische Geschichtsschreibung ein. Damals gründeten die Inselbewohner mit Hilfe koreanischer Einwanderer eine neue Hauptstadt und Residenz ihres Kaisers Kammu (781–806), des Tenno. Anfangs wurde der neue Ort Heiankio genannt, doch berühmt als kulturelles und religiöses Zentrum Japans wurde er später unter dem Namen Kyoto, heute Kioto geschrieben.

Die neue Kaiserstadt wurde nach chinesischem Vorbild in Form eines Rechtecks angelegt, über fünf Kilometer lang und viereinhalb Kilometer breit. Absolute Symmetrie bestimmte auch die Errichtung der verschiedenen Bezirke. Alle Straßen und Gassen innerhalb des städtischen Wall- und Grabenringes bildeten rechte Winkel. Doch dieses strenge Muster fand schnell Auflockerung durch den Formenreichtum und die Farbigkeit altjapanischer Architektur, die sich hier viele Jahrhunderte lang entfalten konnte und die Stadt zu einer der größten Sehenswürdigkeiten Japans machte.

Schutzdächer gegen Dämonen

Noch im Gründungsjahr zog die kaiserliche Familie von Nara, der ersten Hauptstadt Japans (seit 710), in die neue Residenz um. Auch der Kaiserpalast und die ersten Tempelbauten waren stark von der chinesisch-buddhistischen Architektur beeinflußt. So bevorzugte man leicht geschwungene Dächer, so gebogen, daß ein daran hinunterrutschender Dämon statt auf dem Boden zu landen wieder schräg nach oben »abgeleitet« würde. Der ursprünglich im Norden der Stadt errichtete, später aber nach Nordosten verlegte Palast des Tenno brannte 1228 völlig nieder und wurde in der alten Form erst 1856 als »Alter Kaiserpalast« neu aufgebaut. Zusammen mit dem Nijo-Palast erweckt er seitdem Erinnerungen an Glanz und Macht der Feudalzeit.

Bis heute ist das Zentrum von Kioto – mittlerweile eine Stadt mit mehr als anderthalb Millionen Einwohnern – von mittelalterlichen Tempeln und Palästen geprägt. Als ältester erhaltener Sakralbau gilt der Tschionin-Tempel der Jodo-Sekte. Er stammt noch aus dem 13. Jahrhundert, erhielt sein beeindruckendes Portal allerdings erst 500 Jahre später. Der aus China importierte, aber schnell der japanischen Denkweise angepaßte Buddhismus fand in Kioto seinen architektonischen Ausdruck in dem aus dem 13. Jahrhundert stammenden Tempel Sanjusangendo (Tempel der 33 Nischen) und den besonders kunstvoll ausgeführten Tempeln Nishi-Honganji und Higashi-Honganji.

Kult der Einfachheit
Der durch den Stil der traditionellen Teezeremonien unterstützte Kult der Einfachheit bei der Gestaltung von Wohnformen erreichte einen Höhepunkt in der kaiserlichen Villa, die im 17. Jahrhundert in Katsura bei Kioto errichtet wurde. Als Grundmaß für alle Räume galt den Baumeistern das Tatami, die auf dem Boden liegende Schlafmatte. So sind die kleinsten Räume vier Matten groß, andere ein Vielfaches davon. Als Besonderheit weist das Gebäude eine »Plattform zum Betrachten des Mondes« auf.

Auch hervorragende Beispiele für japanische Gartenkunst sind in der alten Kaiserstadt zu finden. Unter dem Einfluß von Zen-Meistern entstanden hier die Miniaturlandschaften der Steingärten. Sie waren nicht zum Durchwandeln gedacht, sondern sollten wie Tuschemalereien als Kunstwerke verstanden werden. Als besonders gelungene Symbiosen von gestalteter Natur und Architektur gelten die Anlagen Kinkakuji aus dem 14. und Ginkakuji aus dem 15. Jahrhundert.

Nirgendwo sonst in dem Inselstaat findet man so viele Zeugnisse japanischer Hochkultur so dicht beieinander. Kenner Kiotos nennen die alte Kaiserstadt mit ihren mehr als 1500 buddhistischen Tempeln, Klöstern und Gärten, 200 Schinto-Schreinen, feudalen Pavillons und Palästen die größte Schatzkammer des Landes. Die Zeit, in der die japanischen Kaiser in Kioto hofhielten, endete 1868. In jenem Jahr wurde Tokio die neue Hauptstadt und Residenz der »Himmelskönige«.

Mittelalterliche Tempel und Paläste, immer wieder sorgsam restauriert, prägen das Bild des alten Zentrums. Die Fotos zeigen im Uhrzeigersinn die kunstvollen Dächer des Heian-Schreins, eine Tierskulptur am Fushimi-Inari-Tempel, den Daisen-in-Garten und den Goldenen Tempel.

Vietnams Kaiser bauten in Hue ihre »Verbotene Stadt«

Paläste und Mausoleen erinnern am Parfümfluß an die einstige Macht

ANREISE
Flüge von Hanoi und Ho-Chi-Minh-Stadt (ehemals Saigon) nach Hue. Bahnverbindung (»Wiedervereinigungs-Expreß«) mit beiden Städten

BESTE REISEZEIT
Juni/Juli

UNTERKUNFT
Century Riverside und Huong Giang. Beide Hotels in der Straße Le Loi mit Blick auf den Palast

Schon beim Anflug auf Hue sind die vielen Gräber zu erkennen, von denen die Stadt umgeben ist. In den größten, von Palästen und Pavillons überbaut, werden die Gebeine von Kaisern verwahrt. Gewöhnlichere Tote liegen unter kreisrunden Erdhügeln. Davon gibt es Tausende. Neben Rundgräbern mit steinernen Einfassungen gibt es kleine unscheinbare, die für Kinder angelegt wurden, und noch winzigere – für Fehlgeburten. Auch im Tod blieb in der alten vietnamesischen Kaiserstadt Hue die Rangordnung gewahrt.

Die Stadt am Huong Giang, dem Parfümfluß, gehörte zu den umkämpftesten Orten des annamitischen Reiches, dessen Grenzen sich großenteils mit denen des heutigen Vietnam decken. Ende des 17. Jahrhunderts wurde Hue, damals noch Phu Xuan genannt, zur Festung ausgebaut, hatte wechselnde Lokalfürsten zu Herren, ehe es dann 1804 unter Kaiser Gia Long zur Residenz der Nguyen-Dynastie und Hauptstadt des vereinigten Annam aufstieg.

Nach Pekinger Vorbild ließ sich Kaiser Gia Long als persönliche Residenz auf dem Zitadellengelände eine »Verbotene Stadt« bauen. Von hohen Mauern und einem Wassergraben umgeben, stellt der Palastbezirk von Hue seitdem eine Festung in der Festung dar, die ihrerseits durch hohe Wälle und ein System tiefer Gräben geschützt ist. Bei der Gestaltung der Gesamtfläche bemühten sich Architekten und Gärtner um größte Harmonie zwischen Bebauung und Natur. Verließ der Kaiser seinen Palast, lustwandelte er durch einen Landschaftsgarten mit kleinen Teichen und Wasserläufen, künstlichen Inseln, Pavillons, Adelsquartieren und Tempeln.

Den Haupteingang zur Dai Noi, der »Kaiserstadt«, ließen die neuen Herrscher mit dem kunstvollen Mittagstor überbauen, dessen zweistöckige Pavillons mehrere verschachtelte Dächer aufweisen, das mittlere mit goldenen, die anderen mit grünen Ziegeln abgedeckt. Gleich hinter dem Tor gelangte man in die mit rot und golden lackierten Schnitzereien verzierte Thronhalle des »Palastes der Höchsten Harmonie«. Drei Stufen führten am Ende eines Säulenganges zum Thron des Kaisers von Annam, ein Amt, das als letzter Angehöriger der Nguyen-Dynastie bis Mitte des 20. Jahrhunderts Kaiser Bao Dai inne hatte.

Steinerne Wächter am Grab
Architektonische Kleinodien stellen die sechs berühmten Kaisergräber von Hue dar. Betont schlicht im Stil ist mit zwei einfachen Steinsarkophagen in der Mitte die harmonisch der parkähnlichen Umgebung angepaßte Grabanlage von Kaiser Gia Long und Kaiserin Thua Thien Cao. Pompösere Mausoleen ließen sich noch zu ihren Lebzeiten die meisten übrigen Herrscher bauen. Am Grab Kaiser Minh Mangs stehen steinerne Elefanten, Pferde, Krieger und zivile Würdenträger Wache. Kaiser Thieu Tris ruht in einem von Wasser umgebenen Tempel, und Kaiser Tu Duc hat in seine Begräbnisstätte einen auf Pfeilern über einem Teich stehenden Pavillon einbeziehen lassen, seinen Lieblingsort für Ruhe und Meditation.

Viele Bauten und Kunstschätze der Kaiserstadt Hue gingen durch den Vietnamkrieg verloren. Im Februar 1968 hißten erstmals kommunistische Vietcong ihre Fahne auf dem kaiserlichen Flaggenturm vor dem Mittagstor. Amerikaner und Südvietnamesen eroberten die Stadt nach zwei Wochen zurück, bis dann endgültig das kommunistische Regime in Hanoi den Sieg errang. Allein in und um Hue kamen an die 10000 Menschen ums Leben. Runde Grabhügel, die nun langsam von tropischem Grün überwuchert werden, sind die letzte Erinnerung an sie.

Der Haupteingang zum kaiserlichen Palastbezirk auf dem Zitadellengelände führt durch das mit einer eleganten Pavillonkonstruktion überbaute Ngo Mon, das Mittagstor. Von dort gelangt man zum Thai Hoà, dem »Palast der Höchsten Harmonie« (unten), mit der Thronhalle, in der die Herrscher der Nguyen-Dynastie offizielle Gäste empfingen.

Die Pracht von Angkor Wat
Im Urwald Kambodschas lag eine der größten und reichsten Städte Asiens

ANREISE
Flüge nach Siemreap über Bangkok/Phnom Penh (der Landweg ist extrem unsicher!)

BESTE REISEZEIT
November/Dezember

UNTERKUNFT
Grand Hotel d´Angkor in Siemreap

Wie ein goldenes Gebirge erhoben sich die Türme des königlichen Tempelbezirks Wat über Angkor, der Hauptstadt des Khmer-Reiches im Nordwesten von Kambodscha. Mit einer Million Einwohnern, tausend glänzenden Kuppeln und unzähligen Standbildern hinduistischer Götter soll sie kurz nach der ersten Jahrtausendwende die prächtigste Metropole Asiens gewesen sein. Chou Takwan, ein chinesischer Gesandter, sah in den Straßen Prinzessinnen unter roten Sonnenschirmen auf Elefanten reiten, roch den Duft von Jasmin und hörte Musik von Zimbeln, Schnabelflöten und aufeinander abgestimmten Gongs.

Es war der Khmer-König Suryavarman II., der während seiner Regierungszeit von 1113 bis 1150 mit dem Bau der Tempelanlage Angkor Wat die schon vorhandenen Prunkbauten noch um ein Vielfaches übertraf. Auf knapp einem Quadratkilometer Grundfläche, eingefaßt von einem 200 Meter breiten Wassergraben, entstand ein heiliger Bezirk, in dessen Zentrum ein aus Sandsteinquadern aufgeschichteter kunstvoller »Tempelberg« mit fünf bis zu 65 Meter hohen Kuppeln das Universum mit dem mythischen Berg Meru symbolisierte.

Dieses umfangreichste Heiligtum Asiens war sowohl dem Hindu-Gott Wischnu als auch Suryavarman II. gewidmet, der sich von seinem Volk als Gottkönig verehren ließ und zum Zeichen seiner Würde das »goldene Schwert Indras« trug. Reliefs, die das gesamte Bauwerk umliefen, schilderten darum neben hinduistischen Heiligen-Legenden auch Stationen aus dem Leben des Herrschers, von dem es hieß, er vermähle sich jede Nacht unter der höchsten Tempelkuppel mit einer neunköpfigen Himmelsschlange, die für den göttlichen Zeugungsakt die Gestalt eines schönen Mädchens annehme. Im Zentrum des Heiligtums wurde Suryavarman – wie er es befohlen hatte – dann auch bestattet.

Der Dschungel siegte

Die Blütezeit der Stadt mit ihren zahlreich angelegten Wasserreservoirs und künstlich bewässerten Reisfeldern – es gab zwei bis drei Ernten pro Jahr – endete im 14. Jahrhundert, als Angkor von Thai-Kriegern überfallen wurde. Nach einer Brandschatzung durch Soldaten des Königs von Siam wurde die Stadt 1431 aufgegeben und geriet in Vergessenheit. Der Dschungel überwucherte die Anlagen von Angkor Wat sowie die zahlreichen anderen Tempel, Paläste und künstlichen Bewässerungssysteme. Erst 1860 wurden die Mauern und Türme des Königstempels in der Wildnis von Kambodscha von dem französischen Forscher Henri Mouhot wiederentdeckt. Er beschrieb sie als gewaltiger als alles, was er an den antiken Stätten Griechenlands und Roms gesehen hatte.

Weitere Expeditionen brachten, verteilt über 600 Quadratkilometer Urwald, immer neue Ruinenstätten zutage. Ein großer Teil der Bauten, die durch Erosion ein bizarres Aussehen angenommen hatten, wurde später von französischen Archäologen freigelegt, vor weiterem Verfall bewahrt und teilweise renoviert. Als der deutsche Fernsehjournalist Hans Walter Berg 1957 Angkor besuchte, empfand er die Tempelanlagen als »ausgewogener, symmetrischer und gewaltiger als ihre indischen Hindu-Vorbilder«, notierte aber auch, daß das Großartigste für ihn die »Verschwisterung von majestätischer Kunst mit der üppig wuchernden Tropennatur« sei, Götterbilder, die aus dem Urwald herauswüchsen, Busch, der Mauerwerk sprenge und mit Ranken und Wurzeln wieder zusammenklammere.

Vieles, was in Angkor neu aufgebaut worden war, begann während des blutigen Kambodschakrieges in den siebziger Jahren wieder zu verfallen. Zugleich wurden zahlreiche Statuen und Reliefs der Hochkultur der Khmer von barbarischen Nachkömmlingen mutwillig zerstört.

Erst 1987 konnten die Restauratoren mit ihrer Arbeit am Tempelberg Angkor Wat und anderen bedeutenden Ruinen im Umfeld fortfahren.

Das von einer 200 Meter breiten Wasserfläche umgebene Heiligtum Angkor Wat (links oben) entstand im zwölften Jahrhundert und diente der Verehrung des Hindu-Gottes Wischnu und des Bauherrn Suryavarman II., der sich vom Volk der Khmer als Gottkönig feiern ließ. In der Umgebung der Tempel- und Palastanlage entdeckten Archäologen in den vergangenen hundert Jahren zahlreiche weitere Heiligtümer wie die Ruinen von Pré Rup Angkor (oben rechts) und den Bantea Srei Tempel (unten).

Wo der Smaragd-Buddha die Kleider wechselt

Die Königspaläste und das Heiligtum Wat Phra Keo in Bangkok

ANREISE
Expreß-Boote auf dem Menam, Anlegestelle Ta Chang

BESTE REISEZEIT
November bis Februar

UNTERKUNFT
Hotel Sukhotai, 13/3 Sathorn Tai Road

AUSSERDEM SEHENSWERT
Tempel Wat Pho, Wat Saket, Nationalmuseum, Jim Thompson´s House

Boote voll grüner Kochbananen auf dem Menam-Fluß, golden in der Sonne glitzernde Turmspitzen, weiße Geisterhäuschen an allen Wegen, Scharen von Mönchen in safrangelben Roben, blaue und jadegrüne Heiligenstatuen zwischen scharlachroten Säulen – die alten Viertel von Bangkok sind ein Fest für die Augen. Trotz sieben Millionen Einwohner, boomender Industrie und Wolkenkratzerhotels neben zierlichen Tempeln hat sich die thailändische Hauptstadt ihre liebenswürdigen Traditionen und ihren unvergleichlichen Charme bewahrt.

Die Metropole am Menam wurde von der Chakkri-Dynastie gegründet, die 1782 durch einen Offiziersputsch die Macht im alten Königreich Siam übernahm und den Thron bis in die Gegenwart geschickt verteidigte. Jüngster Chakkri-Herrscher, 1950 als Rama IX. in Bangkok gekrönt, ist König Bhumibol. Gemeinsam mit Königin Sirikit trug der konstitutionelle Monarch durch Staatsbesuche im Ausland viel dazu bei, seine Heimat in eines der bedeutendsten Touristenziele Asiens zu verwandeln.

Für kunstsinnige Besucher Bangkoks hat Bhumibol den größten Teil der königlichen Residenz zur Besichtigung freigegeben, mit deren Bau sein Vorfahr Rama I. Ende des 18. Jahrhunderts am östlichen Menam-Ufer begonnen hatte. Auf einem rund einen halben Quadratkilometer großen Geländeviereck entstanden Paläste, Krönungshallen, Ministerien und ein buddhistisches Kloster mit Tempeln und vergoldeten Reliquientürmen, den Chedis.

Eines der ältesten Gebäude, 1783 erbaut, birgt unter fünf übereinander gestaffelten Spitzgiebeln die erste Krönungshalle der Chakkri-Herrscher. Hier stehen noch der schwarze, mit Perlmuttintarsien verzierte Thron von Rama I., ein zweiter Thronsessel und das Bett des Königs. An den grün und golden schimmernden Saalwänden sind Engel dargestellt, die aus Lotusblumen emporschweben. Krung Thep, »Stadt der Engel«, wird Bangkok von den Thai genannt.

Tiere dienen als Wächter

Von den vier weiteren Palästen der Königsresidenz ist der »Große Palast der Chakkri-Dynastie« der imposanteste und architektonisch besonders kurios. Britische Baumeister errichteten ihn 1876 während der Regierungszeit König Chulalongkorns als eine Art Renaissanceschloß, überdachten dann aber alles im thailändischen Stil mit gestaffelten Giebeln, aus denen geschnitzte Himmelsschlangen hervorlugen, überragt von Tempeltürmchen mit hochgezogenen dünnen Spitzen.

Der angrenzende Sakralbezirk Wat Phra Keo, »Kloster des Smaragd-Buddhas«, gehört zu den beeindruckendsten Zeugnissen thailändischer Tempelbaukunst. Die sechs Zugangstore werden von zwölf riesigen Yak-Skulpturen bewacht. Teils als Glücksbringer, teils ebenfalls als Wächter sind im übrigen Gelände weitere Tiermonumente zu sehen – Elefanten, Kühe, Löwen und Fabelwesen aus Stein oder Bronze. Eine rechteckige Halle mit blau-goldenen Außenwänden und einem mit kleinen Glöckchen geschmückten Staffeldach enthält das heiligste Symbol des Königreiches: den auf einem elf Meter hohen Sockel thronenden »Smaragd-Buddha«. Es ist eine 66 Zentimeter große, aus einem Stück geschnittene Jadefigur.

König Rama I. erklärte die grüne Statue 1784 zum Schutzgott der Chakkri-Dynastie. Voller Verehrung bauten die Thais dem kleinen Buddha einen eigenen Tempel, den Bot, und verzierten das Heiligtum mit 112 Garuda-Figuren, Adlern mit Menschenköpfen, den Symboltieren des in den buddhistischen Glauben übernommenen Hindugottes Wischnu. Und damit der Smaragd-Buddha nicht nackt dastehen mußte, schneiderte man ihm bei Hofe goldene, mit Edelsteinen besetzte Gewänder. Mit viel Glück kann man König Bhumibol dabei zusehen, wie er in einer feierlichen Zeremonie dreimal im Jahr – vor der Regenzeit, vor der heißen und vor der kühlen Periode – dem Schutzgott Thailands höchstpersönlich die Kleider wechselt.

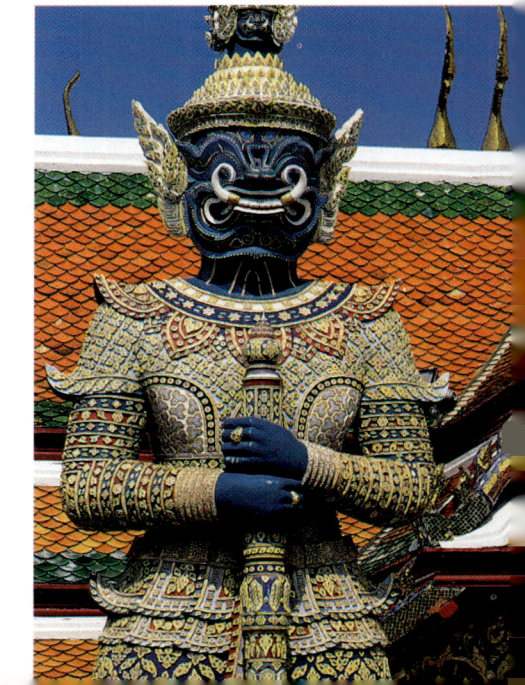

Eine Buddha-Statue im Wat Phra Keo, dem Bangkoker »Kloster des Smaragd-Buddhas«. Das Heiligtum entstand Ende des 18. Jahrhunderts in unmittelbarer Nachbarschaft des königlichen Palastbezirks, in dem seit 1950 König Bhumibol und Königin Sirikit residieren.

Aus Anlaß des 2500. Todestages Buddhas wurden

die verschachtelten Tempeldächer, goldenen Chedi-Türme, prachtvollen Fassaden und bunten Wächter-Figuren von Wat Phra Keo sorgfältig restauriert.

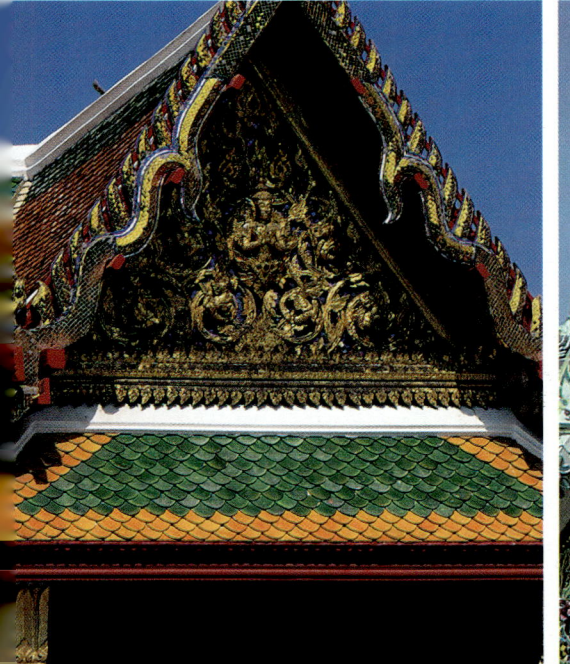

Tempel der »Vielen Buddhas«

Borobudur, die bedeutendste Pilgerstätte auf Java

Anreise
Internationale Flüge nach Jakarta; Flug oder Bahnfahrt nach Yogyakarta. Busse nach Borobudur (40 km)

Beste Reisezeit
April bis Oktober

Öffnungszeiten
6–17.30 Uhr

Ausserdem sehenswert
Tempel Prambanan, Kraterlandschaft auf dem Dieng-Plateau

Der Auftrag an die Hofastrologen lautete, jene Stelle im Königreich der Shailendra zu finden, an der die männliche Sonne in die weibliche Erde eindringt. Horoskope wurden befragt, Berechnungen angestellt, Örtlichkeiten in Augenschein genommen, dann stand fest: Der göttliche Zeugungsakt findet statt auf einer kuppelförmigen Anhöhe in der fruchtbaren Zentralregion Javas. Damit war Mitte des achten Jahrhunderts der richtige Platz für einen Nachbau des mythischen Berges Meru gefunden, um den nach hinduistischem Glauben die ganze Welt kreist.

80 Jahre Bauzeit

Zehntausend Kulis gingen daran, den auserwählten Hügel mit einer neunstufigen Tempelanlage zu überbauen. 80 Jahre lang schichteten sie die gewaltige Menge von 56 640 Kubikmetern behauener Steine mörtellos aufeinander, bis der ursprüngliche Berg vollkommen unter dem künstlichen verschwunden war. Doch mehr als vom Hinduismus wurde die Gestaltung des Heiligtums bald vom Buddhismus beeinflußt, dessen Religion sich gerade Java eroberte. Entlang der neun Terrassen wurden Hunderte von Buddhadarstellungen angebracht – in Form von Steinfiguren, Bronzestatuen und Reliefbildern. Borobudur nannte man das im Jahre 830 fertiggestellte Heiligtum: »Viele Buddhas«.

Den in großen Scharen nach Borobudur pilgernden Buddhisten erschien der gelbbraune Tempelberg als ein religiöses Weltwunder ohnegleichen. Beim Umwandern der neun Stockwerke im Uhrzeigersinn wurde ihnen die Vorstellung vermittelt, die »drei Stufen des Seins« zu durchwandern, die aus der irdischen in die geistige Welt führten. Die Wallfahrer kamen zunächst an Tausenden von Relieftafeln vorbei, Illustrationen des Lebens und der Lehre Buddhas. Dann ging es entlang an den vielen Nischen mit Figuren Buddhas und seiner Jünger bis zu den drei höchsten Plattformen des Tempels mit 72 Stupas, glockenförmigen Steintürmen, von denen jeder einen steinernen Buddha enthielt.

An der höchsten Stelle des Tempels erwartete die Wallfahrer die größte Stupa. Sie war als einzige völlig leer, ein Sinnbild der absoluten Ruhe, der Erleuchtung, des Nirwana.

Bis in die Mitte des zehnten Jahrhunderts blieb Borobudur die bedeutendste buddhistische Pilgerstätte des indonesischen Inselreiches. Danach verlagerte sich das Glaubenszentrum nach Ostjava, wo der Buddhismus zu einer neuen Blüte gelangte. Als im Jahre 1006 der Vulkan Merapi ausbrach, wurde Borobudur schwer in Mitleidenschaft gezogen. Im Mauerwerk bildeten sich Risse, Statuen zerbrachen, Tuffstein und Asche deckten den Buddhaberg zu. Bald überwucherte Dschungel das Heiligtum und bescherte diesem Großkunstwerk einen jahrhundertelangen Dornröschenschlaf.

Erfolgreiche Restaurierung

Seine Wiederentdeckung im Jahre 1814 verdankt der Tempelberg dem britischen Gouverneur Sir Thomas Stamford Raffles, der wissen wollte, was die behauenen Steine hinter dem Rankenwerk bedeuteten. In den folgenden Jahrzehnten wurden Teile von Borobudur freigelegt. Der Tempel hatte schwer gelitten, die meisten bronzenen Kunstwerke waren verschwunden, vielen Steinstatuen fehlte der Kopf. Von 1907 bis 1911 kam es unter der Leitung des Holländers Theodor van Erp zu ersten systematischen Restaurierungsarbeiten. Zugleich erfolgte eine gründliche fotografische Dokumentation der Anlage. Das half dabei, Borobudur im 20. Jahrhundert wieder so herzustellen, wie es einmal gewesen war. Wie vor tausend Jahren umrunden nun wieder an hohen religiösen Feiertagen buddhistische Pilger das irdische Abbild des kosmischen Berges Meru. Wem es gelingt, einen Arm durch eine der rhombenförmigen Öffnungen einer Stupa zu schieben und mit den Fingern den darin sitzenden Buddha zu berühren, den erwartet nach dem Glauben der Wallfahrer großes Glück.

Hunderte von Buddhas zieren das indonesische Heiligtum Borobudur (Viele Buddhas) aus dem neunten Jahrhundert. Die größten Buddhastatuen wurden unter glockenförmigen Stupas aufgestellt (links oben), andere in Nischen (unten) entlang eines um den Tempelberg führenden Prozessionsweges. Reliefbilder (rechts oben) schildern Szenen aus dem Leben des Religionsgründers. Mehrere Jahrhunderte war Borobudur vom Dschungel überwuchert, ehe es 1814 wiederentdeckt und später renoviert wurde.

Samarkand – das Paradies des Ostens

Unter Timur Lenk wurde die Metropole zum größten Warenumschlagplatz zwischen Orient und Okzident

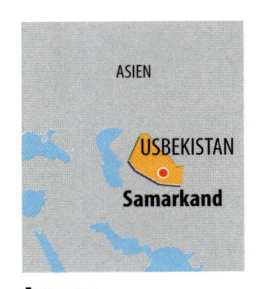

ANREISE
Internationale Flüge nach Taschkent, Inlandsflug nach Samarkand. Alternative: per Bahn (Transkaspische Eisenbahn) oder Bus von Taschkent nach Samarkand, ca. 300 km

BESTE REISEZEIT
Oktober

UNTERKUNFT
Hotel Afrosiab

AUSSERDEM SEHENSWERT
Taschkent, Oasenstädte Buchara und Chiwa

Auf seinen Feldzügen gegen halb Asien übertraf der mongolischstämmige Großfürst Timur Lenk, der »Hinkende«, im 14. Jahrhundert an Grausamkeit und Zerstörungswut selbst seinen berüchtigten Vorfahren Dschingis-Khan. Kaum zählbar sind die von seinen Heeren geplünderten und verwüsteten Städte des Mittelalters. Unermeßliche Schätze und vor allem namhafte Bauhandwerker und Künstler verschleppte er in seine Hauptstadt Samarkand, die er durch ein gewaltiges Architekturprogramm zum »Paradies des Ostens« machen wollte.

Die heute zu Usbekistan gehörende Metropole war schon zu Timurs Zeiten anderthalb Jahrtausende alt. Lange vor unserer Zeitrechnung kreuzten sich in dieser fruchtbaren Oase am Fluß Serawschan Karawanenrouten mit der ersten Seidenstraße aus China. Gepflasterte Straßen führten zum großen Markt, auf dem kostbare Stoffe und Jagdfalken, Moschus und Pelze, Teppiche und Edelsteine feilgeboten wurden. Im Jahre 751 wurde in Samarkand bereits aus Lumpen Papier hergestellt und mit der Produktion handschriftlicher Wissenschaftswerke, Wörterbücher und Enzyklopädien begonnen.

Als Timur Lenk, auch Tamerlan genannt, Samarkand zu seiner Residenz machte, litt die Stadt noch an den Folgen der Besatzungszeit Dschingis-Khans. Um ihr ein architektonisches Wahrzeichen zu verschaffen, ließ der neue Herrscher das Gur-Emir (Fürstengrab) errichten – sein eigenes Mausoleum. Bis in die Gegenwart blieb der Hauptteil der Anlage erhalten, ein zylindrischer Tambourbau mit einer knospenartigen, gerippten Hochkuppel darüber. Von woher auch immer Reisende sich Samarkand fortan näherten, sahen sie als erstes die 34 Meter hohe, mit Kobalt und Türkis überzogene Gur-Emir-Kuppel gleich einem in der Sonne funkelnden Riesenedelstein am Horizont auftauchen.

Prachttor für das Gur-Emir

Einer der bedeutendsten Architekten jener Zeit, Mohammad ibn Mahmud aus Isfahan, gestaltete für das Gur-Emir ein zwölf Meter hohes Prachttor, übersät mit Mosaiken und Fayencen in leuchtenden Farben. Die Ornamente stellten Sterne und Sonnen dar, Blumen, Blätter und Früchte. Durch das Haupttor betrat man einen repräsentativen Innenhof, den auf der einen Seite das Mausoleum begrenzte, auf zwei anderen Seiten eine islamische Hochschule – die Medrese – und ein Studentenhaus. Das für die mittelasiatische Architektur der nächsten Jahrhunderte prägend wirkende Gur-Emir wurde etwa 1405 fertiggestellt. Als Timur kurz danach starb, wurde er dort bestattet.

Die Schwiegermutter-Moschee

Zu einem der schönsten Sakralbauwerke des Orients wurde die zu Ehren von Timurs »Mutter seiner Frau« gebaute Große Moschee Bibi Chanym. 95 Arbeitselefanten schleppten vier Jahre lang Quader aus Gebirgssteinbrüchen heran, die dann von 500 Steinmetzen für das Großprojekt zurechtgehauen wurden. Zugleich waren Kunstschmiede damit beschäftigt, aus »sieben Metallen« mächtige Eingangstore zu gießen. Den Innenhof der riesigen Schwiegermutter-Moschee umgaben nach Fertigstellung weitläufige Gebetshallen, deren 400 Kuppeln von Hunderten von Marmorsäulen und Stützpfeilern getragen wurden.

Im Zentrum der Stadt ließ Timur Bürger aus ihren Häusern jagen, alles niederreißen und auf dem so geschaffenen Riesengrundstück einen überkuppelten Zentralbasar für Handel und Handwerk anlegen. Innerhalb weniger Jahre entwickelte sich der neue Hauptmarkt zu einem der größten Warenumschlagplätze zwischen Orient und Okzident, überquellend von Schätzen beider Hemisphären. Unter Timurs Enkel Ulug Beg, der auch ein bedeutender Astronom war, wurde der Großbasar wieder verlegt und das zentrale Gelände in einen offenen Platz verwandelt, den Registan. An drei Seiten wurde er später von den reich mit Mosaiken verzierten Prachttoren großer Medresen begrenzt.

Timurs Vision eines »Paradieses des Ostens« ist durch seine zahlreichen eigenen Bauten und die seiner Nachfolger zumindest architektonisch Wirklichkeit geworden. Aus der Metropole des Handels wurde auch eine der hohen Künste. Neugierig öffneten Archäologen 1941 Timurs Grab. Sie fanden das Skelett eines offenbar an beiden rechten Gliedmaßen gelähmten Mannes von kraftvollem Körperbau mit einem mongolischen Schädel und rotem Bart.

Die Medrese Schi-Dor (oben und unten rechts)

ist eine der drei Islam-Hochschulen, deren Prachttore den Registan begrenzen, Samarkands schönsten Platz. Hier wurde der Großbasar abgehalten.

Wolkenkratzer in Shibam

An der Weihrauchstraße entstand die erste Hochhausstadt Arabiens

Anreise
Inlandsflüge von Sana´a und Aden nach Saiyun, von dort Sammeltaxi nach Shibam (20 km)

Beste Reisezeit
Oktober bis März

Unterkunft
Shibam Guest House, Chalets Sam City (bei Saiyun)

Ausserdem sehenswert
Sultanspalast in Saiyun, Sana´a

Es sieht aus, als habe jemand in sandiger Landschaft die Skyline von New York nachzubauen versucht – wenn auch nur mit Lehmziegeln und erheblich kleiner. Aber die schlanken Wolkenkratzer von Shibam im Jemen trotzten den Wüstenstürmen schon zu Zeiten, als es die amerikanische Metropole noch gar nicht gab. Bereits im dritten Jahrhundert nach Christus verbreiteten Karawanenreisende die Kunde von einer »Hochhausstadt« im Süden der Arabischen Halbinsel.

Lehmziegel dienen als Baumaterial

Die Gründer von Shibam, Flüchtlinge aus der niedergebrannten Stadt Schabwa, umgrenzten um 250 nach Christus auf einem Hügel im Wadi Hadramaut eine viereckige Fläche von 400 mal 500 Metern. Da hinein bauten sie dann dicht nebeneinander auf Steinfundamenten rund 500 Wohnhäuser mit der für damalige Verhältnisse erstaunlichen Höhe von meist 29 Metern. Man hätte vielleicht noch höher gebaut, aber mehr als acht Stockwerke waren nicht erlaubt.

Im Laufe der Jahrhunderte wurde ein Teil der Häuser zwar erneuert, aber ohne daß sich dadurch der Gesamteindruck der Stadt veränderte. Denn bis heute arbeiten die Maurer von Shibam in der Tradition ihrer Vorfahren aus dem ersten Jahrtausend nach Christus. Und immer noch besteht ihr Baumaterial aus an der Sonne getrockneten Lehmziegeln. Werden die Mauern zu schief, was auf den sandigen Untergrund zurückzuführen ist, schichtet man lotgerecht neue in die Höhe. Unverändert in ihrer Größe blieben auch die den Familien von Shibam für ihre Wohnhäuser zur Verfügung stehenden und häufig recht schmal geschnittenen Parzellen.

Als meist einzigen Schmuck weisen die lehmfarbenen oder mit Kalk geweißten Wohntürme kunstvoll geschnitzte Holztore auf. In den Untergeschossen befinden sich vornehmlich Ställe und Vorratslager, in der Mitte sind Kinder und Frauen untergebracht, in den oberen Stockwerken wohnen die Männer und ihre Gäste. Von den Dachterrassen aus hat man einen weiten Blick über die außerhalb der Regenzeit wüstenhafte Talebene des Wadi Hadramaut, einen bis zu 300 Meter tiefen Einschnitt in die Dschol-Hochebene.

Saisonale Regenfälle lassen das Grundwasser im Wadi bei Shibam so dicht an die Oberfläche kommen, daß Kulturen von Dattelpalmen und die Bewirtschaftung von Oasengärten mit verschiedenen Getreidearten und Gemüse möglich sind. Frühen Reichtum verdankt die Stadt aber ihrer günstigen Lage an einer der wichtigsten Karawanenrouten der Arabischen Halbinsel, der sogenannten Weihrauchstraße.

Handel mit Weihrauch

Etwa seit Mitte des dritten Jahrtausends vor unserer Zeitrechnung wurde über diesen Handelsweg Gummi olibanum transportiert, das Harz von Weihrauchbäumen aus dem Hadramaut und dem Dhofar, der südlichsten Provinz des Oman. Die gelblichen bis bräunlichen Harzkörner entwickeln beim starken Erhitzen einen aromatischen Duft. Schon im alten Ägypten spielte dieser Weihrauch bei Totenkulten eine wichtige Rolle. Auch in griechischen und jüdischen Tempeln wurde Gummi olibanum verbrannt. Römische und byzantinische Hofzeremonien waren ohne Weihrauch nicht denkbar; und noch heute wabert sein Wohlgeruch durch katholische und orthodoxe Gotteshäuser.

Neben Weihrauchharz und der ebenfalls als Duftspender geschätzten Myrrhe gelangten über die Weihrauchstraße noch viele andere Schätze in die Mittelmeerländer – Gold aus dem sagenhaften Ophir irgendwo in Afrika, Webwaren aus dem Jemen, Gewürze und Edelsteine aus Indien. Auch arabische Sklavenhändler sollen die Route für ihre brutalen Geschäfte genutzt haben. Im dritten Jahrhundert stieg das immer wohlhabender werdende Shibam zum Machtzentrum eines Königreichs Hadramaut auf.

Das Ende der Blütezeit brach für Shibam im 9. Jahrhundert an, als die Weihrauchstraße immer mehr an Bedeutung verlor. Seitdem verharrt die Stadt der Lehmtürme zumindest architektonisch in dem Zustand, in dem sie sich vor mehr als einem Jahrtausend befand.

Das Zentrum von Shibam mit der weiß gekalkten Moschee rechts oben sieht noch aus wie vor tausend Jahren – läßt man den Mopedfahrer, die Stromleitungen, den Lampenmast neben dem kleinen Gebetshaus und ein paar Fernsehantennen einmal außer acht. Die rund 500 Wohntürme der Altstadt (unten links) haben bis zu acht Stockwerke. Verfällt ein Haus, wird es nach alter Tradition mit luftgetrockneten Lehmziegeln wieder neu errichtet. In Oasengärten am Stadtrand werden Dattelpalmen, Getreide und Gemüse angebaut.

Sana'a gilt immer noch als die »Perle Arabiens«

Luftgetrocknete Ziegel und vielfältige Fensterformen prägen das Stadtbild

ANREISE
Mehrmals wöchentlich Direktflüge aus Europa nach Sana'a

BESTE REISEZEIT
Oktober bis März

UNTERKUNFT
Al Gasmy Palace Hotel (Altstadt); Rawdah Palace (13 km nördlich)

AUSSERDEM SEHENSWERT
Nationalmuseum; Dar al-Hajar (ehemalige Imam-Residenz, 15 km nordwestlich); Shibam im Wadi Hadramaut

Weiße Schmuckornamente an den Hausfassaden und weiß umrandete Fenster sind charakteristisch für die Altstadt von Sana'a. Seit Hunderten von Jahren werden die Häuser und Türme in traditioneller Weise aus luftgetrockneten Ziegeln errichtet.

So manche Reisende, die das erste Mal in der jemenitischen Hochlandwüste unterwegs waren, glaubten eine Fata Morgana zu sehen. Aus staubigem Dunst und flirrender Hitze wuchsen am Horizont würfelförmige Gebilde empor, von derselben Farbe wie der Sand. Erst wenn man näher kam, konnte man an braunen Fassaden weiße Verzierungen erkennen, arabeske Gitter und Fensterumrandungen, Giebel mit Stuckornamenten, weiß-braun gemusterte Türmchen.

Vor ihnen lag Sana'a, die sagenumwobene »Perle Arabiens«, eine Stadt der Händler und Silberschmiede, der Alabasterschnitzer und Weber kostbarer Stoffe.

Die Entstehungsgeschichte des Ortes reicht 2500 Jahre zurück bis in das jemenitische Königreich Saba, dessen Herrscher den von fruchtbarem Land umgebenen Platz für den Bau einer Feste auswählten. Später entwickelte sich aus dem 2350 Meter hoch gelegenen Fort eine Bauern- und Handwerkersiedlung und ein Handelsort, zu dessen Schutz eine zwölf Kilometer lange, zehn Meter hohe und bis zu fünf Meter dicke Mauer errichtet wurde. Von ihr leitet sich der Name Sana'a ab, die »Wohlbefestigte«. Bewaffnete bewachten die sieben schweren Holztore.

Trotz vieler Um- und Neubauten hat das Stadtbild innerhalb des Mauerrings sein mittelalterliches Aussehen bewahrt. Denn unverändert blieb über die Jahrhunderte hinweg die Arbeitsweise der Maurer und Fassadenmaler. Erster Schritt beim Häuserbau ist das Legen eines Sockelfundaments aus behauenen Felsbrocken. Danach werden mit luftgetrockneten bräunlichen Ziegeln die Mauern aufgeschichtet – vier bis sechs Stockwerke hoch. Überraschend vielfältig ist die Form der Fensteröffnungen – rund, bogenförmig, rechteckig oder auch Tornischen ähnelnd. Der Beginn eines neuen Geschosses wird von den Maurern häufig mit umlaufendem Schmuckwerk markiert, etwa durch die Aneinanderreihung von Steinrosetten oder mit den unterschiedlichsten Gittermustern.

Licht aus Alabasterscheiben

Ganz zum Schluß erhalten die 20 bis 30 Meter hohen kubischen Gebäude ihre charakteristische Bemalung. Die Fensterumrahmungen werden weiß gekalkt wie auch die kunstvollen Ornamentbänder und das Rankenwerk der vor Fenstern und Oberlichtern angebrachten Gitter. Gehen nach dem Dunkelwerden in den Häusern die Lichter an, gibt es einen neuen märchenhaften Effekt. Buntes Glas in vielen Fenstern und Lüftungslöchern beginnt zu funkeln, Alabasterscheiben, die noch von alters her an Rundöffnungen erhalten geblieben sind, leuchten milchfarben.

Natürlich ist Sana'a auch ein Ort religiöser Kulte. Diese wechselten mit den Eroberern, die im Laufe der 2500jährigen Geschichte nach Sana'a kamen und es trotz der mächtigen Befestigungsmauer einnahmen. Ein erster Tempel entstand zur Zeit des Königreichs Saba. An seiner Stelle errichteten Israeliten, die das Silberschmiedehandwerk nach Sana'a brachten, eine Synagoge. Diese wiederum mußte einer Kirche koptischer Christen weichen, auf deren Grundstück schließlich arabische Eroberer im siebten Jahrhundert mit Lehmziegeln ihre Al-Kabir-Moschee emporauerten. Der Bau, auch »Große Moschee« genannt, verfügt im Innenhof über einen an die Kaaba von Mekka erinnernden Steinwürfel. Inzwischen zählt Sana'a, die Hauptstadt des Jemen, an die hundert Moscheen und wird von 45 schneeweiß getünchten Minaretten überragt.

Außerhalb der alten Stadtmauer mit dem Haupttor Bab Al Jamam aus dem 17. Jahrhundert ist Sana'a eine moderne Stadt, deren rasch wachsende Einwohnerzahl bei einer Million liegen dürfte. Aus den Spinnereien und Webereien des Mittelalters hat sich eine leistungsfähige Bauwollindustrie entwickelt. Es gibt eine Universität mit Fakultäten für Islamisches Recht und Erziehung, einen internationalen Flughafen und eine Radiostation. Der an eine türkische Besetzung erinnernde Palast eines Imam dient den Jemeniten als Nationalmuseum, Werkzeuge aus Feuerstein und Obsidian beweisen, daß in der von Bergen eingerahmten Hochebene von Sana'a schon in der Altsteinzeit Menschen auf der Jagd waren.

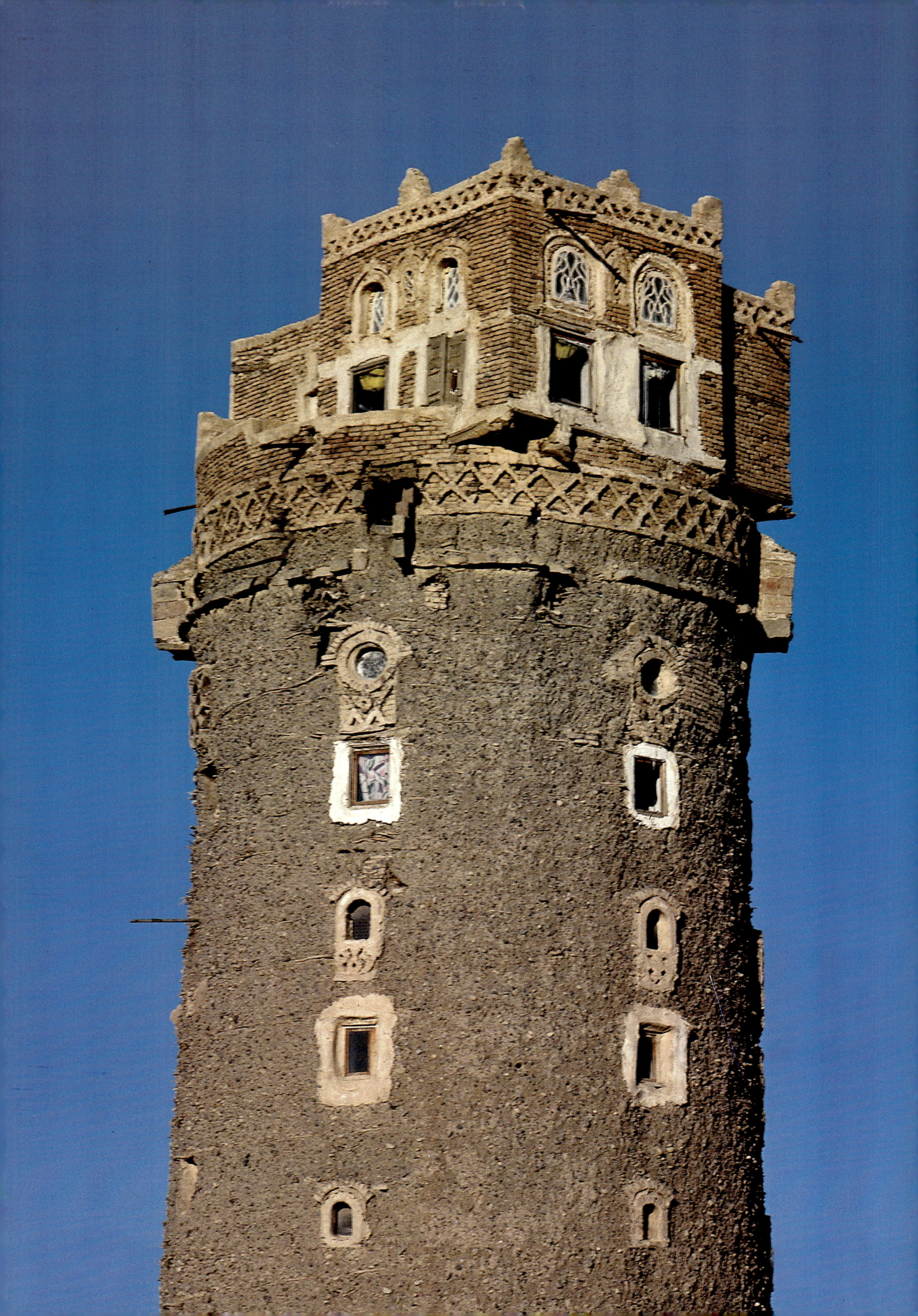

Am heiligen Stein von Mekka

Wenigstens einmal in seinem Leben soll jeder Muslim zur Kaaba pilgern

ANREISE
Internationale (Pilger-) Flüge. Nicht-Moslems dürfen Mekka und Medina nicht betreten!

BESTE REISEZEIT
Die Hadsch (Pilgerfahrt) findet im Monat Dhul hiija des Islamischen Kalenders statt (der sich gegen den Gregorianischen Kalender jährlich um 11 Tage verschiebt)

Es ist jedes Jahr im islamischen Pilgermonat Dhul hiija das gleiche Bild: Zu Hunderttausenden versammeln sich im Innenhof der großen Moschee von Mekka gläubige Muslime aus aller Welt, um siebenmal die mit einem schwarzen Tuch verhängte Kaaba zu umkreisen und am Schluß den an der Südostecke des würfelförmigen Gebäudes eingemauerten Hadja Hadschar zu küssen, den heiligen Schwarzen Stein.

Lange bevor der in Mekka geborene Prophet Mohammed Anfang des siebten Jahrhunderts den Islam begründete, stand das längliche, basaltartige Gebilde bereits im Mittelpunkt religiöser Kulte. Arabische Stämme verehrten den mutmaßlichen Meteoriten als einen vom Himmel gekommenen Fetisch und mauerten zu seiner Aufbewahrung die 15 Meter hohe Kaaba (arab. für »Würfel«), ein fensterloses Gebäude mit einem von drei Säulen getragenen Flachdach. Mohammed übernahm die Kaaba-Verehrung in seine neue Lehre, in der es statt vieler Götter nur einen gab, nämlich Allah. Den Würfelbau nannte er fortan »Haus Gottes« und den Schwarzen Stein ein Geschenk Allahs an die Menschen.

Der Islam einigt Arabien

Noch zu Lebzeiten Mohammeds (deutsch »der Gepriesene«) verbreitete sich die neue Religion über ganz Arabien, führte zu einer Einigung bisher verfeindeter Stämme und schuf so ein politisches Gegengewicht zu damaligen Großmächten wie Byzanz und Persien. Mit dem Tode des Propheten 632 in Medina setzte ein wachsender Pilgerstrom nach Mekka ein. Bald entwickelte sich bei den ägyptischen Wallfahrern der Brauch, jedes Jahr einen schwarzen Stoffbehang (»Kiswa«) mitzubringen und damit das Kaaba-Heiligtum feierlich abzudecken.

Der Kalif Walid I. ließ um 700 rings um den Kaaba-Hof eine von Marmorsäulen getragene und mit Goldmosaiken geschmückte Arkade errichten. Durch ständige Anbauten entwickelte sich die heute zweistöckige Wandelhalle zur Großen Moschee mit ihren inzwischen sieben Minaretten. Zum Moscheenbereich gehören weitere islamische Kultstätten, so der heilige Brunnen Semsem über einer Quelle, die der Erzengel Gabriel der Legende nach aus Mitleid mit einer durstenden Frau hervorsprudeln ließ. An anderer Stelle, dem Makram Ibrahim (»Standort Abrahams«), wird ein Stein mit einem Fußabdruck des Stammvaters gezeigt.

Die heutige Lehre des Islam schreibt vor, daß jeder erwachsene Muslim wenigstens einmal in seinem Leben eine Pilgerfahrt in die heilige Stadt unternehmen muß. Nur Krankheit oder Armut werden als Hinderungsgrund anerkannt. Für die Zeremonien am Pilgerort gelten genau einzuhaltende Regeln. Gleich am ersten Tag soll eine siebenmalige Umrundung der Kaaba und der abschließende Kuß auf den Schwarzen Stein erfolgen. Vorgeschrieben sind weiter ein siebenmaliges Hin- und Herlaufen zwischen den durch einen überdachten Gang verbundenen heiligen Hügeln Al-Safa und Al-Marwa und eine etwas längere Wanderung zur Arafat-Ebene, wo der Pilger vom Mittag bis zum Abend auch bei sengendster Sonne verharren und so Allah seine Dienstbarkeit bezeugen soll. An einem Muzdalifa genannten Ort muß der Pilger 49 Steine aufsammeln und anderntags zu den drei »Satanssäulen« von Mina mitnehmen. Die unterschiedlich großen Stelen, die den Teufel in dreierlei Gestalt darstellen sollen, hat der Wallfahrer an drei Tagen zu steinigen. Schließlich muß der Gläubige noch ein Tier opfern, etwa einen Hammel, und erneut siebenmal die Kaaba umkreisen, ehe er wieder heimreisen darf.

Die Pilgerreisen stellen das Gastgeberland Saudi-Arabien vor große organisatorische Probleme. Private Beherbergungsbetriebe reichen längst nicht mehr aus, die zu Fuß oder mit Kamel, Auto, Bus, Bahn und Flugzeug anreisenden Pilger unterzubringen. Mit Unterstützung der Armee werden daher zur Pilgerzeit rings um Mekka riesige Zeltstädte errichtet. Es sind rund eine Million Muslime, die an den jährlichen Wallfahrten teilnehmen und sich damit den Titel Hadschi verdienen.

Rund eine Million Pilger kommen jährlich nach Mekka. Nach der Ankunft und vor der Rückreise umkreisen sie siebenmal die mit schwarzen Tüchern verhängte Kaaba im Hof der Großen Moschee, deren Gesamtanlage das Luftbild zeigt.

Das zweite Wunder von Ephesus
An der Westküste der Türkei legten Archäologen eine untergegangene Hafenstadt frei

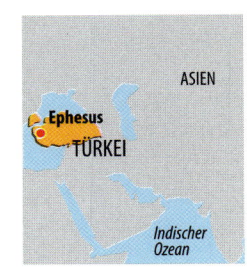

ANREISE
90 km südlich von Izmir. Dolmus (Sammeltaxi) vom Badeort Kusadasi (19 km) und ab Selçuk (3 km)

BESTE REISEZEIT
Mai/Juni, September

AUSSERDEM SEHENSWERT
Antike Stätten Priene, Milet; Archäologisches Museum in Selçuk

Einst stand in Ephesus an der türkischen Westküste eines der sieben Weltwunder der Antike. Es verschwand vom Erdboden, aber was Archäologen in den vergangenen hundert Jahren an anderen Schätzen der Handelsmetropole zum Vorschein brachten, ist ein Wunder für sich: die größte und wohl auch schönste aller Ruinenstätten Kleinasiens aus der Zeit der griechischen und römischen Hochkultur.

Die Geschichte der Stadt geht zurück bis ins zweite Jahrtausend vor Christus. Damals hatten die Schiffe von der Ägäis aus noch freien Zugang in den Hafen von Ephesus. Lyder, Karer und bald auch Phönizier hatten hier ihre Handelsplätze. Die nahe Mündung des Kaystros (heute Kücük Menderes) und eine ins Innere Anatoliens führende Karawanenstraße förderten den Warenumschlag. Dankbar für den wachsenden Wohlstand errichteten die Bewohner ein erstes Heiligtum, in dem sie die Erdmutter und Fruchtbarkeitsgöttin Kybele verehrten.

Das griechisch-römische Theater von Ephesus bot Platz für 24 000 Zuschauer (oben). Zu den von Archäologen aus Originalteilen wieder zusammengesetzten Gebäuden gehört der Hadrianstempel (rechts) mit dem kunstvollen Eingangstor, der aus dem Jahre 130 nach Christus stammt. Direkt daneben befand sich ein Freudenhaus.

Weltwunder Artemision

Der Fruchtbarkeitskult spielte auch eine Rolle, als die Epheser im sechsten Jahrhundert vor Christus mit dem Bau des größten griechischen Tempels aller Zeiten begannen. Er war der Zeustochter Artemis gewidmet, die eine Marmorstatue als schöne Frau mit vielen Brüsten darstellte. Der griechische Schriftsteller Plinius rühmte den nach 120 Jahren vollendeten Tempelbau als »vornehmste, größte und schönste Weihestätte des Erdkreises«. Die Grundfläche des »Artemision« soll viermal so groß gewesen sein wie die des Parthenon auf der Athener Akropolis, die Dachkonstruktion sei von 127 Säulen getragen worden. Zu Recht zählten Reisende den Tempel zu den damaligen »Sieben Wundern der Welt«. So beeindruckend und berühmt war das Heiligtum, daß es ein Wahnsinniger namens Herostrat 356 vor Christus in Flammen aufgehen ließ, um dadurch in die Weltgeschichte einzugehen. Einen Neubau an der alten Stelle zerstörten später die Goten, was an Steinen noch übrig war, verwendeten Bauleute andernorts.

Der Hafen versandete

Die bei Ausgrabungen freigelegten und noch immer prächtigen Großbauten von Ephesus stammen vorwiegend aus griechischer, römischer und byzantinischer Zeit. Es sind die Überreste eines wirtschaftlichen und kulturellen Zentrums, das es während seiner Blütezeit auf 300 000 Einwohner brachte, dann aber durch die Versandung seines Hafens und Plünderungen zum Untergang verurteilt war.

Das Zentrum des Ausgrabungsortes durchschneidet eine 530 Meter lange marmorne Prachtstraße mit Säulenhallen zu beiden Seiten. Ein Teil der wichtigsten Gebäude der Stadt konnte von den Archäologen mit Hilfe von Fundstücken wiedererrichtet werden. Am vollkommensten geschah das mit dem kunstvoll gestalteten Hadrianstempel aus dem Jahre 130 nach Christus und einem daneben gelegenen Freudenhaus. Südlich der Marmorstraße gelang es, mit etwa 70 Prozent der Originalteile die berühmte Celsus-Bibliothek mit ihrer zweistöckigen Fassade, dem 15 Meter hohen Innenraum und Teilen der umlaufenden Galerie neu aufzubauen. Dieses Prachtbeispiel römischer Repräsentationsarchitektur stammt aus dem zweiten Jahrhundert.

Nahe der Bibliothek wurde die aus griechischer Zeit stammende Agora freigelegt, ein quadratischer Platz, dessen jeweils 110 Meter lange Seiten von einer doppelten Säulenreihe begrenzt waren, hinter der sich Kaufläden befanden. Zentral gelegen ist auch die imposante Ruine des griechisch-römischen Theaters, auf dessen 66 Sitzreihen bis zu 24 000 Zuschauer Platz gefunden haben sollen.

Auch frühchristliche Bauten sind in Ephesus, wo der Apostel Paulus predigte und der Apostel Johannes Theologos gestorben sein soll, zu bewundern. Über dem mutmaßlichen Grab des Johannes erheben sich die Ruinen einer Basilika, in der 431 ein Konzil das Dogma von der Gottesmutterschaft der Maria festlegte und damit an den früheren Erdmutter-Kult der Epheser anknüpfte. Auf dem nahen Nachtigallenhügel, von dem aus man die Stadt Selçuk überblickt, gibt es ein kleines, zur Kapelle ausgebautes Steinhäuschen, das als Sterbehaus Marias angesehen wird. Auch wenn es dafür an Beweisen fehlt, erklärte der Vatikan das »Marienhaus« 1892 zur Wallfahrtsstätte. Alljährlich wird hier an »Mariä Himmelfahrt« eine katholische Messe gefeiert.

Die Zeustochter Artemis wurde in Ephesus als Göttin der Fruchtbarkeit mit vielen Brüsten und als »Übermutter« verehrt.

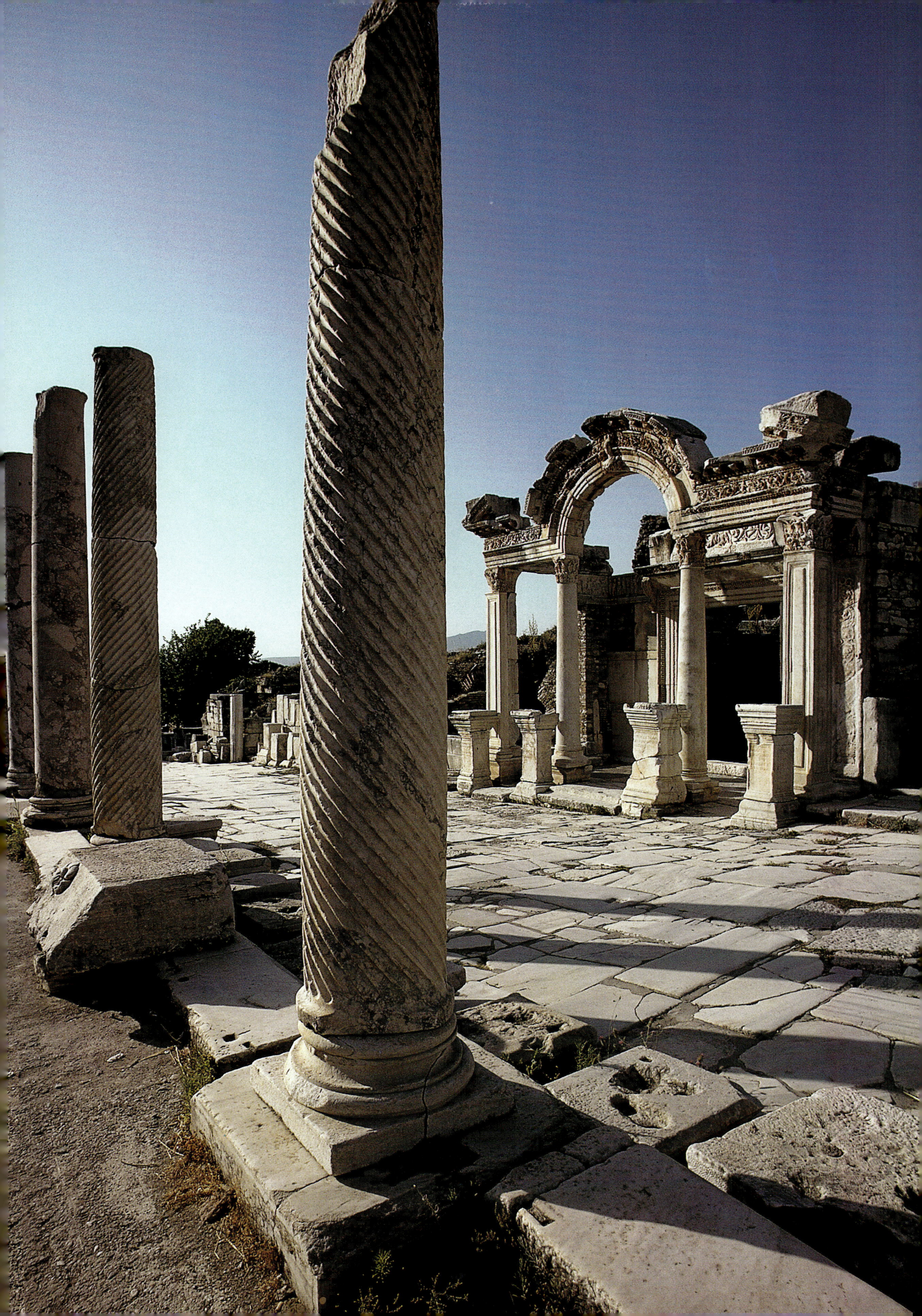

Weiße Pracht Pamukkale

In der Türkei schufen heiße Quellen ein Kunstwerk der Natur

Anreise
240 km südöstlich von Izmir, Anfahrt über die E 87

Beste Reisezeit
Mai/Juni, September

Unterkunft
Pamukkale Motel (mit Thermal-Pool, nicht nur für Hotelgäste)

Außerdem sehenswert
Antike Stadt Aphrodisias

Die Hitze übersteigt im Innern der Türkei an manchen Sommertagen die 40-Grad-Marke. Um so seltsamer mutet es an, daß in der Provinz Denizli eine Hügelkette auf breiter Front von Gletschereis überzogen zu sein scheint. Die Türken selbst fühlen sich durch die blendend weiße Überkrustung mehr an erntereife Baumwollfelder erinnert und nennen das Naturwunder Pamukkale – Baumwollschloß.

Kalkflächen bis ins Tal

Ursache des weißen Zaubers sind heiße Quellen, deren stark kalk- und kohlensäurehaltiges Wasser in zahllosen Rinnen aus 90 Meter Höhe talwärts tröpfelt und rinnt. Beim Abkühlen des 35 Grad warmen Thermalwassers lösen sich daraus die kalkigen Bestandteile und bilden einen weißflockigen Niederschlag, Kalksinter oder auch Travertin genannt. Im Laufe der Jahrtausende entstanden so unterhalb der Quellteiche meterdicke Kalkablagerungen, die sich treppenartig rund drei Kilometer bis ins Tal hinunterziehen.

Die von den Quellen gespeisten Thermalteiche und die großen Warmwasserbecken auf den Sinterterrassen waren schon vor Beginn unserer Zeitrechnung als heilkräftig berühmt. Das trug vermutlich im zweiten Jahrhundert vor Christus zur Gründung der Stadt Hieropolis bei, deren Bewohner Thermalwasser für den Bau eines römischen Bades nutzten. Auch begann man vielleicht schon damals damit, Badegästen als Souvenir Zweige, Blätter und schön geformte Kiesel zu verkaufen, die das Pamukkale-Wasser mit einer Kalkschicht überzogen hatte.

Beim Abkühlen löst sich Kalk aus dem 35 Grad warmen Thermalwasser.

Im Laufe der Jahrtausende bildeten sich unterhalb der Thermalquellen meterdicke Kalkablagerungen, die sich treppenartig 90 Meter tief in das Tal von Pamukkale hinabziehen. Ein Bad in den dabei entstandenen Warmwasserbecken gilt seit alters her als heilkräftig. Antike Bauten der Stadt Hieropolis wurden von Kalk überlagert oder eingeschlossen.

Eine unheimliche Naturerscheinung unweit der heißen Quellen beschrieb im ersten Jahrhundert nach Christus der griechische Erdkundler Strabon. In seiner 17bändigen »Geographika« berichtet er von einer Grotte, der so giftige Gase entwichen, daß man sie im Umkreis von 15 Metern einzäunte, damit niemand Schaden nähme. Strabon hatte auch von kastrierten Priestern der Fruchtbarkeitsgöttin Kybele gehört, die Opfertiere an Seilen in die Grotte hinabließen, wo sie sofort erstickten. Die Eunuchen selbst sollen gegen das Giftgas immun gewesen sein und damit ihre Heiligkeit bewiesen haben.

Nekropole für Handwerker

In späteren Jahrhunderten fiel Hieropolis Erdbeben und Plünderern zum Opfer. Ein Teil der antiken Bauten verschwand unter meterdicken Sintermassen. In den achtziger Jahren des 19. Jahrhunderts begannen deutsche Archäologen mit Ausgrabungen, die nach jahrzehntelanger Pause dann von Italienern fortgesetzt wurden. In der Nähe eines alten Badeteiches wurde eine Thermen-Anlage aus dem zweiten Jahrhundert freigelegt, in der heute das Pamukkale-Museum untergebracht ist. Unweit der von Strabon beschriebenen Giftgrotte, Plutonium genannt, fanden die Altertumsforscher die Ruinen eines Apollon-Tempels.

Zu den antiken Sehenswürdigkeiten gehören ferner die Überreste eines achteckigen Bauwerks, das im fünften Jahrhundert zum Andenken an den Apostel Philippus errichtet wurde, von dem man annahm, daß er in Hieropolis als Märtyrer starb. Freigelegt wurden weiter ein Amphitheater mit einem Fries mythologischer Szenen am Bühnenhaus sowie eine der größten antiken Nekropolen, deren Grabinschriften Hinweise auf Wollscherer, Weber, Färber und andere Handwerksberufe geben.

Für den türkischen Fremdenverkehr hat Pamukkale in den vergangenen Jahren große Bedeutung erlangt. Zahlreiche Touristenbusse legen hier einen längeren Halt ein, und oft sind die weißen Sinterterrassen schwarz von Menschen. Gäste, die länger bleiben wollen, finden am Ort komfortable Hotels mit eigenen Thermalbädern. Ärzte empfehlen eine Badekur im dampfenden Quellwasser zur Linderung rheumatischer Leiden. Je mehr Wasser allerdings gleich an der Quelle in Hotelpools oder Bewässerungskanäle abgeleitet wird, desto weniger bleibt, um die weltberühmten Kalkstufen zu überspülen – mangels frischem Kalk nimmt ihr schneeiges Weiß dann einen unauffälligen Braunton an.

Die Säulen von Baalbek

Auch als Trümmerstätte hat die Stadt den alten Glanz bewahrt

ANREISE
Flüge nach Beirut oder Damaskus, jeweils 90 km nach Baalbek per Touristenbus/Mietwagen

BESTE REISEZEIT
April/Mai, September/Oktober

UNTERKUNFT
Hotel Palmyra (traditionsreiches Haus im orientalischen Stil)

AUSSERDEM SEHENSWERT
Zahlé (schön gelegene Stadt mit Wasserfall), Zedernhain im Libanon-Gebirge (an der Straße 27 Richtung Tripoli)

Der römische Venustempel ist ein Meisterwerk der Steinmetzkunst, ungewöhnlich ist auch sein hufeisenförmiger Grundriß. Der Bau entstand im ersten Jahrhundert unserer Zeitrechnung.

Eine Bronzestatue im Pariser Louvre zeigt den Gott Baal mit goldenem Helm. Andere Ausgrabungsstücke aus dem Vorderen Orient stellen ihn mit Stierhörnern dar oder bewaffnet mit Keule und Lanze. Baal wurde er genannt, zu deutsch Herr, und zuständig war er im Himmel semitischer Götter für Wetter und Fruchtbarkeit. Auf Baal-Kulte führen Historiker auch den Namen von Baalbek zurück, der berühmten Stätte antiker Ruinen im Libanon.

Noch über 30 Tempel aus vorchristlicher Zeit sollen hier in der Talebene zwischen den grünen Hügelketten des Libanon-Gebirges und den kahlen Gipfeln des Antilibanon unter den Trümmern späterer Heiligtümer begraben liegen. Assyrischen Inschriften zufolge war Baalbek schon vor drei Jahrtausenden ein bewohnter Ort, damals »Bali« genannt. Der oberste Schutzgott Baal, verehrt auch unter dem Namen Hadad, behielt seine wichtige Rolle auch unter den Phöniziern, die Baalbek zur Handelsstadt ausbauten. Nach ihnen kamen griechische Eroberer, die Ptolemäer, und setzten Baal mit ihrem Sonnengott Helios gleich und nannten Baalbek fortan Heliopolis, Sonnenstadt.

Um die Zeit von Christi Geburt besetzten Legionäre des römischen Kaisers Augustus die Stadt. Den neuen Herren galt Baal alias Helios als ihr eigener Gott Jupiter. Auf einer gewaltigen Akropolis, deren Bau schon die Ptolemäer eingeleitet hatten, begannen die Römer als zentrales Heiligtum einen Jupitertempel zu bauen. Unter Mitwirkung berühmter Architekten und Bildhauer entstand eine der gewaltigsten sakralen Anlagen des Oströmischen Reiches, die aufs harmonischste phönizische, hellenistische und römische Stilelemente vereinigte und als neues Weltwunder gefeiert wurde.

Tempelbesucher betraten den 270 mal 120 Meter umfassenden Baukomplex über eine breite Freitreppe und gelangten durch eine Eingangshalle in einen von Säulenarkaden umgebenen sechseckigen Vorhof. An diesen schloß sich der rechteckige Tempelhof mit einem mehrstöckigen Altarturm an, der von zwei einzeln stehenden Granitsäulen flankiert war, einer rosafarbenen und einer grauen. Eine weitere Freitreppe führte zu dem auf einem sieben

Meter hohen Fundament stehenden Großen Tempel, dessen Grundfläche mehr als 7000 Quadratmeter einnahm. Der obere Teil ruhte auf 22 Meter hohen Säulen, 54 an der Zahl. Gewidmet war der Tempel einem speziellen örtlichen Jupiter, der sich von dem römischen unterschied und den Beinamen Optimus Maximus Heliopolitanus trug. Auf verschiedenen Darstellungen ähnelt er seinem Vorgängergott Baal.

Venustempel in Hufeisenform

Von der riesigen Tempelanlage, die nie ganz fertiggestellt wurde, haben Kriege und Erdbeben nur einen Trümmerhaufen übriggelassen. Bedeutende Teile des Jupiterheiligtums wurden in den Jahren 1900 bis 1905 unter der Schirmherrschaft von Kaiser Wilhelm II. von deutschen Archäologen ausgegraben. Einige ihrer Funde gelangten in das Berliner Pergamon-Museum. Von den 22 Meter hohen Tempelsäulen stehen heute noch sechs aufrecht, an der Oberkante durch einen aus einem Stück gehauenen Steinblock verbunden. Auch von den Arkaden sind noch einige Säulen unversehrt.

Erstaunlich gut erhalten ist ein südlich des Jupiterheiligtums gelegener römischer Venustempel. Er weist zwar einen sehr ungewöhnlichen hufeisenförmigen Grundriß auf, erscheint aber in seinen übrigen Teilen als verkleinertes Ebenbild des einstigen Jupitertempels. Ein Glanzstück der Steinmetzkunst stellt allein schon das hohe Eingangsportal mit seinen Zierornamenten dar, die Akanthusblätter und Mohnblumen, Wein- und Efeulaub in reizvoller Verschlingung zeigen. Auch hier sind orientalische und römische Kunst eine geglückte Verbindung eingegangen. Der Bau selbst ist nach außen durch zwei Reihen korinthischer Säulen abgegrenzt, von denen die innere Säulenreihe in eine geschlossene Wand mit dekorativen Nischen eingebunden ist.

Zu den weiteren Sehenswürdigkeiten von Baalbek, heute eine Kleinstadt mit rund 20 000 Einwohnern, gehören die Ruine eines kleineren Merkurtempels, ein Amphitheater und Überreste der alten Stadtmauer. Selbst die Trümmer strahlen an diesem historischen Ort noch viel von der Macht und der Schönheit Baalbeks aus, ehe es durch Erdbeben und eine Kette von Kriegen, die bis in die jüngste Gegenwart reicht, immer mehr von seinem alten Glanz verlor.

Von den 54 riesigen Säulen des Jupitertempels (links oben) stehen heute nur sechs, die an der Oberkante durch einen aus einem einzigen Stück gehauenen verzierten Steinblock verbunden sind. Mit dem Bau der 270 mal 120 Meter umfassenden Tempelanlage war zur Zeit von Christi Geburt begonnen worden. Rechts auf dem Foto ist eine Säulenreihe des kleineren Venustempels zu sehen.

Das paradiesische Damaskus

Vor 6000 Jahren begann die Geschichte der Oasenstadt

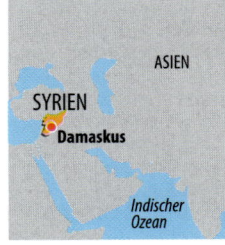

Anreise
Internationale Flüge nach Damaskus

Beste Reisezeit
April/Mai, Oktober

Unterkunft
Cham Palace (Sh. Maisalun, ca. 20 Minuten zur Altstadt)

Ausserdem sehenswert
Nationalmuseum, Aussicht vom Berg Jabal Qassyun

Nichts kommt der Vorstellung vieler Araber vom Paradies näher als die syrische Hauptstadt Damaskus. Ihre alten orientalischen Viertel und ihre reizvolle Lage im fruchtbaren Gartenland am Fuße des Antilibanon-Gebirges wurden schon früh von Dichtern besungen. Und vom Propheten Mohammed geht die Sage, er habe die Oasenstadt als so überirdisch schön empfunden, daß er sich weigerte, sie zu betreten, weil der Mensch nur ein Paradies haben könne, das seine aber im Himmel sei. Im südlichen Vorort al-Qadam soll der Religionsstifter eine Reise nach Damaskus deshalb wieder abgebrochen haben, nicht ohne dabei einige noch lange Zeit danach sichtbare Fußspuren zu hinterlassen.

Sein Glück verdankt Damaskus dem Barada-Fluß, der zwischen Gebirge und Wüste eine natürliche Oase hatte entstehen lassen. Schon vor 6000 Jahren ließen sich an der paradiesischen Wasserstelle erste Siedler nieder, zogen weitere an und bildeten eine Dorfgemeinschaft, aus der die Stadt erwuchs. Kaum ein anderer Ort der Welt ist damit schon seit so langer Zeit ununterbrochen von Menschen besiedelt wie Damaskus. Arabische Historiker sehen hier eine Wiege der Stadtkultur, lange vor dem Entstehen der großen Metropolen Europas.

Schauplatz biblischen Geschehens

Unzählige Legenden sind mit dem biblischen Ort und der heiligen Stadt des Islam verbunden. Der Stammvater Abraham soll in Damaskus geboren sein, Kain hier seinen Bruder Abel erschlagen und der heilige Ananias dem blinden Saulus das Augenlicht zurückgegeben und ihn so zum gläubigen Paulus gemacht haben.

Große Mittelmeerkulturen bauten mit an der von Palmen überragten und von Hügeln umringten Oasenstadt. Aramäer errichteten am Barada-Fluß ein Heiligtum ihres Gottes Hadad, Römer einen Jupitertempel, Christen ihre Kirchen. Könnte man im Untergrund des von einer siebentorigen Mauer umgebenen alten Stadtkerns nachgraben, stieße man auch auf Spuren von Assyrern, Babyloniern, Persern und Griechen, um nur einige der Völkerschaften zu nennen, von denen die Geschichte von Damaskus erzählt.

Vom Jahre 636 an entwickelt sich die Stadt zu einem geistigen und geistlichen Zentrum des Islam. Die byzantinischen Gotteshäuser der Christen werden verdrängt von Moscheen und Medresen, den theologischen Hochschulen der neuen Religion. Einen kulturellen Höhepunkt stellt 1154 die Errichtung des Hospitals Maristan Nuri dar, eines der modernsten Krankenhäuser seiner Zeit. Während in Europa allenfalls erste Siechenhäuser zu finden sind, in denen Sterbenden geistlicher Trost gespendet wird, verfügt das Hospital von Damaskus bereits über einen festen Ärztestab, medizinische Literatur und vor allem über spezielle Abteilungen für chirurgische Eingriffe, Orthopädie, Fieberkrankheiten und Geistesstörungen. Anders als im christlichen Abendland untersteht das Hospital auch nicht religiöser, sondern weltlicher Verwaltung.

Im orientalischen Gewühl der Altstadt, in der die berühmten Damaszener-Klingen und prunkvoller Goldschmuck angeboten werden, stehen heute in dichter Nachbarschaft ein Dutzend berühmter Bauten im kunstvollsten arabischen Stil.

Die bedeutendste Sehenswürdigkeit islamischer Architektur in Damaskus ist die im achten Jahrhundert über der weitläufigen Anlage des römischen Jupitertempels errichtete Omaijaden-Moschee. Im Innenhof fällt ein auf sechs Säulen stehendes sechseckiges Häuschen mit byzantinischen Verzierungen auf, unter dessen runder Kuppel früher der Staatsschatz aufbewahrt wurde. In der dreischiffigen Gebetshalle wird eine Reliquie verwahrt, die Christen wie Mohammedanern gleich heilig ist: das angebliche Haupt Johannes des Täufers, der im Islam als Prophet Yahya verehrt wird.

Mehrere große Mittelmeerkulturen hinterließen in der syrischen Hauptstadt Damaskus ihre Spuren. Wo die Altstadt (oben links) heute von den Türmen großer Moscheen beherrscht wird, standen früher Heiligtümer der Aramäer, römische Tempel und christliche Kirchen. Die beiden Bilder oben rechts zeigen einen kunstvoll verzierten Giebel und den Eingangsbereich der im achten Jahrhundert erbauten Omaijaden-Moschee, in der das angebliche Haupt Johannes des Täufers verwahrt wird.

177

Aleppo – Ziel der Karawanen

Im Norden Syriens liegt eine der ältesten Handelsmetropolen des Orients

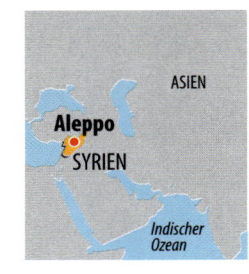

ANREISE
Inlandsflüge, Busse und Bahn aus Damaskus

BESTE REISEZEIT
April/Mai, Oktober

UNTERKUNFT
Amir Palace (in Altstadtnähe); Baron-Hotel (legendäre, etwas skurrile Herberge)

AUSSERDEM SEHENSWERT
Nationalmuseum

Der einzige Weg zur Zitadelle von Aleppo führt durch einen eckigen Wehrturm, von dem aus eine achtbögige Brücke den tiefen Burggraben überspannt.

Wenn die Karawanenführer am Horizont die roten Wehrmauern der Bergfestung von Aleppo auftauchen sahen, wußten sie sich bald am Ziel. Dort, auf halbem Wege zwischen den bedeutendsten Euphratübergängen und dem Mittelmeer, lag im Schutz der Zitadelle einer der wichtigsten Märkte Vorderasiens, wo sich nach langer Reise für die von Lastkamelen geschleppten Waren hohe Preise erzielen ließen – für chinesische Seide, indische Gewürze, afrikanisches Elfenbein oder jemenitischen Silberschmuck.

Erste Aufzeichnungen über den nordsyrischen Handelsplatz stammen aus dem zweiten Jahrtausend vor Christus. Ähnlich wie Damaskus gehört Aleppo oder Halab, wie es die Araber nennen, zu den ältesten, ununterbrochen bewohnten Orten des Orients. Lange vor unserer Zeitrechnung erwählten sich die Herrscher des Königreichs Jamchad die von fruchtbaren Äckern umgebene Stadt zur Residenz. Später eroberten im Wechsel der Geschichte unter anderen Hethiter, Assyrer, Griechen, Römer und Araber die Stadt. Und alle nutzten sie Aleppo als Warenbörse und Handelsbrücke zwischen Mesopotamien und Europa.

Die Zitadelle als Wahrzeichen

Ihre Bedeutung als Handelsplatz hat die Hauptstadt der gleichnamigen syrischen Provinz Aleppo bis heute behalten, wenn sich auch das Schwergewicht von typischen Orientwaren mehr auf Erzeugnisse der örtlichen Textilindustrie und westliche Elektronik verlagert hat. Der Altstadt-Souk mit seinen zwölf Kilometer überdachten Ladenstraßen gilt als einer der weitläufigsten im Nahen Osten. Und wie zu den Glanzzeiten des Karawanenhandels herrscht in den verwinkelten Gassen mit ihren Holz- und Steinhäusern kein Mangel an »Khanen«, den traditionellen Herbergen für reisende Kaufleute. Aber auch mit Touristenhotels kann die Stadt aufwarten.

Hauptsehenswürdigkeit ist das alte Wahrzeichen von Aleppo, die sich auf einem 50 Meter hohen Felsen erhebende Zitadelle. Die Ursprünge der Befestigung am Kreuzpunkt alter Karawanenrouten verlieren sich im Dunkel der Geschichte. Schon tausend Jahre vor Christus krönte den Berg ein syrisch-hethitischer Tempel, in dem der Wettergott und Stadtheilige Hadad verehrt wurde. Griechen nutzten den leicht zu verteidigenden Aussichtspunkt zur Anlage einer Akropolis, die dann wiederum von arabischen Herrschern zur befestigten Königsresidenz ausgebaut wurde.

Aus der Unterstadt führt eine Brücke auf acht Bögen über den tiefen Burggraben durch einen eckigen Wehrturm zum hohen Eingangstor des Hauptgebäudes, dem Mittelteil der umlaufenden Festungsmauer. Von der einstigen Königsresidenz sind innerhalb der Mauern unter anderem noch die Überreste des Palastes, der mit neun Kuppeln überdachte Thronsaal und zwei Moscheen zu besichtigen.

Aus der einstigen Kathedrale von Aleppo, einem prachtvollen Bau mit byzantinischen Einflüssen im Stadtzentrum unterhalb der Zitadelle, wurde die Medrese Hallawiya, eine Hochschule für islamische Theologie. Ein moslemischer Richter hatte die Kathedrale und drei weitere Christenkirchen im 12. Jahrhundert beschlagnahmen lassen und anderen Zwecken zugeführt, um die christlichen Gemeinden Aleppos für die Überfälle europäischer Kreuzritter zu bestrafen. Armenische und griechische Christen verfügen seitdem in Aleppo nur noch über kleinere Gotteshäuser.

Das im wahrsten Sinne des Wortes herausragendste Bauwerk der Altstadt von Aleppo ist die im elften Jahrhundert errichtete und später unter Seldschuken-Herrschern erneuerte Omaijaden-Moschee. Ihr 45 Meter hohes Minarett mit den vier Kranzgesimsen und umlaufenden Schriftbändern mit Korantexten gilt als eines der schönsten Baudenkmäler aus dem syrischen Mittelalter. Wie die Zitadelle ist auch der schlanke, viereckige Turm zum Wahrzeichen der Stadt geworden, deren Einwohnerzahl inzwischen auf rund eineinhalb Millionen geschätzt wird.

Die UNESCO erklärte das historische Zentrum von Aleppo und seine den Karawanen den Weg weisende Zitadelle zum schützenswerten Kulturerbe der Menschheit. Es ist ein Erbe, das mit seinen Moscheen, einem alten christlichen Viertel, Koranschulen, Karawansereien, Souks, prachtvollen Mausoleen und arabischen Kunstschätzen über Jahrtausende hinweg den sprichwörtlichen Zauber des Orients bewahrt hat.

Griechen und Araber bauten den 50 Meter hohen Felsen von Aleppo zur Residenz und Festung aus. Die Stadt unterhalb der Zitadelle war schon im zweiten Jahrtausend vor Christus ein bedeutender Handelsplatz. Hauptreligion am Ort ist heute der Islam. Aber es gibt auch noch christliche Gotteshäuser wie die armenische Kirche auf dem kleinen Foto.

Heilige Stadt Jerusalem

Das Religionszentrum für Christen, Juden und Mohammedaner

ANREISE
Im Osten der Altstadt gelegen. Buslinien 1, 2, 38, 99

BESTE REISEZEIT
April/Mai, Oktober

ÖFFNUNGSZEITEN
Felsendom und Al-Aqsa-Moschee: tgl. 8–15 Uhr (Ramadan: 8–11 Uhr), freitags keine Besichtigung

AUSSERDEM SEHENSWERT
Grabeskirche, Klagemauer, Ölberg, Holocaust-Gedenkstätte Yad VaShem

Im Heiligtum der Christen: Blick in den Innenraum der von Kreuzrittern errichteten und im Jahr 1149 geweihten Grabeskirche.

Heiligtümer dreier Weltreligionen liegen in keiner anderen Stadt so dicht beieinander wie in Jerusalem mit der christlichen Grabeskirche, der jüdischen Klagemauer und dem islamischen Felsendom. Anhänger aller drei Glaubensgemeinschaften bewohnen die seit vielen Jahrhunderten von einer hohen Mauer umgrenzte Altstadt. Es ist von seinem Geiste her ein Ort religiöser Toleranz, aber auch eine Stätte radikaler Gegensätze und blutiger Ausschreitungen.

Die heutige Hauptstadt des Staates Israel steht auf uraltem Siedlungsboden. Im zweiten Jahrtausend vor Christus war Jerusalem schon die Residenz einer den ägyptischen Königen ergebenen Herrscherkaste. Um das Jahr 1000 erstürmte König David von Israel und Juda die von Jebusitern verteidigte Festungsstadt, baute Jerusalem zu seiner Residenz aus und machte es zur heiligen Stadt des Judentums. Sein Nachfolger König Salomon errichtete in der »Davidstadt« einen Palast und den später nach ihm benannten großen Tempel.

Dreifach heiliger Ort

Neue Eroberer kamen und gingen, bis im Jahre 37 vor Christus der vom römischen Senat als König der Juden eingesetzte Herodes der Große seine in die Bibel eingegangene Herrschaft über Jerusalem antrat. Etwa siebzig Jahre später gewann die neue Christenlehre erste Anhänger in der Judenstadt. Im vierten Jahrhundert wurde Jerusalem mit dem Bau eines ersten Gotteshauses an der Stelle der heutigen Grabeskirche zur heiligen Stadt der Christen.

Im siebten Jahrhundert eroberte Kalif Omar I. Jerusalem und erklärte die Stadt zum Heiligtum des Islam. Als Kultzentrum der neuen Religion diente der Bezirk am Tempelberg, von dessen Spitze der Prophet Mohammed in den Himmel aufgestiegen sein soll. Während des ersten christlichen Kreuzzuges im Jahre 1099 ließ dann der Lothringer-Herzog Gottfried von Bouillon 70 000 Juden und Moslems als »Ungläubige« niedermetzeln; nach Gottfrieds Tod wurde sein Bruder Balduin I. zum König von Jerusalem gekrönt.

Bis in die jüngste Gegenwart blieb der dreifach geheiligte Ort ein Zankapfel religiöser Fanatiker. Zeitweilig war Jerusalem durch eine stacheldrahtbewehrte Demarkationslinie in einen israelischen und einen jordanischen Teil aufgespalten, bis das Parlament des Judenstaates 1980 Gesamt-Jerusalem zur Hauptstadt Israels erklärte – und damit den Konflikt mit den islamischen Palästinensern und den mit ihnen sympathisierenden Araberstaaten verschärfte.

Trotz der brisanten politischen Lage verlaufen die Pilgerungen Gläubiger zu den heiligen Stätten der drei Religionen meist friedlich. Hauptziel der Christen ist dabei die Grabeskirche an jener Stelle, an der Christus gekreuzigt und in einem Felsengrab bestattet worden sein soll. Das 1149 geweihte Gotteshaus wurde von Kreuzrittern über den Resten einer früheren »Auferstehungskirche« aus dem Jahre 335 errichtet.

Die heiligste Stätte des Judentums ist die sogenannte Klagemauer, das einzige Überbleibsel der großen Tempelanlage aus der Zeit des Herodes. Wegen der klagenden Gebärden der an den 18 Meter hoch aufgeschichteten Quadern betenden Juden hatte sich vor allem bei Nichtjuden der Ausdruck »Klagemauer« eingebürgert.

Mit dem benachbarten Tempelberg, arabisch Haram esh-Sharif, dessen Fläche etwa ein Sechstel der Altstadt einnimmt, verfügt der Islam über den größten zusammenhängenden heiligen Bezirk in Jerusalem. Wo einst die Tempel von Salomon und Herodes standen, erheben sich der islamische Felsendom mit seiner goldenen Kuppel und die riesige siebenschiffige Al-Aqsa-Moschee, deren Name übersetzt »Fernster Punkt« bedeutet und daran erinnert, daß der Prophet Mohammed sich an dieser Stelle einst am weitesten von Mekka entfernt befand.

Moslems beim Freitagsgebet im Vorhof der Al-Aqsa-Moschee, deren Anlagen von der goldenen Kuppel des Felsendoms überragt werden. Der heilige Bezirk des Islam umfaßt rund ein Sechstel der Jerusalemer Altstadt. Die 18 Meter hohe »Klagemauer« (Foto rechts unten) ist das größte jüdische Heiligtum in Jerusalem. Sie ist der einzige Überrest einer Tempelanlage aus der Zeit von König Herodes.

Das Tote Meer heißt auch Lots Meer
Im tiefstgelegenen See der Welt erstickt das Salz alles Leben

ANREISE
Von Jerusalem 30 km nach Osten, von Amman 35 km nach Südwesten

BESTE REISEZEIT
März bis Juni, September bis November

UNTERKUNFT
Moriah Dead Sea in Ein Bokek

AUSSERDEM SEHENSWERT
Masada, Qumran

Vor Jahrmillionen gab es an der Grenze der heutigen Länder Israel und Jordanien einen grabenartigen Erdeinbruch. An den tiefsten Stellen füllte sich diese Senke mit Wasser. So entstand das Tote Meer, ein 80 Kilometer langes und bis zu 18 Kilometer breites Gewässer. Seine Oberfläche liegt 400 Meter unterhalb der normalen Meereshöhe, und bis hinunter auf den Grund des Nordteils ist es noch einmal soviel.

Steilhänge säumen die Ufer

Der Menschheit sind inzwischen Filmaufnahmen von Badenden vertraut, die auf dem Rücken liegend im Toten Meer Zeitung lesen oder sich bewegungslos auf der Oberfläche treiben lassen. Weil das Wasser einen extrem hohen Salzgehalt von knapp 30 Prozent hat, geht ein Mensch darin einfach nicht unter. Allerdings kann er darin auch nicht auf herkömmliche Weise schwimmen. So ist es nahezu unmöglich, die Fluten als Brustschwimmer oder im Schmetterlingsstil zu durchpflügen.

Die Salze – hauptsächlich Magnesium-, Natrium- und Calciumchlorid – lassen im Toten Meer kein Pflanzen- oder Tierleben zu. Lediglich einige Mikrobenarten sind im Wasser zu finden, so Nitrobakterien, Schwefelbakterien und Keime, die Zellulose abbauen. Öde sind auch die Ufer, die von den bis zu 600 Meter hohen Steilhängen eines Wüstengebirges gebildet werden. Ein Teil der Ränder ist salzverkrustet, und nur einige Wadis, die sich von den Tafelbergen herabziehenden Schluchten, weisen gelegentlich Vegetation auf.

Hebräisch heißt das Tote Meer Yam HaMelach, Salzsee; Araber nennen es unter anderem nach einem in Sodom beheimateten Neffen Abra-

Verdunstendes Wasser hinterläßt am Ufer eine Kruste von Salzkristallen.

hams »Bahr Lut«, Lots Meer. Bei Griechen und Römern wurde im Altertum vom »Asphaltsee« gesprochen, weil aus der Tiefe »Judenpech« aufstieg, ein hochwertiges Bitumen, das sich leicht von der Wasseroberfläche abfischen ließ. Am Nordwestufer befand sich von etwa 150 vor Christus bis zu ihrer Zerstörung durch die Römer im Jahre 68 nach der Zeitenwende die klosterartige Siedlung der Essäer, einer jüdischen Glaubensgemeinschaft. Bei der Erforschung der Ruinenstätte, zu der auch zahlreiche Höhlen gehören, stießen Archäologen Mitte des 20. Jahrhunderts auf über 400 Handschriften, die für die Bibelforschung von großem Wert sind. Es handelt sich um hebräische, aramäische und griechische Texte auf Leder- und Papyros-Rollen sowie eine Kupferplatte mit eingehämmerten Schriftzeichen.

Das Tote Meer wird vom Jordan und einigen kleineren Gebirgsbächen gespeist, ohne selbst einen Abfluß zu haben. Aufgrund der starken Hitze, im Sommer bis zu 46 Grad Celsius, verdunstet jedoch so viel von dem zufließenden Süßwasser – Niederschläge gibt es kaum –, daß sich der Salzgehalt nicht verändert. Durch die in letzter Zeit stark zunehmende Ableitung von Jordanwasser für landwirtschaftliche Zwecke droht dem Toten Meer allerdings in Zukunft ein starkes Absinken des Wasserspiegels. In Israel gibt es deswegen Überlegungen, eine völlige Austrocknung notfalls mit dem Bau eines Stollens zu verhindern, durch den dem Toten Meer Wasser aus dem Mittelmeer zugeleitet werden könnte. Unter Ausnutzung des starken Gefälles wäre gleichzeitig der Betrieb eines Wasserkraftwerks denkbar.

Zu den vielen Besonderheiten der tiefstgelegenen Landschaft der Erde gehört der ungewöhnlich hohe Sauerstoffgehalt der Luft. Zugleich erfolgt wegen des längeren Weges der Sonnenstrahlen zur Oberfläche eine sehr starke Filterung der UV-Strahlen, so daß man sich am Toten Meer länger als anderswo der Sonne aussetzen kann, ohne einen Sonnenbrand zu riskieren.

Die Luftaufnahme zeigt das Tote Meer im Hintergrund der jüdischen Bergfestung Masada, deren 960 Bewohner sich im Jahre 73 nach Christus gegenseitig umbrachten, um nicht in die Hände römischer Belagerer zu fallen. Am Nordwestufer des Toten Meeres stießen Archäologen in einer von den Römern zerstörten Klosteranlage der Essäer-Gemeinschaft auf Handschriften aus der Zeit vor Christi Geburt. Die Ufer des Toten Meeres (kleines Foto) liegen etwa 400 Meter unter dem Spiegel der Weltmeere.

Eingänge zu Felsen-Grabkammern. Vor den Höhlen-Mausoleen ihrer Könige schlugen die Nabatäer tempelhafte Fassaden und Skulpturen aus den Felswänden –

Petra – die Felsenstadt der Nabatäer-Könige

Grabkammern und Tempel eines untergegangenen Volkes

Von mißtrauischen Beduinen beäugt, erschien im Talkessel von Petra, 80 Kilometer südlich des Toten Meeres, ein orientalisch gekleideter Reisender, der sich Ibrahim ibn Abdallah al-Schami nannte und vorgab, am Grab des Moses-Bruders Aaron beten zu wollen. Der Fremde sprach fließend Arabisch, aber noch besser Schwyzerdütsch. Ohne die moslemische Tarnung wäre es dem Schweizer Orientalisten Johann Ludwig Burckhardt im August 1812 nicht gelungen, sich als erster Europäer auf einer alten Karawanenstraße zu der faszinierendsten Ruinenstätte des heutigen Königreichs Jordanien durchzuschlagen.

Durch Burckhardt erhielt der Westen nähere Kunde über die einstige Hauptstadt des arabischstämmigen Volkes der Nabatäer. Die ursprünglichen Nomaden hatten sich im zweiten Jahrhundert vor Christus auf einer von Gebirge umgebenen Hochebene seßhaft gemacht, die nur durch eine enge Felsschlucht zu erreichen war. In den folgenden drei Jahrhunderten entwickelte sich Petra (griechisch »Fels«) zu einem Handelszentrum am Kreuzpunkt mehrerer Karawanenstraßen. Zur selben Zeit entstanden in der etwa 850 Meter hoch gelegenen Siedlung zahlreiche Monumentalbauten und in den Fels gehauene Grabanlagen, deren bildhauerischen Stil Kunsthistoriker als Symbiose orientalischer und hellenistischer Kunst bezeichnen.

Gut erhalten sind die Grabanlagen

Von all dem erhielt Burckhardt allerdings nur einen flüchtigen Eindruck, da der Argwohn einiger echter Moslems ihn zur schnellen Weiterreise zwang. Aber bald folgten ihm britische, französische, amerikanische, deutsche und später auch arabische Archäologen nach, um die Geschichte der Nabatäer zu erforschen, deren Kultur Anfang des zweiten Jahrhunderts nach Christus schon wieder zu Ende ging, als Römer die Felsenstadt Petra besetzten und zu einem Stützpunkt ihrer Provinz Arabia machten.

Zu den noch gut erhaltenen Bauten aus Nabatäer-Zeit zählt mit seinen 23 Meter hohen Mauern der Tempel Qasr el-Bint Fira'un (»Burg der Tochter des Pharaonen«). Er entstand um Christi Geburt und soll dem Hauptgott Dhushara und dessen Mutter el-'Uzza geweiht gewesen sein. Ein zwölf mal zwölf Meter im Quadrat umfassender Altar vor dem Heiligtum diente vermutlich Feuerkulten und Tieropferungen. Einem zweiten mächtigen Kultbau gaben die Archäologen nach Darstellungen auf ausgegrabenen Kapitellen den Namen Löwen-Greifen-Tempel.

Besonders gut erhalten und renoviert sind die überaus kunstvollen Fassaden der tempelhaft aus den Felswänden am Rande Petras herausgehauenen Grabanlagen. Der Reiz dieser Meisterwerke anonymer Steinmetzen wird noch erhöht durch die bei der Arbeit freigelegten verschiedenfarbigen Sandsteinschichten.

Die künstlerisch vollkommenste Felsenfassade ist die rötlich schimmernde Vorderfront von el-Khazne, dem »Schatzhaus«, in dem Beduinen einst vergeblich nach dem sagenhaften »Schatz des Pharao« suchten. Die 40 Meter hohe und 25 Meter breite Fassade deckt zwei in den Berg geschlagene Geschosse ab. Der Eingang zum unteren Geschoß besteht aus sechs Säulen mit korinthischen Kapitellen. Darüber, im zweiten Stock, steht in einem runden Steinpavillon eine Statue der ägyptischen Göttin Isis. Weitere Skulpturen stellen Amazonen, Löwen, Nabatäer-Göttinnen und Figuren aus der griechischen Mythologie dar. Man nimmt an, daß es sich bei dem prachtvollen Höhlenbau um das Mausoleum eines der letzten Nabatäer-Könige handelt.

Anders als zu Burckhardts Zeiten bedürfen Fremde heute keiner orientalischen Verkleidung, um die Heiligtümer, Felsengräber, die kunstvollen Tore und das aus dem Gebirge gehauene Theater von Petra zu besuchen. Die Stadt hinter der engen Schlucht Siq ist längst zur Touristenattraktion geworden.

Meisterwerke anonymer Steinmetze.

ANREISE
Über die »Königsstraße« 280 km südlich von Amman, 130 km nördlich von Aqaba (Busse aus beiden Städten)

BESTE REISEZEIT
März bis Juni, September bis November

UNTERKUNFT
Petra Forum Hotel

AUSSERDEM SEHENSWERT
Schlucht Siq al-Barid (»Little Petra«), 8 km nördlich; ehem. Kreuzritterburg Shaubak, 40 km nördlich

Den Eingangsbereich eines der schönsten Felsentempel zieren hohe Säulen. Beduinen suchten in den Kammern dahinter vergebens nach dem sagenhaften »Schatz des Pharao«.

AUSTRALIEN

Rotes Herz Australiens
Der Felsen von Ayers Rock ist für die Aborigines ein Heiligtum

ANREISE
Internationale Flüge nach Darwin, von dort Regionalflüge nach Alice Springs und Yulara. Mit dem Auto von Alice Springs 425 km über Stuart Highway/Lasseter Highway

BESTE REISEZEIT
April bis Oktober

AUSSERDEM SEHENSWERT
Kata Tjuta (Olgas) und King´s Canyon

Im flachen Licht des am Horizont versinkenden Sonnenballs sieht es aus, als läge mitten in der australischen Wüste ein Riesengebilde aus glühendem Magma. Jetzt am späten Abend erstrahlt der Ayers Rock, der heilige Berg des fünften Erdteils, in seinem rötesten Rot. Mit etwa zweieinhalb Kilometer Breite, an die dreieinhalb Kilometer Länge und einer Höhe von 350 Metern über dem Gelände ist der Sandsteinmonolith südwestlich von Alice Springs der größte sich einzeln aus einer Ebene erhebende Felsblock der Erde.

Seine Entstehungsgeschichte reicht 600 Millionen Jahre zurück, als sich im Herzen Australiens Ablagerungen verwitterter Berge zu einem gewaltigen Klumpen roten Sandstein verhärteten, den dann 400 Millionen Jahre später starker Druck etwa zur Hälfte aus dem Untergrund emporschob und so ein neues Massiv entstehen ließ, den Ayers Rock mit seinen von Hitze und Wind geglätteten Wänden. Auf ähnliche Weise entstanden 30 Kilometer südwestlich die 36 kegelförmigen Felsenkuppen des blauviolett schimmernden Olga-Gebirges.

Die Bezeichnung Ayers Rock erinnert an einen früheren australischen Premierminister, und auch der Name Olga rührt von englischsprechenden Einwanderern her. Von den Aborigines, den australischen Ureinwohnern, werden seit Tausenden von Jahren andere Benennungen gebraucht. Für sie ist der rote Sandsteinfelsen der Uluru, was soviel bedeutet wie »Platz, der Schatten spendet«. Und die Olga-Felsen heißen in der Aborigines-Sprache Kata Tjuta, die »vielen Köpfe«. Der Uluru und die Kata Tjuta, heute Bestandteile des Uluru-Nationalparks, gehören in den mündlich überlieferten Mythen der Ur-Australier zu den heiligsten Stätten des Kontinents. Sie sollen zu Beginn der Schöpfungsgeschichte von Geistern geschaffen worden sein, die diese und andere Berge wie auch Flüsse, Menschen, Tiere und Pflanzen dadurch schufen, daß sie sie beim Namen nannten und »ins Dasein sangen«.

Eine besonders schöne »Traumzeit«-Legende der Aborigines erzählt von einem sagenhaften Ahnen, dem es gefiel, aus einer großen Sanddüne einen schlafenden Walfisch zu formen – der dann zum Uluru wurde.

Höhlen dienten als Kultstätten

In Grotten und Felsspalten des Uluru alias Ayers Rock wurden Höhlenmalereien der Eingeborenenstämme Loritja und Pitjantjatjara gefunden. Sie stellen unter anderem Bogenschützen, Speerwerfer, Tierköpfe mit mächtigen Hörnern, Federn und Blättern dar. Die ältesten Darstellungen sind linearer und geometrischer Art. Einige Höhlen gelten als Kultstätten, deren Betreten weiblichen Stammesmitgliedern und jungen Männern, die noch nicht an Initiationsriten teilgenommen haben, verboten ist.

Heilig sind den Aborigines die sich gelegentlich unterhalb des Felsens bildenden Tümpel. Hier soll die Regenbogenschlange Ungud ihr Reich haben, die Stamm-Mutter alles Lebendigen, die für Regen und für die Fruchtbarkeit der Frauen sorgt. Zeichnungen der Schöpfungsschlange müssen in einer kultischen Handlung alljährlich vor der Regenzeit berührt und neu bemalt werden, damit ihr guter Einfluß nicht unterbrochen wird.

Um die Erschließung des Uluru-Nationalparks für den Tourismus gab es zwischen den Aborigines und der Regierung einen jahrelangen Rechtsstreit. Die Ureinwohner, die sich als angestammte Besitzer des Geländes und Hüter der heiligen Stätten empfinden, stimmten dem Bau von Touristenunterkünften in der Nähe des roten Berges erst zu, nachdem die Regierung ihnen 1985 ihr Eigentumsrecht bestätigt und für die touristische Nutzung einen 99 Jahre laufenden Pachtvertrag abgeschlossen hatte.

Mitten in der Wüste Zentralaustraliens schoben Erdkräfte einen gewaltigen Sandsteinblock empor. Mit seiner Höhe von 350 Metern über den umliegenden Gelände ist der Ayers Rock der größte Monolith der Welt.

Schöne Schalen für Sydney

Das Opernhaus ist noch immer einer der kühnsten Bauten der Moderne

ANREISE
Busse und Bahnen zum Circular Quay, Sydney Explorer Bus zur Oper

BESTE REISEZEIT
November, Februar/März

ÖFFNUNGSZEITEN
Führungen tgl. 9–16 Uhr

UNTERKUNFT
The Regent Sydney, 199 George Street

AUSSERDEM SEHENSWERT
Harbour Bridge, Fort Denison, The Australian Museum

Der deutsche Reiseschriftsteller Hans-Otto Meissner verglich das Gebilde mit »fünf bis sechs kolossalen Eiern, die man mit aufgesprungenen Schalen auf den Boden gestellt hat«. Andere Betrachter fühlen sich an riesige Muscheln, gewaltige Segel oder ein Ensemble von Musikpavillons erinnert. Der letztere Vergleich kommt der Sache zumindest technisch am nächsten. Es geht um Australiens kühnsten Bau: das Sydney Opera House.

Seine Entstehungsgeschichte begann mit einer verheißungsvollen Ouvertüre, führte zu dramatischen Dissonanzen, gelangte aber nach einer Menge Krach dann zum krönenden Finale.

Es begann damit, daß sich Australiens Opernliebhaber Mitte des 20. Jahrhunderts schmerzlich bewußt wurden, daß dem fünften Kontinent ein geeignetes Aufführungshaus für anspruchsvolles Musiktheater fehlte. Ein Architektenwettbewerb zum Bau eines Opernhauses in der Drei-Millionen-Stadt Sydney wurde ausgeschrieben und 1957 von dem avantgardistischen Dänen Jørn Utzon gewonnen. Sein Entwurf eines kristallhaft gegliederten und mit hellen Segeldächern versehenen Bauwerks begeisterte die Jury.

Fast siebzehnmal teurer als geplant

Der erste und zweite Akt brachten die auf Großbaustellen üblichen Überraschungen. Schon das Aufschütten des Baugrunds im Wasser an der Spitze der Bennelong-Halbinsel bereitete Probleme. Technische Schwierigkeiten gab es auch beim Errichten der bis zu 67 Meter hohen Dachmuscheln, gestützt auf Betonsäulen und zusammengehalten von 350 Kilometer Spannkabel. Den Bauherren liefen die Kosten davon. Der dänische Architekt verkrachte sich mit seinen Auftraggebern und warf das Handtuch. Als Ersatz wurden vier australische Architekten engagiert, während sich die Regierung der Provinz New South Wales über das Vorhaben zerstritt und in der Bevölkerung die Stimmen jener sich mehrten, die das Ganze für verrückt hielten.

Statt sieben Millionen Dollar, wie zunächst veranschlagt, verschlang der Mammutbau 102 Millionen. Eine zur Finanzierung des Projekts veranstaltete nationale Lotterie, bei der unter anderem Opernkarten zu gewinnen waren, mußte von Jahr zu Jahr verlängert werden. Und natürlich reichte die vorgesehene Bauzeit von fünf Jahren nicht aus. Es vergingen 16 Jahre, ehe das Werk endlich vollendet war.

Und schnell war aller Streit vergessen. Mochte es manchen Leuten anfangs noch zu modern erscheinen, die Schönheit konnte dem Sydney Opera House so leicht keiner absprechen. Seine Form ist ungewohnt, aber von großer Harmonie. Die mit über einer Million weißen Majolikaplatten abgedeckten Dachmuscheln verleihen dem Gebäude verführerischen Glanz, den Scheinwerfer abends durch das reizvolle Spiel der Schatten noch bereichern. Hinzu kommt das

Schiffe kommen auf ihrem Weg in den Hafen von Sydney als erstes an dem neuen Opernhaus vorbei. Der Stadt mit ihren Hochhäusern weit vorgelagert, liegt das avantgardistische Gebäude an der Spitze der Landzunge Bennelong Point.

leuchtende Topasgrün von französischem Glas, mit dem die 6223 Quadratmeter einnehmenden, großzügig gestalteten Fenster- und Oberlichtflächen eingekleidet sind.

Hinter soviel schöner Schale verbirgt sich denn auch mehr als nur ein Opernhaus von Weltformat. Theater- und Konzertsäle, Restaurants, Ausstellungsflächen und ein Kino gibt es unter der kühn geschwungenen Dachkonstruktion. Am Port Jackson, dem Hafen von Sydney, ist eines der avantgardistischsten Multimedia-Gebäude der Welt entstanden, ein architektonisches Meisterwerk, das niemand vergißt, der es gesehen hat.

Das Opernhaus wurde zum neuen Wahrzeichen Sydneys. An der Bucht, wo es steht, setzte Kapitän Arthur Philipp am 26. Januar 1788 die ersten Einwanderer an Land – Strafgefangene aus England.

Im Hintergrund des festlich beleuchteten Opernhauses von Sydney ist das frühere Wahrzeichen der Stadt zu sehen, die 503 Meter lange Harbour Bridge, vom Volksmund »alter Kleiderbügel« genannt. Den Glanz seiner muschelförmigen Dächer verdankt der Veranstaltungsneubau über einer Million weißen Majolikaplatten aus Schweden.

In der Korallenwelt des Great Barrier Reef

Vor Australien errichteten Polypen das größte Bauwerk der Erde

ANREISE
Inneraustralische Flüge zu folgenden Küstenorten in Queensland: Rockhampton, Mackay, Proserpine, Townsville und Cairns sowie nach Hamilton Island. Von der Küste Schnellboote zu den Inseln

BESTE REISEZEIT
März bis Mai, September bis November

UNTERKUNFT
Touristisch am besten erschlossen ist Hamilton Island (Appartments der Whitsunday Towers). Außerdem: Hinchinbrook Island Resort, Lady Elliot Island Resort

Sie sind winzige wirbellose Meerestierchen, aber kein anderes irdisches Lebewesen hat ein so großes Bauwerk erstellt wie sie. In 25 Millionen Jahren errichteten sie vor der Nordostküste Australiens eine scharfkantige Barriere von über 2000 Kilometer Länge: das Great Barrier Reef, ein Korallenriff von der Fläche Großbritanniens. Und dieses Riff wiederum ist ein ganzer Kosmos Unterwasserleben für sich.

Die Baumethode ist denkbar einfach. Die kleinen Polypen scheiden mit der Nahrung aufgenommenen Kalk wieder aus und schaffen sich damit im bewegten Wasser einen Halt, ein röhrenartiges Skelett. Viele dieser Skelette bilden einen Korallenstock, viele Korallenstöcke schließlich eine Korallenbank. Und in ein paar Jahrmillionen kann eine Korallenbank zum mehrere hundert Meter hohen Korallenriff heranwachsen, wie das draußen vor der Küste der australischen Provinz Queensland geschehen ist.

Beim Großen Barriereriff, wie die deutsche Bezeichnung lautet, handelt es sich strenggenommen um rund 2500 Einzelriffe, die aber so dicht nebeneinander aus dem Meeresgrund emporragen, daß sie für größere Schiffe eine unüberwindbare Barriere darstellen.

Ein Paradies für Fische

Es ist nicht nur das größte Bauwerk auf Erden, sondern auch das mit Abstand farbigste. Je nach Art der Polypen und dem Verfallstadium der Korallen leuchtet das Riff in den unterschiedlichsten Farben. Das Blau und Braun rührt vornehmlich von den häufig vorkommenden Hornkorallen her. Für strahlendes Weiß sorgen Steinkorallen, für Rosa und Purpur die blumenartigen Fächerkorallen. Um einen Platz an abgestorbenen Korallen rivalisieren purpurne Kalkalgen, bunte Blumentierchen, gelbe Bohrschwämme und ganze Teppiche von Grünalgen. Und um sich in dem bunten Gewimmel gut zu tarnen, haben sich auch die meisten am Riff lebenden Meeresschnecken und Fische farbige Muster zugelegt, der breitmäulige Soldatenfisch zum Beispiel eine »Uniform« aus blauen Streifen auf gelbem Grund.

Zoologen bezeichnen das sich ständig verändernde, wachsende und bewegende Great Barrier Reef nicht zu Unrecht auch als größtes Lebewesen der Erde. Überall auf seiner Länge von 2000 Kilometern fischt es mit Fangfäden und Saugarmen nach Beute, schlingt es Tentakel um Kleingetier, schnappt es mit zuklappenden Mördermuscheln nach Fischen, teilen sich Polypen einen frischen Fang mit

Vorsichtig nähert sich das Touristenschiff einer Korallenbank des Great Barrier Reefs. Wer hier schnorchelt oder taucht, erlebt die buntesten Überraschungen.

den Kollegen von derselben Korallenkolonie. Meeresforscher zählten am Riff rund 300 Korallenarten, 4000 Muschelsorten und mehr als 1500 Spezies an Fischen, darunter Riesenrochen, Haie und den großen Schwarzen Marlin.

Auch über der Meeresoberfläche hat das Great Barrier Reef seine Reize. Zum Riffgebiet gehören rund 600 paradiesische Inseln und Inselchen, teils Reste untergegangenen Festlands, teils von Korallen gebildet, die an der Luft verwitterten, zu Sand zerbröselten und schließlich genug Nährboden für Kokospalmen und andere Tropengewächse hergaben. Ein großer Teil der Inseln ist touristisch erschlossen. Viele verfügen über weiße, geschützte Badestrände. Alle sind ideale Ausgangsbasis für Schnorchler und Sporttaucher. Auf einigen kann man Wanderungen durch Regenwald machen. Es gibt mehrere Campingplätze, aber auch luxuriöse Hotelanlagen.

Eine besondere Gefahr drohte dem Great Barrier Reef durch asiatische Fangflotten, die es in den dreißiger Jahren systematisch abzufischen versuchten. Australien ging dagegen mit streng überwachten Fangverboten vor, die von 1938 an ständig ausgeweitet wurden. Inzwischen stehen 98 Prozent des Korallenreiches als »Great Barrier Reef Marine Park« unter besonderem Schutz. Es ist der schönste maritime Nationalpark auf unserem Globus.

Meeresbiologen bezeichnen das 2000 Kilometer lange Riff als das größte Lebewesen der Welt. Dicht an dicht werden die Korallen von Myriaden winziger Polypen, Muscheln, Schnecken und Fischen bewohnt. Sterben Korallen ab, bilden sich darauf sofort Kolonien neuer Siedler.

AFRIKA

Pyramiden für Gottkönige
Die größten Gräber der Welt stehen in Giseh, am Stadtrand von Kairo

ANREISE
Taxi oder Bus (Linien 8, 900, 901) nach Giseh, 10 km südwestlich von Kairo

BESTE REISEZEIT
Oktober bis April

UNTERKUNFT
Mena House Oberoi
(zu Füßen der Pyramiden)

AUSSERDEM SEHENSWERT
Nekropole Sakkâra, 25 km südlich von Gizeh

Tausende von Touristen drängen sich Jahr für Jahr in gebückter Haltung keuchend durch enge, stickige Gänge, um diesen Raum zu sehen, in dem es nichts Aufregendes zu sehen gibt. 10,50 Meter lang ist er, 5,20 Meter breit und 5,80 Meter hoch, polierte Granitblöcke an Decken und Wänden, kein Bildwerk, keine Inschrift. Im Westteil steht ein schmuckloser Sarkophag ohne Deckel. Hier wurde vor gut 4500 Jahren Cheops bestattet, Pharao der 4. Dynastie. Von hier aus wollte der mächtige Herrscher, als Mumie vor dem Verfall bewahrt, von der Erde zum Himmel aufsteigen, um so die Vergänglichkeit zu überwinden.

Ein Weltwunder der Antike

Für diesen Totenkult wurde das gewaltigste Bauwerk errichtet, das die Erde je getragen hat. Die fünf größten Kirchen der Welt fänden bequem darin Platz. Ein künstlicher Berg, den der Glaube in die Wüste gesetzt hat. 2,4 Millionen Kalksteinquader, jeder Block zweieinhalb Tonnen schwer, schichteten Cheops' Untertanen auf in der Gewißheit, ihrem Gottkönig so zur Unsterblichkeit zu verhelfen und sich dadurch selbst das ewige Leben zu sichern. 147 Meter (heute 137) ragte einst die Spitze in den blauen Wüstenhimmel, belegt mit Gold, das in der Sonne blitzte: Der Sonnengott feierte so täglich seine Verschmelzung mit dem Herrscher der Erde. Die Außenwände waren mit feinem Turakalkstein verkleidet, glatt und schneeweiß. Erst im 13. Jahrhundert wurde er heruntergerissen und als Baumaterial verhökert.

Südwestlich von der Pyramide des Cheops ließ sein Sohn Chephren (etwa 2520 bis 2494) auf dem gleichen Felsplateau seine Pyramide bauen und als Hüterin der Totenstadt eine Sphinx, die sein Antlitz trug. Streng blickt es nach Osten, der aufgehenden Sonne entgegen. Mykerinos (2490 bis 2471), sein Sohn und Nachfolger, ließ noch weiter südwestlich die dritte Pyramide bauen. Sie ist die kleinste.

Noch heute sehen diese drei Pyramiden aus der Entfernung völlig unversehrt aus. Erst von nahem wird deutlich, daß sie über Jahrhunderte als Steinbruch gedient hatten. Trotzdem – in all den Jahrtausenden vermochten weder Menschen sie zu zerstören, noch gelang es dem Wüstensand, dieses gewaltige Monument unter sich zu begraben. Die Pyramiden von Giseh und die Sphinx sind das älteste der sieben Weltwunder der Antike und das einzige, das bis heute besichtigt werden kann.

Das Geheimnis dieser Bauwerke zu ergründen, hat die Phantasie der Menschen über Jahrtausende beschäftigt. Der Kalif Abdullah al-Ma'mun versuchte im Jahre 820 als erster in nachchristlicher Zeit, in das Innere der Cheops-Pyramide vorzudringen. Dort, hieß es, lagerten

Waffen, die nie rosten, Glas, das sich verbiegen läßt – und ungeheure Schätze. Der Kalif stellte einen Trupp von Ingenieuren, Baumeistern und Handwerkern zusammen, um die Geheimnisse des Grabmals zu erkunden. Meter für Meter suchten die Männer die Oberfläche des gewaltigen Bauwerks ab. Einen geheimen Zugang fanden sie nicht. Schließlich bahnten sie sich zerstörerisch einen Weg ins Innere und gelangten in die Königskammer. Grabbeigaben gefunden haben sie allerdings nicht. Wahrscheinlich hatten schon fünfhundert Jahre nach Cheops' Tod Grabräuber die Kammer geplündert.

Daß sie alles, sogar den Deckel des Sarkophags, mitgenommen haben sollen, gibt bis heute Anlaß zu Spekulationen. War dies vielleicht nur eine Scheinkammer, lag der Herrscher woanders begraben? Selbst die habgierigsten Grabräuber haben immer etwas zurückgelassen: Stoffstücke, Holz- oder Metallteile, alles das, was für sie keinen Wert besaß. Aus solchen Resten läßt sich schließen, wozu der Raum einst verwendet wurde. In den Pyramiden des alten Reiches aber haben die Wissenschaftler nie etwas gefunden, das ihnen Indiz für ihre Theorien war. Immer stießen sie auf leere Sarkophage.

Nur einmal schienen sie Glück zu haben. Als der britische Oberst Howard Vyse 1838 die Mykerinos-Pyramide öffnete, fand er einen versiegelten Basaltsarkophag. Seine Neugier zügelnd, verlud er ihn auf ein Schiff. In England sollte sein Inhalt der Welt präsentiert werden. Das Schiff strandete vor der spanischen Küste. Der Sarkophag ist bis heute verschollen.

Die großen Pyramiden von Giseh liegen 10 km von der Zwölf-Millionen-Stadt Kairo entfernt, die im Hintergrund zu sehen ist. Die gewaltigen Bauwerke wurden von den Pharaonen Mykerinos, Chephren und Cheops im alten Reich um 2530 v. Chr. errichtet. Im Osten der Nekropole wacht die Sphinx. Das einzige noch erhaltene Weltwunder der Antike ist heute Ägyptens wichtigste Touristenattraktion, der Kamelreiter vor einer Pyramide beliebtestes Fotomotiv.

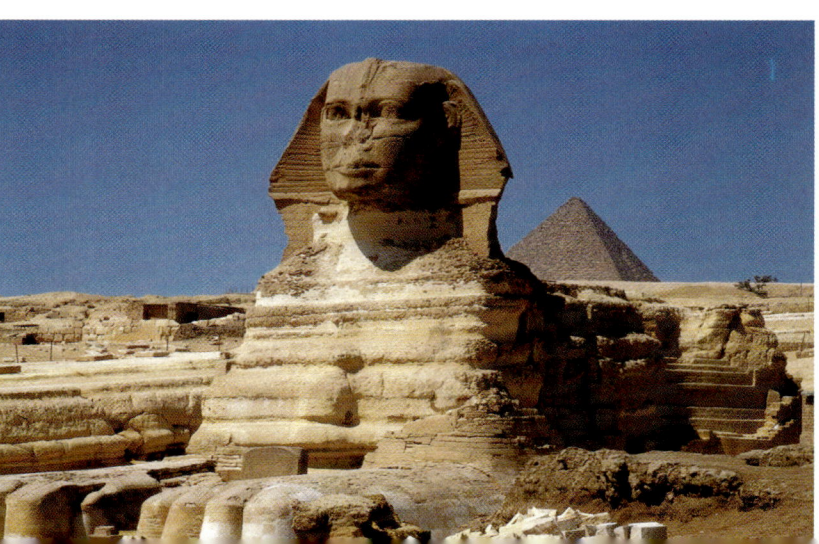

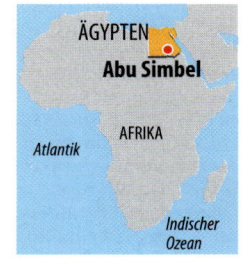

Ramses II. erbaute Abu Simbel

Die UNESCO rettete den Wüstentempel vor dem Staudamm

ANREISE
Inlandsflüge aus Kairo oder Assuan. Bahnfahrt (15 Stunden) Kairo–Assuan, von dort per Bus 270 km nach Abu Simbel

BESTE REISEZEIT
Oktober bis April

UNTERKUNFT
Nefertari Hotel (unweit der Tempel, schöner Blick auf den Nasser-Stausee)

AUSSERDEM SEHENSWERT
Assuan, Luxor

Bei einem Kamelritt durch die nubische Wüste entlang des Nils machte der Schweizer Forschungsreisende Johann Ludwig Burckhardt im März 1813 eine überraschende Entdeckung. In sein Tagebuch notierte er kurz darauf: »Mein Blick fiel auf den noch sichtbaren Teil von vier Kolossalstatuen ... Sie befanden sich in einer tiefen, in den Hügel eingegrabenen Mulde; schade, daß sie fast vollständig vom Sand begraben wurden, den der Wind an dieser Stelle wie das Wasser eines Wildbaches vom Berg herabstürzen läßt. Von einer Statue ragt noch der Kopf und ein Teil der Brust und der Arme aus dem Sand. Die benachbarte ist fast nicht mehr zu sehen, da der Kopf fehlt und der Körper bis über die Schulter vom Sand bedeckt ist. Von den beiden anderen ragt nur der Kopfputz heraus.« Burckhardt hatte den großen Tempel von Abu Simbel wiederentdeckt.

Spiel mit den Sonnenstrahlen

Es dauerte allerdings über hundert Jahre, bis 1909 die 31 Meter hohe Fassade des Tempels in dieser entlegenen Gegend von den Sandmassen befreit werden konnte und sich in ganzer Pracht zeigte, was Burckhardt bruchstückhaft gesehen hatte: vier thronende Figuren, die alle den Pharao Ramses II. darstellen. Über die blitzenden Wasser des Nils blickt der Gottkönig nach Osten, der aufgehenden Sonne entgegen. Zwischen seinen Beinen stehen kleine Figuren seiner Mutter, seiner Lieblingsfrau Nefertari und einiger seiner zahlreichen Kinder.

Das Tempelinnere war in einer Länge von 50 Metern aus dem Felsen gehauen worden. Die Reliefs an den Wänden zeigen Ramses überlebensgroß, wie er Feinde tötet, sie vor seinem Streitwagen hertreibt, wie er zuschaut beim Zählen der abgeschlagenen Hände der Gegner oder wie er vor Göttern Weihrauch opfert. Im Allerheiligsten vor der Tempelrückwand stehen vier Riesenfiguren: Ramses mit drei göttlichen Gefährten. Zweimal im Jahr – jeweils vor und nach der Wintersonnenwende – erreichen die Strahlen der aufgehenden Sonne selbst diese Statuen in dem hintersten Gemach. Etwas nördlich ließ Ramses einen kleineren Tempel in den Felsen schlagen. Er ist dem Gott Hathor und seiner Gemahlin Nefertari geweiht.

Warum ließ Ramses die Tempel bauen, so fern seiner Residenz im Nildelta? Sie sollten Frömmigkeit beweisen, ihn bei Göttern und Menschen beliebt machen, vermuten Ägyptologen, seinen Ruhm und sein Ansehen auch im fernen Nubien sichern, dort ägyptische Lebensart und ägyptisches Gedankengut verbreiten – eine Art Goethe-Institut der Frühzeit also.

Gigantisch wie der 1250 vor Christus errichtete Bau war das Werk, das 3200 Jahre später vollbracht wurde. Nach dem Bau des Dammes von Assuan, der die Wassermassen des Nils zu einem 500 Kilometer langen See stauen und die Wüste fruchtbar machen sollte, drohte 280 Kilometer hinter dem Wehr der Tempel in der Sintflut zu versinken. Die UNESCO rief die Welt zur Rettung auf. Es kamen Hilfsangebote aus aller Welt – Geld und ein Meer von Vorschlägen, wie das zu bewältigen sei. Schließlich einigte sich die »Joint Venture Abu Simbel«, den Tempel in Blöcke von etwa 20 Tonnen zu zersägen und 64 Meter oberhalb seines ursprünglichen Standortes wie ein Puzzle wieder zusammenzusetzen. Weitab von jeder Zivilisation entstand die bisher größte internationale Baustelle. 2000 Spezialisten fanden sich zusammen – Steinmetze aus den italienischen Marmorbrüchen, Ingenieure aus Deutschland, Mathematiker aus Frankreich, Archäologen aus Kairo, Sprengmeister aus Amerika, Kranfahrer aus Schweden. Im Mai 1965 schwebte der erste Sandsteinblock behutsam aus dem Fels und wurde vom Kran auf einen Lkw gehievt. Mehr als 1000 solcher Blöcke, die meisten mit Handsägen herausgeschnitten, wurden so verladen und originalgetreu wieder aufgebaut. Selbst das »Lichtwunder«, das Eindringen der Sonnenstrahlen bis tief ins Innere, wurde bei dem millimetergenauen Wiederaufbau bewahrt.

Vier 20 Meter hohe Kolossalfiguren mit den Gesichtszügen König Ramses' II. bewachen den Tempel von Abu Simbel. Die kleinen Figuren stellen seine Mutter, die Lieblingsfrau Nefertari und seine Kinder dar. An der Tempelrückseite des Allerheiligsten, 60 Meter tief in den Felsen geschlagen, stehen vier Statuen – Ramses mit göttlichen Gefährten. Beim Bau des Assuan-Staudammes wurde der Tempel zusammen mit dem kleinen Hathor-Tempel zerlegt und auf höher gelegenem Gelände wieder errichtet (1963 bis 1968).

Im hunderttorigen Theben

Am Tempel von Luxor bauten die Pharaonen jahrhundertelang

ANREISE
Direktflüge aus Europa oder Inlandsflüge von Kairo nach Luxor. Zehnstündige Bahnfahrt ab Kairo durch das Niltal

BESTE REISEZEIT
Oktober bis April

ÖFFNUNGSZEITEN
Luxor-Tempel: tgl. 7–17 Uhr, Luxor-Museum: tgl. 9–13/17–22 Uhr (im Winter 16–21 Uhr)

UNTERKUNFT
Winter Palace (Relikt aus der Kolonialzeit, mittlere Preisklasse)

AUSSERDEM SEHENSWERT
Assuan (auch auf mehrtägigen Nilkreuzfahrten zu erreichen), Abu Simbel

Wie ein Finger erhebt sich der Obelisk aus rotem Granit in den Himmel, 25 Meter hoch, zu Ehren der Götter und des Pharaos, Torhüter des Tempels, ein Mahnmal in der Wüste. Zwei waren es eigentlich. Den Zwilling umrunden heute Autos auf dem Place de la Concorde in Paris. »Das Altertum«, befand der Diplomat Bernardino Drovetti, »ist ein Garten, der nach dem Naturrecht denen gehört, die seine Früchte pflegen und ernten.«

Danach wurde gehandelt. Drovetti ließ die 236 Tonnen schwere Steinnadel, die Ramses II. im 13. Jahrhundert vor Christus aufstellen ließ, 1836 vom ägyptischen Luxor in die französische Hauptstadt transportieren – ein gewichtiges Geschenk für König Louis Philippe.

In jenen Jahren galt Kunstraub nicht als anrüchig. Ägypten diente Sammlern und Räubern als Selbstbedienungsladen für Altertümer. Genug stand doch herum. Allein bei Karnak und Luxor, beiderseits des Nils, erstreckten sich unüberschaubare Trümmerfelder voller Kostbarkeiten. Und nebenan, im Tal der Könige, der Gräberstadt der Vornehmen, lagen kunstvoll bandagierte Gebeine zur Auswahl. »Wenn man aus Ägypten nach Europa zurückkommt«, schrieb 1831 sarkastisch der kulturkritische Geistliche Ferdinand de Géromb, »kann man sich nicht mit Anstand sehen lassen, ohne eine Mumie in der einen und ein Krokodil in der anderen Hand.«

Zum Ruhm des Namens

Keine Stadt der Welt aber hatte umfangreichere und gewaltigere Ruinen hinterlassen als Theben, die Königin der Städte. Die oberägyptische Metropole lag auf dem rechten Nilufer. Zur Blütezeit des Neuen Reiches in der 18. und 19. Dynastie, also anderthalb Jahrtausende vor unserer Zeitrechnung, war dies der Mittelpunkt der Welt, Machtzentrum, Metropole der Kunst und der Wirtschaft. Noch lange nach ihrem Niedergang pries Homer in seiner »Ilias« das hunderttorige Theben.

Den Glanz ihrer Zeit, den Ruhm ihres Namens stellten die Herrscher in riesigen Bauwerken der Welt dar. So entstand am Ufer des Nils der 260 Meter lange Tempel von Luxor, an dem die Pharaonen – Geschlecht um Geschlecht – jahrhundertelang bauten. Sie schufen gewaltige Pylonen, Säulengänge wie Papyruswälder, Granitkapellen für heilige Barken, Statuen für Götter und Könige, Reliefbilder von Schlachten und Feiern, eine Allee widderköpfiger Sphinxe, die zur nächsten Tempelanlage führten. Auf der Spitze des Obelisken steht, wem dieses gewaltige Bauwerk geweiht war: »Der Herr der Welt, Sonne, Wächter der Wahrheit, hat dieses Gebäude aufführen lassen zu Ehren seines Vaters Amun ...«

Die alten Ägypter zeigten sich bei der Wahl ihrer Götter nicht zimperlich. Bis zu 2000 bevölkerten zeitweilig die heiligen Stätten, gern adoptierten sie welche von anderen Völkern. Manche wurden wieder vergessen, andere verstoßen. Um 2000 vor Christus kam der Luft- und Windgott Amun in Mode. Er entwickelte sich zu Amun-Re, dem Sonnengott, sein Kult zur Staatsreligion. Spenden machten seine Propagandisten reich. Seine Priesterkaste verfügte über das fruchtbarste Land, 65 Ortschaften, 90 000 Arbeiter. Sie unterhielt eine Handelsflotte und Tempelfilialen bis nach Nubien. Bei wichtigen Ritualen übernahm der Pharao selbst das Amt des Hohenpriesters und erflehte in prunkvollen Zeremonien den Segen des Nils und die Fruchtbarkeit des Bodens.

Friedenskönig Ramses II.

Auf der Spitze des Obelisken vor dem Luxor-Tempel ist Ramses II. dargestellt, wie er Amun Opfergaben darbringt. Dieser Pharao war Ägyptens bedeutendster König: ein erfolgreicher Feldherr in seiner Jugend, ein großer Friedensfürst während seiner 66jährigen Regierungszeit, ein rastloser Bauherr und ein unentwegter Propagandist seines eigenen Ruhmes. Seine monumentalen Darstellungen haben unser Bild vom vorchristlichen Ägypten geprägt. Was wir allerdings voller Staunen bewundern, ist nur ein kläglicher Nachlaß der einstigen Pracht. Am steinernen Unterbau des Luxor-Tempels befindet sich eine Inschrift, aus der hervorgeht, wie er zu Pharaos Zeiten ausgesehen hatte: aus weißem Stein, die Türen aus mit Gold verbrämtem Akazienholz, der Name Amuns aus Edelsteinen geformt.

Vor dem wuchtigen Pylon, dem altägyptischen Eingangstor, thronen zwei Ramsesfiguren, die Doppelkrone auf dem Haupt (Detailansicht kleines Foto). Einst waren es sechs granitene Kolossalfiguren, die der Pharao aufstellen ließ. Das Pendant des Obelisken steht heute auf dem Place de la Concorde in Paris. 1836 wurde das 236 Tonnen schwere Bauwerk in Luxor abgebaut und nach Paris transportiert.

Sahara, Meer ohne Wasser

Die Wüste bedeckt fast ein Drittel Afrikas und breitet sich stetig weiter aus

ANREISE
Von Fès zweitägige Busfahrt nach Erfoud (425 km) oder Flüge von Casablanca bzw. Fès nach Er-Rachidia und Weiterfahrt nach Erfoud (80 km). Von dort 53 km zur Oase Merzouga am Erg Chebbi

BESTE REISEZEIT
März/April, Oktober/November

UNTERKUNFT
Les Dunes d´Or in Merzouga

AUSSERDEM SEHENSWERT
Rissani: Mausoleum des Stammvaters der regierenden Alaouiten-Dynastie

Für die Beduinen ist das Kamel das größte Geschenk, das Allah ihnen machen konnte. Die Wüstentiere kommen über eine Woche ohne Wasser aus – vorausgesetzt, sie konnten sich vorher richtig vollsaufen. Ein durstiges Tier kann bis zu 120 Liter Wasser auf einmal aufnehmen und in seinem Gewebe speichern.

Am Anfang war die Erde, so steht es in der Bibel, »wüst und leer«. Und vieles spricht dafür, daß sie nach ein paar weiteren Jahrmilliarden wieder zur Wüste geworden sein wird, denn die Trockengebiete dehnen sich immer weiter aus. Und die größte Wüste der Welt ist die nordafrikanische Sahara, ein ganzer Ozean aus Sand und zerrieselndem Geröll.

Mit ihrer Fläche von wenigstens neun Millionen Quadratkilometern bedeckt sie zwischen dem Roten Meer und der marokkanischen Atlantikküste, vom Mittelmeer bis hinunter in die Sahelzone beinahe ein Drittel Afrikas. Dabei bietet die Sahara allerdings kein einheitliches Bild. Nur ein Teil besteht aus Sanddünen, es gibt auch Felsschluchten wie im algerischen Tassili-Gebirge, endlos erscheinende Ebenen aus verwitterndem Geröll, Vulkankrater und winzige grüne Flecken, Oasen.

Einst wogte hier das Meer

Am wüstesten und leersten, um das Bibelwort noch einmal aufzugreifen, wirken die flachen Kieselwüsten, von den Arabern Regs genannt, mit ihrem sich ebenmäßig bis zum Horizont erstreckenden Teppich aus Steinchen, glattgeschliffen vom Wüstenwind. »Was ich erblicke«, schrieb der Hamburger Wissenschaftsjournalist Uwe George über ein algerisches Reg von der Größe Frankreichs und der Beneluxländer, »ist keine Landschaft mehr, es ist der Endzustand aller Materie. In Jahrmillionen wurde alles zerstört, was für uns eine Landschaft ausmacht.«

So öde war die Sahara nicht immer. Die Erdgeschichte stürzte sie im häufigen Wechsel von einem Extrem ins andere. Vor 400 Millionen Jahren beispielsweise war die Sahara ein Meer, das abfloß, als der Untergrund von tektonischen Kräften angehoben wurde. Im Süden Marokkos sind noch Spuren dieses Sahara-Ozeans zu finden, Fossilien einer frühen Tintenfischart und die Überreste von der Sonne ausgeglühter Korallenriffe. »Nur« 170 Millionen Jahre ist es her, daß Urwald weite Teile der heutigen Wüste bedeckte. Damals lebten im nördlichen Afrika Rudel riesiger Saurier. In Süd-Marokko haben sich im versteinerten Uferschlamm eines einstigen Flusses von den Kolossen noch Fußspuren von gut einem Meter Länge erhalten.

Die Meere, die das Land wiederholt bedeckten und wieder verschwanden, hinterließen dicke Schichten aus Salz, Sand, Schlamm, Muschelschalen und Tierskeletten. Während der letzten Eiszeit vor 10 000 bis 25 000 Jahren war die Sahara eine Savannenlandschaft. Hier machten Steinzeitmenschen mit Faustkeil und Speer Jagd auf Gazellen, Giraffen und Elefanten. Und vor etwa 7000 Jahren beweideten viehzüchtende Stämme die Sahara mit riesigen Rinderherden, wie Felszeichnungen an glatten Wänden des Wüstengebirges Tassili bezeugen.

Mit der Zeit wurde Weideland in Nordafrika immer knapper. Regenmangel und steigende Temperaturen verwandelten die grüne Savanne in eine Trockensteppe und die Steppe in Wüste. Dennoch ist das Tierleben in der Sahara nicht völlig ausgestorben. In der Umgebung von Wasserlöchern halten sich gelegentlich noch Gazellen und Mufflons auf. Blitzschnelle »Sandfische« – Eidechsen – jagen in der Wüste Insekten. Es gibt Skorpione, Schlangen und das an Meerschweinchen erinnernde Gundi, von den Arabern Okaokao genannt. Und bei Anbruch der Dunkelheit wagen sich Renn- und Springmäuse aus ihren Verstecken.

Von menschlichen Wüstenbewohnern werden immer neue Versuche unternommen, die unter der Sahara in großen Mengen lagernden Wasserreserven zu nutzen. So bohrt man in Abständen von 50 oder 100 Metern wasserführende Schichten an und versucht ihr Naß durch unterirdische Kanäle in Foggaras zu leiten, künstliche Oasengärten. Insgesamt werden der Sahara durch künstliche Bewässerung jährlich etwa 100 Quadratkilometer Anbaufläche abgewonnen. Aber allein am Südrand der Sahara frißt die Wüste jährlich 2500 Quadratkilometer fruchtbares Land.

Sanddünen wie hier in der algerischen Sahara bewegen sich langsam in Windrichtung vorwärts. In einem Jahr »wandern« sie 10 bis 20 Meter. Die Algerier nennen die bis zu 300 Meter hohen Wanderdünen Ergs. Typisch für die Sahara sind auch verwitternde Gebirge, die langsam in ihrem eigenen Erosionsschutt versinken.

Fès – das Mekka des Maghreb

Das alte Religionszentrum strahlte auf ganz Arabien aus

ANREISE
Internationale Flüge nach Tanger und Casablanca, Inlandsflüge Casablanca-Fès; mit der Bahn von Casablanca/Rabat oder Tanger nach Fès

BESTE REISEZEIT
März bis Mai, September bis November; im Hochsommer Temperaturen über 40 °C

UNTERKUNFT
Hotel Palais Jamai in Fès el Bali (ehemaliger Wesirpalast)

AUSSERDEM SEHENSWERT
Musée du Batha (Museum für marokkanische Volkskunst) in Fès; Thermalbad Moulay Yacoub, 21 km nordwestlich

In der ehemaligen Königsstadt hat jede Berufsgruppe ihr eigenes Quartier, streng voneinander getrennt. Die Gerber bearbeiten schon seit Jahrhunderten ihre Felle in der Nähe des Flusses.

Die ruhmreichen Zeiten von Fès sind lange vorbei, aber die Stadt ist immer noch eine der schönsten der Welt. Sie hat ihre Geschichte nicht vergessen. Der Beginn verliert sich im Mythos und führt zurück bis ins Jahr 800, als sich in Europa Karl der Große zum Kaiser krönen ließ. Scherif Moulay Idris, so heißt es, Urenkel von Mohammeds Schwiegersohn und Nachfolger Ali und seiner Tochter Fatima, habe an diesem Ort mit seinen wüstenerprobten Reitern gelagert. In der von Bergen umschlossenen Talebene, am Ufer des Oued Fès, 250 Kilometer von Gibraltar entfernt, stießen die Männer ihre Speere in den Boden und steckten ein offenes Heerlager ab. Daraus wuchs die ummauerte Medina.

Hier liegt heute der heiligste Ort des Königreichs: der Zaouia Moulay-Idris II., benannt nach dem Gründer der ersten Dynastie Marokkos und seinem Sohn. Die Grabmoschee unter dem grünen Pyramidendach mit den reich verzierten Holzportalen ist das Mekka des Maghreb, Pilgerziel der Gläubigen.

Spanisch-maurisches Erbe

Die brutale Vertreibung der Mauren aus dem katholischen Spanien erwies sich als Glücksfall für die junge Stadt. Die Flüchtlinge aus Andalusien waren kenntnisreiche Techniker, Handwerker, Künstler. Sie schufen einen spanisch-maurischen Stil in neuer Vollkommenheit.

Den Mittelpunkt von Fès el Bali bildet El Kairaouine, Gotteshaus und islamische Universität in einem. Vierzehn Tore der Glückseligkeit führen in eine der größten Moscheen der Welt. 22 000 Gäubige finden Platz in dem von 270 Säulen getragenen Sakralbau. Im Osten von Fès el Bali, dem alten Fès, liegt auf einer Terrasse Fès el Djedid, das neue – das allerdings auch schon im 13. Jahrhundert gegründet wurde und dessen größten Teil der imposante Sultanspalast Dar el Makhzen einnimmt. Beide Stadtteile vereinen sich im Norden an einem Berg, der die Kasbah, eine mächtige Festung, trägt.

Umschlossen von Wüsten und Wäldern, dem felsigen Atlasgebirge und weiten, fruchtbaren Ebenen war Fès eine Wärterin der kostbaren Überreste spanisch-maurischer Kultur und Zivilisation. Aber die Stadt war noch weit mehr: Über Jahrhunderte bildete sie das geistige, religiöse und künstlerische Zentrum Marokkos, das auf die gesamte arabische Welt ausstrahlte.

Doch schon im 17. Jahrhundert verlor Fès an Bedeutung. Später ist im Brockhaus von 1896 zu lesen: »Die Straßen sind ohne Pflaster, die Stadt ist verfallen und schmutzig und trägt ein düsteres Aussehen. Fès hat gegenwärtig noch etwa 100 000 Einwohner, aber von den 785 Moscheen der Glanzzeit sind nur noch 130 vorhanden. Sie ist nur der Schatten früherer Größe.« Heute, mit gut dem Sechsfachen an Einwohnern, leidet Fès eher unter der stetig wachsenden Bevölkerung.

Noch bietet die jahrtausendalte Medina brüchigen Widerstand gegen die Moderne. Wer die Altstadt betritt, Kern und Seele von Fès, macht einen Bummel ins Mittelalter und eine Wallfahrt der Sinne. Man taucht in diesem lebendigen Freilichtmuseum unter im Gewimmel der Souks, im Gewühl und Geschrei der Menschen. Die Gassen sind zu eng für Autos, gerade breit genug für einen Esel oder einen Handkarren. Jede Berufsgruppe hat ihr eigenes Reich, die Waren sind nach Branchen strikt getrennt. In dem einen Bezirk liegen Teppiche aus, in dem anderen wird geschmiedet. Hier arbeiten die Schuster, dort hinten am Fluß haben sich die Gerber niedergelassen.

Diese Stadt liefert sich nicht aus, der Besucher muß sie suchen. »Sie ist wie eine verschleierte Frau«, sagen die Einwohner von Fès. »Äußerst schwierig zu erobern. Doch wer es geschafft hat, den wird sie nie mehr verlassen.«

Über Hügel und Hänge ziehen sich die kastenförmigen Häuser der uralten Königsstadt. Jahrhundertelang war sie politischer, religiöser und kultureller Mittelpunkt Nordafrikas, ein Ort der Könige und Handwerker, der Wissenschaftler und Künstler. Auch heute noch stößt der Besucher in Fès auf die schönsten Beispiele orientalischer Architektur.

Die Krater des Kilimandscharo

Afrikas höchster Berg ist das ganze Jahr von einer Schneekappe bedeckt

ANREISE
Aus Europa Direktflüge zum Kilimanjaro International Airport bei Arusha (Tansania) oder Flug über Nairobi (Kenia). Versorgungsstützpunkt für Kilimandscharo-Touren ist Moshi (Tansania)

BESTE REISEZEIT
Dezember bis März, Juli bis Oktober

UNTERKUNFT
Kibo Hotel, Marangu

AUSSERDEM SEHENSWERT
Arusha National Park, Ngorongoro National Park, Serengeti National Park

Die beiden deutschen Missionare Johannes Rebmann und Johann Ludwig Krapf mußten sich eine Weile nachsagen lassen, wohl an einem Tropenkoller gelitten zu haben. Obwohl beide Mitte des 19. Jahrhunderts übereinstimmend angaben, mit eigenen Augen in Schwarzafrika einen schneebedeckten Riesenberg gesehen zu haben, löste ihre Nachricht in Europa vorwiegend Gelächter aus. Schnee in Afrika! Der würde doch in der Hitze schmelzen!

Unter Wissenschaftlern bildeten sich zwei Lager. Geographen in London waren sich einig, daß die im Auftrag der englischen Church Missionary Society tätigen Gottesmänner sich geirrt haben müßten. In Berlin hingegen ließ der berühmte Naturforscher Alexander von Humboldt verlauten, er könne sich einen hohen schneebedeckten Berg im ostafrikanischen Missionsgebiet sehr wohl vorstellen. Bald darauf bestätigten andere Afrikareisende die Beobachtung der Missionare. Rebmann hatte am 11. Mai 1848 als erster Europäer den Kilimandscharo gesehen und sein Kollege Krapf ein Jahr später als zweiter.

5895 Meter hoch erhebt sich der Kilimandscharo aus der flachen ostafrikanischen Savanne und ist damit nicht nur der höchste Berg Afrikas, sondern auch die mächtigste freistehende Erhebung auf der Erde. »Kilima njaro« nennen ihn die Afrikaner, »weiß leuchtender Berg«. Ab einer Höhe von rund 5000 Metern hüllen arktische Temperaturen ihn ein, ist die Gipfelregion zu großen Teilen von Schnee und Eis bedeckt. Die höchste Stelle tauften der Leipziger Geograph Hans Meyer und der Salzburger Alpinist Ludwig Purtscheller bei der Erstbesteigung 1889 »Kaiser-Wilhelm-Spitze«.

Als die Kolonialmächte Deutschland und Großbritannien auf der Landkarte mit dem Lineal eine willkürliche Grenze zwischen Deutsch-Ostafrika und der britischen Kolonie Kenia zogen, machte man um den Kilimandscharo zugunsten der Deutschen einen Bogen – eine Art Ausgleich dafür, daß die Briten auf ihrem Gebiet mit dem 5194 Meter hohen Mount Kenya über den zweithöchsten Berg Afrikas verfügten. Die Grenzziehung blieb auch beim Aufkommen der neuen Nationalstaaten gültig, so daß der Kilimandscharo heute zu Tansania gehört.

Schriftsteller wie Tania Blixen (»Out of Africa«), Ernest Hemingway (»Die grünen Hügel Afrikas«) oder Robert Ruark (»Safari«) zählten Begegnungen mit dem »weiß leuchtenden Berg« zu ihren bewegendsten Erlebnissen auf dem schwarzen Kontinent. Und jeder, der den Schneegipfel des Kilimandscharo das erstemal in der Ferne aus der Massai-Steppe auftauchen sieht, wird die poetischen Schilderungen nachempfinden. Oft allerdings bleiben Schönheit und Majestät des Berges hinter Wolken verborgen.

Einen vollkommenen Blick auf den Schnee des Kilimandscharo hat man vom Flugzeug aus. Schwarz heben sich die drei Krater des Vulkanberges vom Gletschereis ab. Der Gipfelkrater Kibo wirkt dabei wie ein Riesenauge. Sein von Schnee umgebenes schwarzes Vulkanloch erscheint als die Pupille, ringförmig aufgeworfene Lavaasche bildet eine Art Wimpernkranz. Mitunter entweicht dem Kibo-Auge heißer Schwefeldampf, ein Zeichen dafür, daß der 5895 Meter hoch gelegene Krater noch nicht ganz erloschen ist – im Gegensatz zu den beiden anderen Kratern, dem Mawenzi in 5149 und dem Shira in 3962 Meter Höhe.

Ziel ist der Gillman's Point

Touristen können den Kilimandscharo unter Leitung einheimischer Bergführer auf mehreren Routen besteigen. Bis zu einer Höhe von etwa 2000 Metern werden verschiedene tropische Obstsorten, Reis, Mais, Kaffee, Gemüse und Gewürze angebaut. In Höhen zwischen 2000 und 3000 Metern, einer Zone häufigen Nebels, wächst Regenwald. Von mächtigen Urwaldbäumen hängen Lianen und Flechten herab, auf Astgabeln blühen Orchideen. Die nächsten 1000 Höhenmeter gibt es auf dem Kilimandscharo Heideflächen und Moore. Zwischen 4000 und 5000 Meter Höhe herrscht ein wüstenähnliches Klima mit starken Temperaturschwankungen.

Ziel der meisten Bergsteiger ist der 5685 Meter hoch gelegene Gillman's Point am Rand des Kibo-Kraters. Es heißt, daß nirgendwo sonst in Afrika so berauschende Sonnenaufgänge zu beobachten seien wie von dieser Stelle aus. 210 Meter weiter aufwärts liegt der absolute Gipfelpunkt des Kilimandscharo. Er wurde inzwischen in Uhuru-Peak umbenannt: Freiheits-Gipfel.

In den Reservaten unterhalb des mit Schnee und Eis bedeckten Kilimandscharo leben zahlreiche Wildtiere, darunter Giraffen. Zugleich ist die Savanne rund um den Vulkanberg angestammtes Weideland für die Rinderherden der Massai. Im Amboseli Nationalpark (kleines Foto) auf kenianischer Seite gibt es unter anderem größere Bestände an Kaffernbüffeln und Elefanten. Typisch für die Savannenlandschaft sind die Schirmakazien mit ihren breiten, schattenspendenden Kronen.

Vulkanparadies Ngorongoro

Auf dem Boden eines Riesenkraters weiden Zehntausende von Wildtieren

ANREISE
Aus Europa Direktflüge zum Kilimanjaro International Airport bei Arusha (Tansania) oder Flug über Nairobi (Kenia). Touren starten in Arusha

BESTE REISEZEIT
Dezember bis März, Juli bis Oktober

UNTERKUNFT
Ngorongoro Wildlife Lodge, Ngorongoro Crater Lodge

AUSSERDEM SEHENSWERT
Serengeti National Park, Arusha National Park, Kilimanjaro National Park

Es ist, als habe die Natur selbst eine Schutzzone für afrikanische Tiere schaffen wollen, als sie im Norden Tansanias den Riesenkrater Ngorongoro hervorbrachte. Seine hochaufragenden Ränder begrenzen eine fast 250 Quadratkilometer umfassende Hochebene, das Weideland ungeheurer Wildherden, Brutgebiet riesiger Vogelschwärme und Jagdrevier nahezu aller Raubtierarten Ostafrikas.

Das auf der Welt einzigartige von der Natur geschaffene Reservat ist das Werk mehrerer nebeneinander liegender Vulkane. Eruptionen und Lavaströme formten vor Millionen von Jahren etwa 1700 Meter über dem Meeresspiegel eine sogenannte Caldera, eine vulkanische Einbruchzone, mit einem Durchmesser von etwa 20 Kilometern. Wie mit einer Mauer ist diese Ebene großenteils von den Steilhängen des Ngorongoro-Kraters umschlossen. Von der Caldera aus steigt der Kraterrand rund 700 Meter an, vom Meeresspiegel aus berechnet erreicht er eine Höhe zwischen 2280 und 2440 Metern.

Auf dem fruchtbaren Boden der Ngorongoro-Zone breiten sich Fieberakazienwälder aus. Es gibt meterhoch bewachsenes Grasland, Sumpfgebiete und einen flachen Salzsee, Magadi genannt. Nahezu jede einheimische Tierart findet hier ideale Lebensbedingungen.

Die Zahl der im Kraterrund lebenden Großsäuger wie Elefanten, Nashörner, Impalas, Flußpferde, Gnus,

Im Salzwasser des Magadi-Sees stochern Flamingos nach Nahrung.

Gazellen, Wasserböcke, Zebras, Büffel, Elenantilopen und Giraffen wird auf 20 000 bis 30 000 geschätzt, differiert aber ständig, weil ein Teil der Tiere zeitweilig in Gebiete außerhalb des Ngorongoro abwandert. An Raubkatzen werden vor allem Löwen, Geparden, Leoparden und eine Reihe kleinerer Wildkatzen beobachtet.

Spuren vom ersten Menschen

Im Salzwasser des Magadi stochern oft Zehntausende von Rosa- und Zwergflamingos nach Nahrung. Scharenweise fallen Nilgänse und verschiedene Entenarten ein. Kronenkraniche haben hier ein gut geschütztes Brutrevier wie auch Kiebitze, Wiedehopfe, Rennvögel und Riesentrappen. Mehr auf sicherem Land, immer bereit zur Flucht, stelzen Strauße durch diese belebteste Kratersohle der Welt.

Die paradiesischen Zustände im Ngorongoro-Gebiet lockten schon vor 3,6 Millionen Jahren aufrecht gehende Wesen an, 1,20 bis 1,40 Meter große Hominiden. Etwa 40 Kilometer vom Kraterrand entfernt entdeckte die amerikanische Anthropologin Mary Leakey 1978 Fußabdrücke dieser frühen Afrikaner der Gattung Australopithecus afarensis. Wegen ihrer starken Unterkiefer werden sie »Nußknacker-Menschen« genannt.

In der jüngeren Geschichte diente das vegetationsreiche Kratergelände 10 000 bis 15 000 Angehörigen des Massai-Stammes und ihrer Herde von rund 100 000 Rindern als Lebensraum. Doch als das Ngorongoro-Gebiet mit dem benachbarten Serengeti-Reservat zum Nationalpark erklärt wurde, erfuhren die Rechte der Massai starke Einschränkungen. Inzwischen dürfen sie auf der Kraterebene zwar noch Tiere weiden, dort aber nicht mehr wohnen.

Ohne weitgehende Schutzmaßnahmen wären andererseits die Tierparadiese des Ngorongoro und der Serengeti in großer Gefahr, zerstört zu werden. Am Eingang zur Ngorongoro Conservation Area erinnert eine kleine, aus Feldsteinen aufgeschichtete Pyramide an zwei Deutsche, die sich um die Tierwelt Afrikas verdient gemacht haben: an den 1987 verstorbenen Zoologen Bernhard Grzimek und seinen Sohn Michael, der hier 1959 bei Dreharbeiten für den legendären Film »Die Serengeti darf nicht sterben« bei einem Flugzeugabsturz umkam.

Im Norden Tansanias entstand durch Vulkanausbrüche die 250 Quadratkilometer umfassende fruchtbare Ngorongoro-Hochebene (oben) mit einem Kraterrand als natürlicher Begrenzung. Hier findet man fast alle in Ostafrika heimischen Wildtiere, so auch (unten) Büffel und Hyänen.

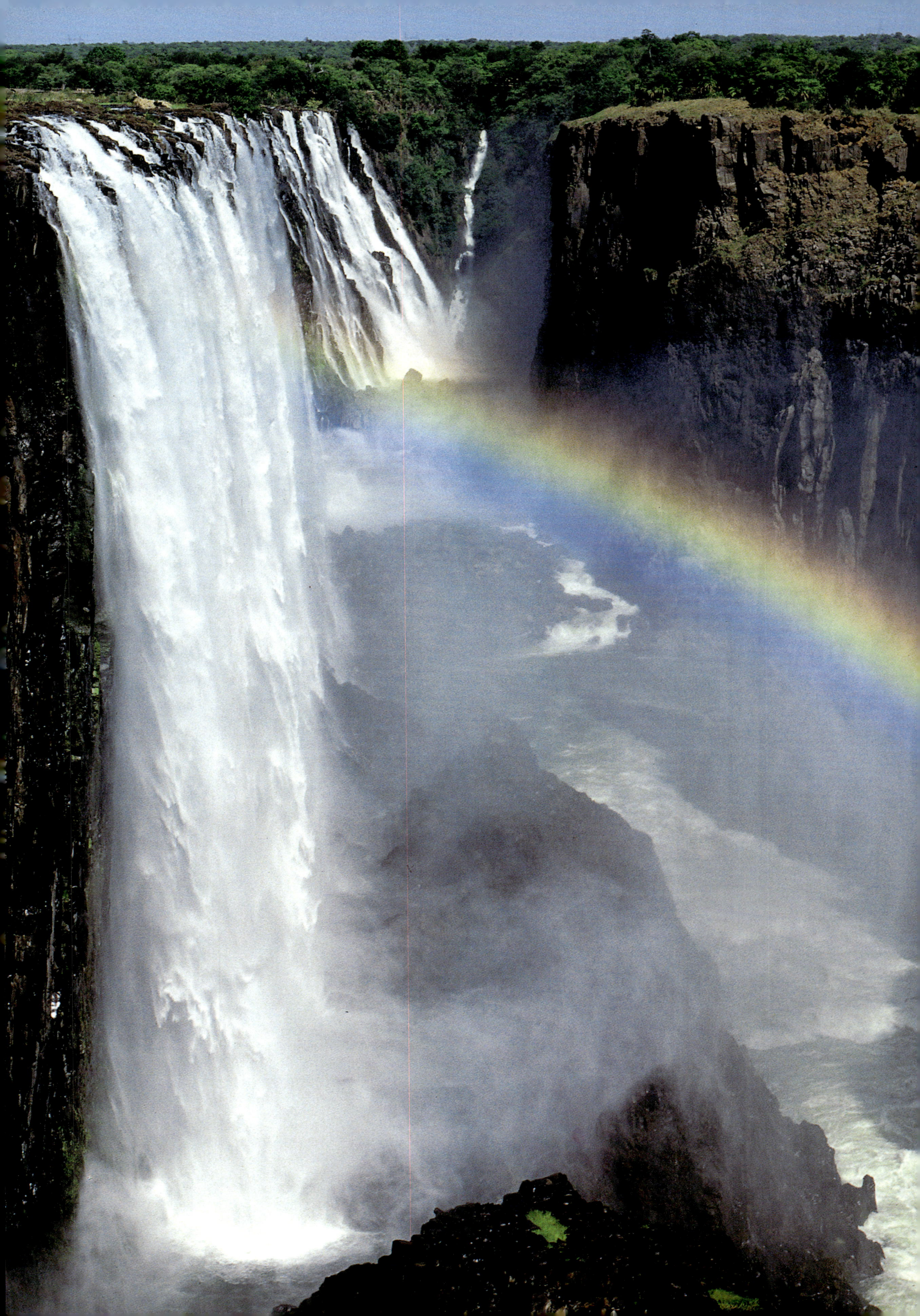

Die rauchenden Victoriafälle

An der Grenze von Sambia und Simbabwe bietet der Sambesi ein einzigartiges Schauspiel

Als Grenzfluß zwischen Sambia und Simbabwe wird der Sambesi zum Mosi oa Tunya, dem Rauchenden Donner.

ANREISE
Internationale Flüge nach Harare (Simbabwe), Inlandsflüge nach Victoria Falls oder über Lusaka (Sambia) nach Maramba/Livingstone

BESTE REISEZEIT
März bis September

UNTERKUNFT
Victoria Falls Hotel

AUSSERDEM SEHENSWERT
Lake Kariba, Hwange National Park, Matobo Hills National Park bei Bulawayo

Der britische Afrikaforscher David Livingstone geriet in seinen Reisebeschreibungen ins Schwärmen. »Es war der herrlichste Anblick, den ich je in Afrika gehabt habe«, notierte er über jenen Moment, als er im November 1855 von einer Flußinsel aus den donnernden Absturz der Wassermassen des Sambesi in eine Schlucht beobachtete. Er sah in der Tiefe eine dichte weiße Wolke, auf der sich zwei Regenbogen abzeichneten, und eine daraus aufsteigende »zwei- bis dreihundert Fuß hohe Dunstsäule, die oben die Farbe von dunklem Rauch annahm«.

Der Engländer hatte bei seiner Durchquerung Afrikas vom Atlantik zum Indischen Ozean als erster Europäer die sagenumwobenen Wasserfälle des Sambesi erreicht, die größten des Kontinents. Sie verbreiteten einen so ohrenbetäubenden Lärm, daß sich viele Eingeborene aus Angst vor Geistern nicht in ihre Nähe wagten. »Mosi oa Tunya«, Rauchender Donner, nannten sie das Naturwunder, über dem Livingstone schon aus der Ferne insgesamt fünf an Rauch erinnernde Säulen stehen sah, »gerade als würden dort große Grasflächen abbrennen«.

Sturz in neun Schluchten

David Livingstone gab dem »Rauchenden Donner« seiner Königin zu Ehren den Namen Victoriafälle. Eine wenige Kilometer von den Fällen entfernte Stadt wurde später nach ihm Livingstone genannt, ist allerdings neuerdings auf Sambia-Karten unter dem afrikanischen Namen Maramba eingetragen.

Der Sambesi ist mit seinen 2660 Kilometern der längste Fluß im südlichen Afrika. An der Grenze zwischen Sambia und Simbabwe, dem früheren Rhodesien, stürzen sich seine Wassermassen an der von Livingstone beschriebenen Stelle auf einer Breite von 1,7 Kilometern über eine Basaltkante rund 110 Meter tief in eine schmale Schlucht, an die sich neun weitere Schluchten anschließen, erdgeschichtlich frühere Auffangbecken der herabstürzenden Wassermassen. Bei den Victoriafällen selbst unterscheidet man heute fünf einzelne Fälle – einen Östlichen Katarakt, die Regenbogenfälle, die Hufeisenfälle, die Hauptfälle und den Teufelskatarakt an der westlichen Abbruchkante.

An der Ursprünglichkeit der Wasserfälle hat sich seit Livingstones Zeiten wenig geändert, abgesehen davon, daß nun in der Nähe luxuriöse Hotels wie das Mosi-oa-Tunya-Intercontinental stehen und eine Autostraße bis dicht an die Schlucht heranführt. Auch gibt es seit 1904 eine Eisenbahnbrücke, die über eine schmalere Stelle des Sambesi hinwegführend Sambia und Simbabwe miteinander verbindet. Ein malerischer Urwaldpfad führt in Sambia zum Knife Edge, der Messerschneide, einem glitschigen schmalen Felsgrat zwischen der ersten und der zweiten Schlucht der Victoriafälle.

Zwar werden die von Livingstone beschriebenen »Rauchsäulen« heute seltener beobachtet, aber noch immer steigt von den Fällen eine ungeheure Gischtwolke auf. Sie ist am höchsten gegen Ende der Regenzeit im April, wenn pro Minute etwa 320 Millionen Liter Wasser in die Tiefe stürzen. Danach gehen die Wassermengen kontinuierlich zurück, bis es am Ende der Trockenzeit im November nur noch etwa 18 Millionen Liter in der Minute sind.

Eine besonders üppige Vegetation, wie sie Livingstone beschrieb, ist auch heute noch für die weitere Umgebung der Sambesifälle typisch. Denn die unablässig aufsteigenden Gischtwolken lassen in einem Umkreis von etwa 30 Kilometern einen feinen Niederschlag herabsprühen, der einen großen Artenreichtum immergrüner Pflanzen gedeihen läßt. Das alles wie auch die Fälle und die urtümlichen Schluchten sind inzwischen Bestandteil des Mosi-oa-Tunya-Nationalparks auf der sambischen und des Victoria-Falls-Nationalpark auf der zu Simbabwe gehörenden Seite.

Touristenzentrum in Sambia ist die Stadt Livingstone oder Maramba. Vom Ortsausgang bis zu den Fällen sind es nur etwa sieben Kilometer.

Mit ohrenbetäubendem Lärm ergießen sich in der Minute bis zu 320 Millionen Liter Wasser in eine 110 Meter tiefe und nur etwa 50 Meter breite Schlucht. Die dabei aufsteigenden Gischtwolken führen in einem Umkreis von 30 Kilometern zu einem ständigen feinen Niederschlag.

207

Fotonachweis

S. 4/5 Milan Horacek/Bilderberg; **S. 8/9** oben Renate v. Forster/Bilderberg; unten rechts u. links Rainer Drexel/Bilderberg; **S. 10/11** unten links und rechts Rainer Drexel/Bilderberg; **S. 12/13** oben und unten Rainer Drexel/ Bilderberg; **S. 14/15** links unten und rechts Renate v. Forster; **S. 16/17** oben links und rechts H.-J. Burkard/Bilderberg, unten rechts Klaus-D. Francke/ Bilderberg; **S. 18/19** oben und unten Rainer Drexel/Bilderberg; **S. 20/21** links M. Kirchgessner/Bilderberg, rechts unten H.-J. Burkard/Bilderberg; **S. 22/23** Bossemeyer/Bilderberg; **S. 24/25** oben Peter Ginter/Bilderberg, unten links Milan Horacek/Bilderberg, unten rechts Frieder Blickle/Bilderberg; **S. 26/27** rechts und links oben Peter Ginter/Bilderberg, links unten Eberhard Grames/Bilderberg; **S. 28/29** oben links Frieder Blickle/Bilderberg, oben rechts und unten links Reinhart Wolf/Bilderberg, unten rechts Aurora/Bilderberg; **S. 30/31** beide Rudolf Bauer/ Transglobe; **S. 32/33** oben und unten Hackenberg/Silvestris; **S. 34/35** alle Fotos Eberhard Grames/Bilderberg; **S 36/37** oben Florian Wagner/Bilderberg, unten links Eberhard Grames/Bilderberg, unten rechts Ellerbrock & Schafft/Bilderberg; **S. 38/39** oben Silvestris, unten Milan Horacek/Bilderberg; **S. 40/41** links Bernd Jonkmanns/Bilderberg, rechts Benelux Press/Bilderberg; **S. 42/43** oben links Rainer Drexel/Bilderberg, oben und unten rechts Rudi Sebastian/Transglobe; **S. 44/5** oben Thomas Ernsting/Bilderberg, unten rechts Wolfgang Kunz/Bilderberg; **S. 46/47** links oben Thomas Ernsting/Bilderberg, rechts und links unten Eberhard Grames/Bilderberg; **S. 48/49** oben Etienne Poupinet/Bilderberg, unten rechts Transglobe; **S 50/51** rechts und links Hermann Meyer/Interfoto/Transglobe; **S. 52/53** links u. oben rechts Eberhard Grames/Bilderberg, rechts Mitte und unten Andrej Reiser/Bilderberg; **S. 54/55** beide Ellerbrock & Schafft/Bilderberg; **S. 56/57** oben Florian Monheim/Architekton/Bilderberg, unten Till Leeser/Bilderberg; **S. 58/59** links Benelux Press/Bilderberg, rechts Architekton/Bilderberg; **S. 60/61** alle Wolfgang Kunz/Bilderberg; **S. 62/63** oben links und unten rechts Klaus Bossemeyer/Bilderberg, oben rechts W. Allgöwer/Transglobe, unten links Milan Horacek/Bilderberg; **S. 64/65** oben Ragnar Sigurdsson/Tony Stone, unten alle Klaus-D. Francke/Bilderberg; **S. 66/67** Ingamar Accurell/Ina Agency Press/Bilderberg; **S. 68/69** links und rechts unten Itar Tass/Bilderberg, oben Thomas Ernsting/Bilderberg; **S. 70/71** oben F. Deterding/Picture Press, unten beide Eberhard Grames/Bilderberg; **S. 72/73** alle Architekton/Bilderberg; **S. 74/75** oben Hans Madej/Bilderberg, unten Pawel Kanicki/Transglobe; **S. 76/77** links oben Hans Madej/Bilderberg, rechts o. Hans-J. Ellerbrock/Bilderberg, unten Milan Horacek/Bilderberg; **S. 78/89** links oben Silvestris, rechts Kirchgessner/Bilderberg; **S. 80/81** alle Hans Madej/Bilderberg; **S. 82/83** unten links Dieter Leistner/Architekton/Bilderberg, unten rechts und oben Hans Madej/Bilderberg; **S. 84/85** oben Michael Engler/Bilderberg, unten Eberhard Grames/Bilderberg; **S. 86/87** oben Georg Jung, unten Wolfgang Kunz/Bilderberg; **S. 88/89** oben Michael Engler/Bilderberg, unten r. u. l. Architekton/Bilderberg; **S. 9o/91** oben Reinhart Wolf/Bilderberg, unten r.u.l. Milan Horacek/Bilderberg; **S. 92/93** oben Milan Horacek/Bilderberg, unten links Frieder Blickle/Bilderberg, unten rechts Hans-J. Ellerbrock/Bilderberg; **S. 94/95** links Milan Horacek/Bilderberg, rechts und Mitte oben Reinhart Wolf/Bilderberg, Mitte unten und Mitte Thomas Ernsting/Bilderberg; **S. 96/97** oben : Silvestris, unten links Wolfgang Kunz/Bilderberg, unten rechts Rainer Drexel/Bilderberg; **S. 98/99** links unten Wolfgang Kunz/Bilderberg, rechts Fotoarchiv Huber; **S. 100/101** Jörg Hempel/Architekton/Bilderberg; **S. 102/103** oben Frieder Blickle/Bilderberg, alle unten Rhätische Bahn; **S. 104/105** oben links Frieder Blickle/Bilderberg, Mitte unten Milan Horacek/Bilderberg, alle übrigen Reinhart Wolf/Bilderberg; **S. 106/107** alle Klaus-D. Francke/Bilderberg; **S. 108/109** beide Stock Photo/Bilderberg; **S. 110/111** oben Oliver Benn/Tony Stone, beide unten Milan Horacek/Bilderberg; **S. 112/113** oben links Wolfgang Neeb/Picture Press, alle übrigen Eberhard Grames/Bilderberg; **S. 114/115** beide Wolfgang Kunz/Bilderberg; **S. 116/117** alle Milan Horacek/Bilderberg; **S. 118/119** oben Thomas Ernsting/Bilderberg, beide unten Nomi Baumgartl/Bilderberg; **S. 120/121** unten links Milan Horacek/Bilderberg, beide rechts Jerzy Modrak/Bilderberg; **S. 122/123** alle Thomas Ernsting/Bilderberg; **S. 124/125** beide Dieter Leistner/Bilderberg; **S. 126/127** oben L. Janicek/Transglobe, unten Hans Madej/Bilderberg; **S. 128/9** oben links Klaus-D. Francke/Bilderberg, unten und rechts Wolfgang Kunz/Bilderberg; **S. 130/131** oben und unten Klaus-D. Francke/Bilderberg, unten rechts Wolfgang Kunz/Bilderberg; **S. 132/133** beide Klaus-D. Francke/Bilderberg; **S. 134/135** oben Till Leeser/Bilderberg, unten Dinodia/Bilderberg; **S. 136/137** oben R.Kendrick/Aurora/Bilderberg, unten Dinodia/Bilderberg; **S. 138/139** beide oben Aurora/Bilderberg, unten Dinodia/Bilderberg; **S. 140/141** alle Kirchgessner/Bilderberg; **S. 142/143** Reinhart Wolf/Bilderberg; **S. 144/145** unten links Eberhard Grames/Bilderberg, oben Reinhart Wolf/Bilderberg; **S. 146/147** beide Reinhart Wolf/Bilderberg; **S. 148/149** beide Silvestris; **S. 150/151** oben Wolfgang Volz/Bilderberg, beide unten Rainer Drexel/Bilderberg; **S. 152/153** oben rechts Reinhart Wolf/Bilderberg, alle übrigen Eberhard Grames/Bilderberg; **S. 154/155** oben Silvestris, unten C. Boisvieu/Bilderberg; **S. 156/157** oben links C. Boisvieux/ Bilderberg, oben und unten rechts Klaus-D. Francke/Bilderberg; **S. 158/159** oben und unten rechts H.-J- Burkard/Bilderberg, unten links Wolfgang Kunz/Bilderberg, unten Mitte Thomas Ernsting/Bilderberg; **S. 160/161** alle Joanna Pinneo/Aurora/Bilderberg; **S. 162/163** beide Karol Kallay/Bilderberg; **S. 164/165** alle M. Kirchgessner/Bilderberg; **S. 166/167** links unten M. Kirchgessner/Bilderberg, rechts Georg Fischer/Bilderberg; **S. 168/169** oben beide Nabeel Turner/Tony Stone, unten dpa; **S. 170/171** alle Klaus-D. Francke/Bilderberg; **S. 172/173** oben Etienne Poupinet/Bilderberg, unten links Klaus Bossemeyer/Bilderberg, unten rechts Klaus-D. Francke/Bilderberg; **S.174/175** beide Transglobe; **S. 176/177** alle Peter Essick/Aurora/Bilderberg; **S. 178/179** alle Wolfgang Kunz/Bilderberg; **S. 180/181** oben H.-J- Burkard/Bilderberg, unten links Klaus-D. Francke/Bilderberg, unten rechts Joanna Pinneo/Aurora/Bilderberg; **S. 182/183** oben und unten rechts Klaus-D. Francke/Bilderberg, unten links Klaus Bossemeyer/Bilderberg; **S. 184/185** alle Andre Reiser/Bilderberg; **S. 186/187** oben John Lamb/ Tony Stone, unten Till Leeser/Bilderberg; **S. 188/189** oben Klaus Bossemeyer/Bilderberg, unten links Thomas Ernsting/Bilderberg, unten rechts Milan Horacek/Bilderberg; **S. 190/191** alle Eberhard Grames/Bilderberg; **S. 192/193** oben Till Leeser/Bilderberg, unten links M. Kirchgessner/Bilderberg, unten rechts Milan Horacek/Bilderberg; **S. 194/195** oben links und unten Klaus-D. Francke/Bilderberg, oben rechts M. Kirchgessner/Bilderberg; **S. 196/197** oben M. Kirchgessner/Bilderberg, unten Aurora/Bilderberg; **S. 198/199** oben RainerDrexel/Bilderberg, unten links Gert Wagner/Bilderberg, unten rechts C. Boisvieux/Bilderberg; **S. 200/201** oben und unten rechts C. Boisvieux/Bilderberg, unten links Rainer Drexel/Bilderberg; **S.202/203** beide Photo Library/Bilderberg; **S. 204/205** alle Rainer Drexel/Bilderberg; **S. 206/207** alle ABPL/Bilderberg.